DELIUS KLASING

W0243371

THOMAS WIDERIN

DAS STINKTIER DER SHERIFF UND ICH

MIT DEM FAHRRAD
VON KANADA NACH FLORIDA

DELIUS KLASING VERLAG

INHALT

FÜR SIMONE:
DU BIST TIEF
IN MEINEM HERZEN.

EIN KURZER RÜCKBLICK

»Ich bin mir sicher, dass ich bald genau an jener Stelle des Alaska Highway wieder auf mein Fahrrad steigen werde, an der ich damals abgestiegen bin und an der mir mein Wolf den Weg in ein neues Leben gezeigt hat.« So endet mein erstes Buch *Meilenweit zur Kühlbox – Mit dem Fahrrad durch Amerika*.

Dies ist mein zweites Buch, und es bringt eine lange Reise zum Abschluss.

Das Schreiben meines ersten Buches begleitete eine spezielle Therapie, der ich mich ab Herbst 2012 freiwillig unterzogen hatte, nachdem ich auf einer großen Radreise mitten im kanadischen Yukon-Territorium schwer gezeichnet vom Fahrrad gestiegen war. Es berichtet von vielen Erlebnissen auf meinen davor liegenden Fahrradkilometern und dem Vorhaben, das mich schließlich so weit in die Unendlichkeit Kanadas hineinführen sollte. Aber auch von meinem harten Weg heraus aus einer tiefen Lebenskrise. Am Ende der erwähnten Therapie war auch das Buch geschrieben. Und schon damals träumte ich davon, meine abgebrochene Reise irgendwann fortzusetzen.

Und eines Tages war es wirklich so weit: Im Juni 2016 stieg ich in München in ein Flugzeug, um 15 Stunden später dort zu landen, wo ich vier Jahre zuvor schon einmal gelandet war: in Whitehorse, der größten Stadt in der Region Yukon. Zurück an den Start also. Aber dieses Mal waren die Voraussetzungen ganz andere. Ich war gut vorbereitet und konnte sowohl körperlich als auch seelisch aus dem Vollen schöpfen.

Was folgte, waren zwei Monate Abenteuer pur. Ich habe ungeheuer vieles erlebt und gesehen: Begegnungen mit unterschiedlichsten Menschen, eine faszinierende Tierwelt und Landschaften, die mir teilweise den Atem geraubt haben. Ich bin bewusster geradelt, nicht mehr so durch die Gegend gehetzt wie auf früheren Reisen. Ich habe diese Tour viel intensiver erlebt. Und es hat auch hier wieder Situationen gegeben, da wäre ich fast verzweifelt. Auf einem so langen Trip passiert eben einiges.

Schließlich war es geschafft. Ich habe meine damals abgebrochene Radreise zu Ende geführt. Eigentlich waren es ja zwei Reisen: Einmal eine Langstrecken-Fahrradfahrt zwischen dem kontinentalen Nordwesten des Yukon bis zum Südosten in Florida, und dann noch eine Reise zu mir selbst. Ich bin direkt hineingefahren in ein neues Leben, mit neuen, anderen Zielen. Vielleicht kann ich darin zumindest einiges von dem umsetzen, was ich unterwegs gelernt habe – ich hoffe es sehr.

Die Geschichten in diesem Buch handeln von meinen Erlebnissen zwischen Whitehorse und Miami.

WHITEHORSE: ZURÜCK AN DEN START

Die Boeing 747 neigt sich leicht auf die Seite. Wegen des Sinkfluges spüre ich einen Druck in beiden Ohren. In meinem Bauch kribbelt es: Neugierde, Vorfreude und Respekt. Eine lang gezogene Rechtskurve bringt uns in Richtung Landebahn. Bisher konnte ich von der Weite Yukons nicht viel erkennen. Unter mir befand sich während der letzten beiden Stunden eine dichte Wolkendecke. Nun sticht das Flugzeug hindurch. Mächtige Bergketten und riesige Waldflächen tauchen aus dem Nebel auf. Mein Blick trifft auf ein lang gezogenes graues Band, das sich auf der Nordseite der Stadt majestätisch durch den Wald schlängelt: der Alaska Highway! »Mein« Alaska Highway, der mich in den nächsten Wochen Richtung Süden führen wird. Nur wenige Augenblicke später setzt der Flieger auf. Mit gemischten Gefühlen bleibe ich noch für eine Weile sitzen. Ich bin wiedergekommen. Dorthin, wo sich vor wenigen Jahren mein Leben auf so dramatische Weise geändert hat.

Vier Jahre zuvor bin ich schon einmal hier gewesen. Nicht per Flugzeug, sondern mit meinem Fahrrad. Ich war auf dem Weg von der Prudhoe Bay im nordwestlichen Alaska nach New York und hatte Whitehorse als Zwischenstopp ausgewählt. Hier machte ich zwei

Tage Pause, wollte mich regenerieren und meine Vorräte auffüllen. Das Zweite war kein Problem, aber die Regeneration gelang mir leider nicht. Ganz im Gegenteil: Als ich wieder auf mein Fahrrad stieg, um auf dem Alaska Highway weiter Richtung Süden zu strampeln, war mein Schicksal bereits besiegelt. Ich kann mich noch genau an das Gefühl erinnern, mit dem ich Whitehorse damals wieder verließ. Ich war leer, ausgebrannt, antriebslos und stand kurz vor dem Zusammenbruch.

Eine Stimme reißt mich aus meinen Erinnerungen. Die Flugbegleiterin schaut mich fragend an. In meine Gedanken versunken, habe ich gar nicht bemerkt, dass fast alle Passagiere den Flieger bereits verlassen haben. Ich öffne den Sicherheitsgurt, nehme das Handgepäck aus dem Fach und begebe mich zum Ausgang. Ich habe ein flaues Gefühl im Magen. Mein gedanklicher Kurztrip zurück hat mich ein wenig verwirrt. Zu groß war das Desaster, das ich damals erlebt habe.

Das Erste, was ich im Flughafengebäude bewusst wahrnehme, ist ein mächtiger ausgestopfter Grizzly. Hoch aufgerichtet steht er da und begrüßt die Ankommenden. Ich bin im Land der Bären. Im Großraum Alaska und Yukon gibt es eine der weltweit größten Populationen von Schwarzbären und Braunbären, hier besser als Grizzlys bekannt. Vermutlich werde ich auf dem ersten Teil meiner Reise noch genügend Bekanntschaft mit beiden Arten machen. Ich habe mich darauf gut vorbereitet. Zumindest theoretisch. Dass Theorie und Praxis manchmal weit auseinanderliegen können, musste ich jedoch schon des Öfteren schmerzlich erfahren.

Mein etwas ungutes Gefühl im Magen, das ich seit der Landung verspüre, wird stärker. Das hat allerdings nichts mit dem drohend wirkenden Raubtier zu tun – etwas anderes steht mir bevor: Ich muss zur Gepäckausgabe. Der vielleicht größte Unsicherheitsfaktor der gesamten Reise manifestiert sich in jenem Teil des Flughafens, in dem sich das Förderband befindet. Hier wird das Gepäck nach dem Entladen zu den Passagieren in die Wartehalle befördert. Aber nur dann, wenn es auch tatsächlich im Flugzeug gewesen ist. Leider ist das nicht immer der

Fall. Weltweit bleiben täglich Hunderte Gepäckstücke auf Umsteigeflughäfen zurück oder werden trotz modernster Computertechnik in den falschen Flieger verladen. Vor diesen Förderbändern erlebte ich schon manche kleine Katastrophe. Entweder meine Taschen waren beschädigt, waren unvollständig oder sie haben gar komplett gefehlt. Wirklich schlimm war es im Sommer 2012 in New York, anlässlich meines ersten großen Radprojektes. Drei Tage dauerte es, bis mir mein Fahrrad doch noch in das Hotel geliefert wurde. Dazwischen lagen schlaflose Nächte, einige Fahrten zum Flughafen und ein nicht enden wollender Druck in der Magengegend. Meine erste große Reise stand damals kurz vor dem Ende, noch bevor sie richtig begonnen hatte.

Das Förderband der Gepäckausgabe beginnt zu laufen, und gleich zu Beginn kann ich meine beiden Reisetaschen entgegennehmen. Zuversichtlich schiebe ich meinen Gepäckwagen in die gegenüberliegende Ecke der Halle, wo sich der Schalter für die Ausgabe des Sondergepäcks befindet. Dort muss ich meinen Fahrradkarton abholen. Niemand ist da. Ich setze mich vor die Tür, auf eine meiner Taschen. Jetzt heißt es warten. Es tut sich nichts. Das Fahrrad ist mein wichtigster Ausrüstungsgegenstand. Dieses Fahrrad und alle wichtigen Zusatzausrüstungen sind in einem extra starken Karton verpackt, gut geschützt gegen alle möglichen Gefahren. Und ich habe einen Direktflug gebucht. Also fallen die Risikofaktoren Umsteigen und Umladen weg. Langsam leert sich die Halle. Meine Anspannung steigt. Ich mag das Gefühl nicht, wenn sich Anspannung in der Magengegend bemerkbar macht. Nun begeben sich auch die letzten Passagiere zum Ausgang. Einen Moment später bin ich allein. Meine pessimistische Seite meldet sich, und ich beginne zu grübeln. Doch plötzlich geht eine Tür auf, über der ein großes Hinweisschild auf Sperrgepäck hängt. Und da ist er, der Karton mit meinem Fahrrad. Von einer Sekunde zur anderen fällt mir eine große Last von den Schultern, und sofort löst sich mein Magenproblem in Luft auf.

Die Einreiseformalitäten sind in wenigen Minuten erledigt. Auch beim Zoll habe ich keinerlei Probleme. Augenblicke später stehe ich mit dem großen Karton und meinen zwei Reisetaschen vor dem Flughafen im Freien. Von der gegenüberliegenden Wiese aus begrüßt mich eine große Werbetafel. »Welcome to Whitehorse – Capital of the Yukon«, steht auf einem bunten Holzschild, dazu Symbole für einen Raddampfer und eine Sonne vor blauem Himmel. Whitehorse ist die Hauptstadt des kanadischen Territoriums Yukon und liegt direkt am gleichnamigen Yukon River. Ab 1896, während der Zeit des Klondike-Goldrausches, war es ein wichtiger Umschlagplatz für die Versorgungsgüter der Goldsucher. Zudem bildete es einen wichtigen Verkehrsknotenpunkt für die Raddampfer. Nach dem Abklingen des Goldrausches wurde es ruhig um den Ort, bis er 1942 durch den Bau des Alaska Highway wieder einen Aufschwung erlebte. 1950 wurde Whitehorse dann zur Stadt ernannt; heute leben dort knapp 28.000 Einwohner.

Ich benötige ein Taxi. Gleich die ersten beiden Taxifahrer schütteln den Kopf, als sie meinen großen Karton erblicken. Für den ist mindestens ein Van notwendig. Leichter gesagt als getan. Ein solcher Van ist unter den anwesenden Taxis nicht dabei. Jetzt kommt mir der Zufall zu Hilfe. Es spricht mich ein etwas ungepflegt aussehender älterer Mann auf meinen Karton an. Er fragt mich, ob sich darin ein Fahrrad befinden würde. Er sei nämlich auch begeisterter Radfahrer. Wir kommen sofort ins Gespräch, und der Radfahrerkollege bietet mir schließlich an, mich mit seinem Truck in mein Hotel zu bringen. Beide Reisetaschen und der große Karton werden kurzerhand auf die Ladefläche des Geländewagens geschoben. Mein Helfer stellt sich als Sam vor. Er ist in Whitehorse geboren und aufgewachsen, seine Vorfahren sind jedoch aus Deutschland. Im Großraum der Stadt leben viele deutsche Auswanderer, die sich hier in der Wildnis niedergelassen haben. So ganz nebenbei erzählt Sam, dass er 2005 eine Auszeit genommen hätte, um mit seinem Fahrrad entlang der »Panamericana« bis nach Südamerika zu fahren. Diese berühmte Straßenverbindung führt von der Prudhoe Bay im nordwestlichen Alaska durch 15 Länder immer Richtung Süden und endet 22.000 km später in Feuerland, am südlichsten Zipfel des Kontinents. Als Sam davon zu erzählen beginnt, steigt meine Herzfrequenz.

Die Fahrt zum Hotel ist rasch vorbei. Viel zu rasch, denn ich hätte gern noch mehr mit meinem freundlichen Helfer gesprochen. Vermutlich könnte er mir viele gute Tipps für meine Reise geben. Sam hilft mir noch beim Ausladen. Bevor er sich dann verabschiedet, verabreden wir uns für den nächsten Abend auf ein Bier. Oder zwei.

Der erste Eindruck meines Motels in Whitehorse ist recht positiv. Die Dame in der Lobby schaut zwar ein wenig ungläubig, als ich den großen Radkarton hereinschiebe, aber sie lächelt und ist von Anfang an sehr freundlich zu mir. Ich lege meinen Reisepass und die Reservierungsunterlagen auf den Tresen. Nach einem kurzen Blick in die Dokumente wechselt sie von Englisch zu Deutsch. Sie kommt aus Deutschland. Vor drei Jahren verschlug es sie hierher, an den Yukon. Aus einem Urlaubsaufenthalt sind mittlerweile drei Jahre geworden. Julia, so heißt die freundliche Empfangsdame, hat ihren jetzigen Ehemann in Whitehorse getroffen und wurde der Liebe wegen hier sesshaft. An ihrem Dialekt kann ich sofort erkennen, woher genau sie stammt: Sie ist Schwäbin und zelebriert die schwäbische Aussprache bis ins Kleinste. Dieser Dialekt ist mir gut bekannt, denn meine Lebensgefährtin stammt ebenfalls aus dem Schwabenland. Und so zaubert Julias Sprechweise ein wenig Heimatgefühl für mich herbei.

Die Buchung des Zimmers habe ich noch von zu Hause aus getätigt. Vor jedem Start einer Radreise halte ich mich die ersten drei Tage in einem Hotel auf, um in Ruhe vor Ort die restlichen Vorbereitungen zu treffen. Dazu gehören das Zusammenbauen des Fahrrades, die letztmalige Kontrolle der gesamten Ausrüstung, eine abschließende Testfahrt und die obligatorischen Fotoaufnahmen für meine Sponsoren. Bei der Auswahl des ersten Hotels der Reise habe ich immer einige spezielle Wünsche: Das Zimmer muss geräumig sein, damit ich dort noch einmal meine komplette Ausrüstung ausbreiten kann. Es darf sich nur im Parterre befinden oder es muss ein Aufzug vorhanden sein, damit ich den großen Radkarton nicht treppauf schleppen muss.

Frühstücksmöglichkeiten im Hotel, eine eigene Bar und eine Lage nahe am Ortszentrum sind ebenfalls ein »Muss«. Diese Sonderwünsche führen zwar immer zu einem höheren Preis, aber die Mehrkosten zahle ich gern, denn ich möchte meine Reise möglichst ohne Stress beginnen.

Dieses Mal bin ich ein wenig erstaunt: Mein Zimmer liegt im dritten Stock. Ein Lift ist zwar vorhanden, aber viel zu klein für meinen großen Fahrradkarton. Es kostet mich viel Kraft, einige Nerven und zudem Trinkgeld für einen freundlichen Hotelmitarbeiter, den Karton über die Stiegen hinauf in den dritten Stock zu schaffen. Zudem ist das Zimmer auch viel zu klein. Zwar ist ein Doppelbett vorhanden, aber kaum freier Raum um das Bett herum. Mittlerweile zähle ich mich schon ein wenig zu den Radreiseprofis. Mein Ärger hält sich daher in Grenzen und ich suche stattdessen sofort nach Alternativen. Das Zimmer liegt am Ende eines Ganges. Zwischen der Zimmertür und diesem Ende liegen noch etwa drei Meter ohne weitere Türen. Genügend Platz für eine provisorische Werkstatt. Kurzerhand stelle ich den großen Fahrradkarton vor meinem Zimmer ab. Der Karton bleibt ungeöffnet, erst morgen möchte ich mit dem Zusammenbau beginnen.

Ein erstes Testliegen im Bett wird von meiner Wirbelsäule als äußerst angenehm empfunden. Ich strecke mich aus. Als ich dann gedankenverloren zur Zimmerdecke hinaufschaue, tauchen leise Fragen auf. Wirst du es dieses Mal schaffen – oder abermals scheitern? Ich sehe den Grizzly wieder vor mir und verspüre erneut einen leichten Druck in der Magengegend. Aber dann kehre ich zurück in das Hier und Jetzt. Die Voraussetzungen sind diesmal deutlich besser. Ich bin fit, top vorbereitet und verfüge über optimales Material. Ich richte mich im Bett auf und atme einige Male kräftig durch. Ich bin also tatsächlich wieder da. »Zurück an den Start,« sage ich leise zu mir.

SAM UND DIE GEHEIMNISVOLLE BAR

Die erste Nacht ist gut verlaufen. Mein Schlaf war tief und traumlos. Das ist nicht immer so. Aufregung, Zeitverschiebung oder ein zu weiches Bett sind bei mir optimale Zutaten für einen kompletten Schlafentzug. Mit Schaudern denke ich an die drei Nächte in einem New Yorker Hotel zurück, als ich auf mein verschollenes Fahrrad gewartet habe. Sie waren voller Albträume, Ängste und negativer Gedanken. Ich bin dankbar dafür, dass ich dieses Mal ruhig schlafen kann.

Nach dem Frühstück beginne ich mit meinen letzten Vorbereitungen. Zuerst gilt es, den Radkarton zu öffnen und alle gut eingepackten und gesicherten Teile von Papier, Styropor und sonstigen Schutzhüllen zu befreien. Alle Einzelteile sind heil geblieben. Sorgsam verteile ich sie so gut es geht auf Boden und Bett meines viel zu kleinen Zimmers. So habe ich einen besseren Überblick für die Bestandsaufnahme. Dann beginne ich mit dem Zusammenbau. Im Zimmer ist dies jedoch nicht möglich. Also lege ich mein mitgebrachtes Werkzeug und den Fahrradrahmen in den Hotelflur. Der ist ab jetzt meine Radwerkstatt. Der Zusammenbau benötigt zwar Zeit, aber der Vorteil dabei ist, dass ich jedes einzelne Stück noch einmal in meinen Händen halte. Besonders gut achte ich auf einen festen Sitz aller Schrauben. Dies ist etwa bei den Gepäckträgern sehr wichtig, da sie die gesamte Ausrüstung transportieren. Lockere Schrauben führen zu einem nervigen Klappern oder im schlimmsten Fall zum vollständigen Lösen der Träger vom Fahrradrahmen. Ein spezieller Schraubenkleber verhindert das selbstständige Lockern. Das Zusammensetzen meines Fahrrads ist für mich immer ein spezielles Ritual.

Bis spät in den Nachmittag hinein schraube und tüftle ich an meinem Fahrrad herum. Dazu wechsle ich ständig zwischen dem Zimmer und dem Flur hin und her. Die beiden Reinigungskräfte schauen anfangs ein wenig skeptisch, aber zu Mittag schenken sie mir sogar einige ihrer kleineren Putztücher. Eine der beiden verbringt zudem ihre komplette Mittagspause bei mir. Sie setzt sich auf den Boden und schaut mir interessiert bei der Arbeit zu. Am Ende ihrer Pause legt sie noch drei Stück der hoteleigenen Seife auf den Boden. Vermutlich hat sie aufgrund meiner völlig verölten Hände ein wenig Mitleid mit mir. Schließlich fehlen an meinem Fahrrad nur noch wenige Teile. Die restlichen Arbeiten möchte ich erst morgen erledigen. Ich bin fleißig gewesen und habe mir mein Bier heute Abend redlich verdient.

Gegen 20 Uhr warte ich in der Hotellobby auf Sam. Auf dem Programm steht ein »Bier- und Informationsabend«. Ich möchte mir vor allem noch einige wichtige Tipps geben lassen. Mein Radfahrerkollege schaut bereits nach wenigen Minuten froh gelaunt und pfeifend zur Tür herein und bedeutet mir, ihm zu folgen. Wir gehen nicht in Richtung Stadtmitte, sondern auf einem schmalen Weg durch einige Hinterhöfe. Er will mir ein ganz besonderes Lokal zeigen. Dort würden sich nur Einheimische aufhalten. Es liegt etwas außerhalb der Stadt, daher wird es nur selten von Touristen aufgesucht. Erst nach einer halben Stunde sind wir da. Von außen ist nicht zu erkennen, dass sich im Inneren des Hauses ein Lokal befindet. Sam klopft in einem besonderen Rhythmus an die Tür. Sie geht auf, und nach ein paar knappen Worten meines Begleiters werden wir eingelassen. Zielstrebig führt Sam mich hinauf in den ersten Stock.

Oben tut sich eine eigenwillige Welt vor mir auf. Die gesamte Ebene ist ein einziger offener Raum, komplett aus altem Holz bestehend. Die Decke wird von massigen Holzbalken getragen; alle sind mit kunstvollen Schnitzereien versehen. Lampen kann ich keine entdecken. Es ist so dunkel, dass ich aufpassen muss, nirgendwo anzustoßen. Der Raum wird nur vom Feuer eines offenen Kamins, von einigen Fackeln an den Holzbalken und von Tischkerzen erhellt. Interessiert blicke ich mich um. An den Wänden hängen die unterschiedlichsten Dinge: Autokennzeichen verschiedener US-Staaten, Straßenschilder und Ortsnamen ebenso wie Bilder von längst verstorbenen Hollywoodgrößen oder Köpfe ausgestopfter Wildtiere. Genau in der Mitte des Raumes stehen ein ausgestopfter Grizzlybär und ein fast ebenso großer Elch. Beide nebeneinander, als ob sie schon immer zusammengehört hätten. Sam führt mich in die dunkelste Ecke des gesamten Raums. Dort befindet sich die Bar. Die Decke oberhalb der Bar ist mit Geldscheinen und Bierdeckeln beklebt. Beim näheren Betrachten fällt mir auf, dass es sich um Geldscheine aus vielen Ländern und Bierdeckel in den buntesten Farben handelt. Nur wenige Besucher sind hier. Sie sitzen an einem runden Tisch und spielen Karten. Ich fühle mich wohl in diesem Raum. »Das ist Kanada«, denke ich und genieße das spezielle Flair.

Sam erzählt, fast täglich hier zu sein. Angeblich ist es das einzige noch bestehende Lokal in der Umgebung, das einmal den First-Nation-Leuten gehört hat und ausschließlich von diesen besucht werden durfte. Erst vor wenigen Jahren erstand ein traditionsbewusster Geschäftsmann aus Whitehorse das Lokal und ließ es bis auf einige wenige Umbauarbeiten in seinem ursprünglichen Zustand bestehen. Touristen ist der Zutritt zwar nicht verboten, aber der jetzige Besitzer schenkt das Bier lieber an seine einheimischen Stammgäste aus. Und deren Begleiter. Die hübsche Frau hinter der Bar stellt Sam und mir ein großes Glas Bier auf den Tresen. Wir stoßen an. »Welcome to Whitehorse«, sagt Sam, »good luck for your journey!« Ich habe Durst. Der erste Schluck schmeckt daher nicht nur ausgezeichnet, sondern fällt auch besonders intensiv aus. Sam setzt nur zweimal an, bevor sein Glas leer ist. Ich benötige vier Ansätze, was ja auch nicht so schlecht ist. Bevor ich noch etwas sagen kann, steht schon Nachschub auf dem Tresen. Der Großteil des kanadischen oder amerikanischen Biers hat zwar nicht den gleichen Alkoholgehalt wie das Bier im deutschsprachigen Raum, wenn man jedoch in kürzester Zeit und auf nüchternen Magen zwei große Gläser davon trinkt, spürt man auch diese schwächeren Sorten.

Sam ist mir hinsichtlich Trinkfestigkeit meilenweit voraus. Er nickt der Frau hinter der Bar zu, worauf diese ein weiteres Mal den Zapfhahn betätigt. Bevor die Gläser voll sind, greift sie unter den Tresen und holt zwei Flaschen ohne Etikett hervor. Aus jeder Flasche kommt ein kräftiger Schuss des mir unbekannten Inhaltes in die Gläser. Das Bier darin beginnt nun deutlich zu schäumen. Mit sichtlichem Stolz erklärt Sam, dass es sich hier um sein Geheimrezept handeln würde: ein Getränk für spezielle Tage. Mit diesem könne er für einige Stunden alle seine Probleme vergessen oder auch einmal einen besonders tollen Tag feiern.

Ich habe immer noch Durst. Mein erster Schluck von diesem geheimnisvollen Getränk fällt daher recht kräftig aus. Ein fataler Fehler. In Rachen und Hals brennt es fürchterlich. Erschrocken stelle ich das Glas ab und schaue Sam fragend an. Er lächelt nur. Sein Glas ist bereits wieder halb leer. Auf meine Frage nach dem, was die Bardame da unter das Bier gemischt hätte, reagiert er nicht. Nachdem sich mein Hals ein wenig erholt hat, riskiere ich einen weiteren Versuch. Dieses Mal brennt es nicht mehr so stark. Beim dritten Schluck brennt es überhaupt nicht mehr. Und dann beginnt mir dieser »Zaubertrank« sogar ein wenig zu schmecken. Sam nickt zufrieden. Ich nicke ebenfalls, aber gleichzeitig beginnt sich der Fußboden unter mir zu bewegen.

Jetzt wird es gefährlich für mich. Mit einer Hand halte ich mich an der Bar fest, mit der anderen am Bierglas. Sam durchschaut die Situation, hat dafür aber nur ein verschmitztes Lächeln übrig. Um mir zu zeigen, dass der Alkohol bei ihm noch keine Wirkung hat, hebt er ein Bein, schließt die Augen und bleibt ohne zu Schwanken auf dem anderen Bein stehen. Was der kann, kann ich auch, denke ich. Das Stehen auf einem Bein gelingt mir zwar, die Hand kann ich jedoch nicht vom Tresen nehmen. Und nach dem Schließen der Augen dauert es nur wenige Sekunden, bis ich diese wieder öffnen muss. Bei geschlossenen Augen dreht sich alles. Jetzt ist es Zeit für eine Entscheidung: Entweder weitertrinken und morgen mit einem fürchterlichen Kater halbtot im Bett bleiben oder sofort einen Schlussstrich ziehen. Normalerweise gehöre ich zur eher vernünftigen Sorte Mensch, aber auch bei mir ist mit dem Erreichen eines bestimmten Alkoholpegels das Denkvermögen schwer eingeschränkt. Noch während ich überlege, meldet sich Sam zu Wort und gibt mir zu verstehen, dass er ein Kneifen nicht akzeptieren würde. Wer mit dem Fahrrad von Whitehorse nach Miami radeln möchte, müsse erst mal seine Trinkfestigkeit beweisen. Sagt Sam und sorgt dafür, dass ich Nachschub erhalte, natürlich nach seiner Rezeptur.

Träume ich, oder hat sich der Grizzly wirklich bewegt? Ich reibe mir die Augen. Vielleicht habe ich mich getäuscht. Oder hatte der Bär wirklich mit dem Kopf genickt? Ich nehme noch einen Schluck von diesem Wundergetränk, das mir mittlerweile sogar ein wenig zu schmecken beginnt. Trotzdem ist es mir nicht ganz geheuer, dass das Raubtier ständig in meine Richtung sieht und mit seinem Kopf wackelt. Ich schaue genauer hin und nicke zurück. So als ob ich jemanden grüßen würde. Vielleicht grüßt der Bär ja zurück? Aber da tut sich nichts, also widme ich mich wieder meinem Glas und Sam. Eigentlich hatte ich mir von ihm ja noch einige Tipps für meine Reise erhofft. Leider hat er bisher noch kein einziges Wort darüber verloren. Stattdessen erzählt mir mein Begleiter, wie oft er hier in dieser Bar sei, was er hier schon alles erlebt hätte und dass man in diesem Lokal einfach trinkfest sein müsse. Ansonsten solle man lieber gleich zu Hause bleiben. Das meint zumindest Sam. Nach dem nächsten Schluck blicke ich abermals in Richtung Grizzly. Wieder sehe ich deutlich ein Kopfnicken. Ich kneife kurz meine Augen zusammen, um dann noch etwas genauer hinzuschauen. Nun fällt mir auf, dass sich mittlerweile der gesamte Körper des Bären hin und her bewegt. Offensichtlich ist inzwischen auch der Elch erwacht, denn er schunkelt mit dem Grizzlybären im Takt. Beide Tiere haben ein Grinsen im Gesicht. Ich habe das deutliche Gefühl, dass sie über mich lachen, und ich würde gern wissen, warum.

Sam steht mittlerweile ein wenig abseits. Sein Interesse gilt offensichtlich der Frau hinter der Bar. Beide sind in ein Gespräch vertieft. Da sie nur flüstern, kann ich nicht verstehen, welches Thema sie so intensiv diskutieren. Mir ist das aber auch ziemlich egal; ich möchte lieber wissen, warum sich Elch und Grizzly über mich lustig machen. Ich beschließe, sie zu fragen. Leichter gesagt als getan, denn aufrecht stehen kann ich nur deshalb noch, weil ich mich mit beiden Händen am Tresen der Bar festhalte. Ich versuche es trotzdem, und nach einem Umweg durch das halbe Lokal stehe ich vor Bär und Elch. Erst jetzt bemerke ich, wie groß die beiden Tiere sind. Sie überragen mich um mehrere Köpfe. Ich bin plötzlich nicht mehr so sicher, ob ich überhaupt mit ihnen reden sollte. Mit großer Wahrscheinlichkeit werde ich mit beiden Arten in den kommenden Wochen immer wieder zu tun haben. Vielleicht stehen die beiden Tiere hier in der Bar mit ihren Artgenossen draußen in der Wildnis in Verbindung, da möchte ich es mir mit ihnen nicht verscherzen. Also beschließe ich, freundlich zu sein.

Irgendwie sehe ich inzwischen alles ein wenig verschwommen. Nicht nur Elch und Grizzly bewegen sich, sondern auch andere Dinge im Lokal. Tische und Stühle scheinen nicht mehr ruhig auf dem Boden zu stehen, und auch die Flaschen hinter der Bar bewegen sich hin und her. Mir wird schwindelig, und leichte Übelkeit steigt in mir auf. Aber ich möchte ja mit dem Bären sprechen, also muss ich mich zusammennehmen. Um auf gleiche Höhe mit dem Kopf des Grizzlys zu kommen, hole ich mir einen Stuhl herbei. Von Angesicht zu Angesicht redet es sich ja viel besser. Mein erster Versuch, auf den Stuhl zu steigen, scheitert kläglich. Noch bevor ich auch nur annähernd oben bin, stürzt dieser um.

Ich habe Glück und falle nicht gänzlich zu Boden, der Elch hat das verhindert. Der zweite Versuch gelingt. Oben angekommen, schlinge ich meine Arme um den Hals des Bären. So kann ich mich besser mit ihm unterhalten und falle vor allem nicht wieder vom Stuhl. Auf meine Frage, was er und der Elch denn über mich gesprochen hätten, erhalte ich jedoch keine Antwort. Ich versuche es noch einmal, doch wieder erfolgt keine Reaktion. Ärgerlich ziehe ich an den Ohren des Bären und schaue tief in seine Augen. Dabei habe ich wieder das Gefühl, dass sich das Tier über mich lustig macht. Irgendwie sehe ich ein Schmunzeln in seinem Gesicht. Ich brauche Hilfe von Sam und will mich umdrehen, um nach ihm zu rufen. Da ich dabei den Hals und die Ohren des Bären loslasse, komme ich aus dem Gleichgewicht und drohe, wieder vom Stuhl zu stürzen. Sofort schlinge ich meine Arme wieder um den Bärenhals. Jetzt nimmt das Schicksal seinen Lauf. Der Stuhl neigt sich nach hinten, während ich mich verzweifelt am Grizzly festklammere. Aus den Augenwinkeln heraus sehe ich, wie Sam auf mich zukommt. Aber noch bevor er bei mir ist, fällt der Stuhl komplett um, und ich hänge in der Luft. Langsam neigt sich das Tier nach vorn. Ich lasse aber nicht los, und so fallen wir schließlich zusammen um. Der Grizzly begräbt mich unter sich. Das Letzte, woran ich mich erinnern kann, ist der Geruch des Felles, das mein Gesicht bedeckt. Dann habe ich einen Filmriss.

Vorsichtig öffne ich meine Augen. Wo bin ich? Nach einem kurzen Rundblick erkenne ich mein Hotelzimmer. Ich liege im Bett, die Vorhänge sind zugezogen. Meine Armbanduhr zeigt 3 Uhr am Nachmittag. Meine Schuhe stehen neben dem Bett, meine Jeans hängt am Stuhl, alles andere habe ich noch an. Vorsichtig fühle ich nach meinem Kopf und überprüfe, ob dieser heute zu gebrauchen ist. Er macht mir keine größeren Probleme. Ein leichtes Kopfweh ist alles, was ich spüre. Ich versuche, mich an den gestrigen Abend zu erinnern. Ausgelöscht sind alle Erinnerungen ab jenem Zeitpunkt, wo ich offensichtlich mit einem ausgestopften Grizzly geredet habe. Ich weiß bis heute nicht, wie es dann weitergegangen ist. Ich kann mich weder an den restlichen Abend erinnern noch wie ich in mein Hotel und schlussendlich in mein Zimmer gekommen bin.

Als ich die Lobby des Hotels betrete, lächelt mir meine deutsche Bekannte hinter dem Tresen entgegen: »Wie geht es deinem Kopf?« Julia hatte gestern bis Mitternacht Dienst und daher noch mitbekommen, wie Sam mich in das Hotel zurückbrachte. Sie hat ihm geholfen, mich in mein Zimmer zu bringen. Angeblich bin ich sogar noch selbst gegangen, es musste mir nur ein wenig unter die Arme gegriffen werden. Julia erzählt mir, dass ich ständig von einem Grizzly gesprochen hätte, während die beiden mich in mein Bett legten. Sam habe ihr dann ein wenig vom Verlauf des Abends erzählt. Natürlich auch von seinem Geheimrezept. Aber auf ihre Frage, was für eine Mischung das denn gewesen wäre, hätte er nicht geantwortet.

Ich weiß bis heute nicht, um was es sich bei diesem Spezialgetränk gehandelt hat. Was vom Abend geblieben ist: leichte und schnell vorübergehende Kopfschmerzen, vor allem aber die Erinnerung an eine verrückte Begegnung mit einem außergewöhnlichen Kerl. So, wie ich es mir für meine Reise vorgenommen hatte: »Inside America« – dazu gehört auch die Begegnung mit besonderen Menschen.

TESTFAHRT MIT MISSGESCHICK

Die Gäste in der Hotellobby blicken verwundert in meine Richtung. Etwas ungeschickt schiebe ich mein Fahrrad an ihnen vorbei zur Eingangstür. Vorn und hinten sind jeweils zwei prall gefüllte Gepäcktaschen angebracht, zusätzlich eine Lenkertasche, und viele weitere Gegenstände sind mit Klettbändern überall am Rahmen befestigt. Ganz hinten ragt bis auf eine Höhe von 2,5 Metern ein biegsamer »Mast« aus Fiberglas mit der Flagge meiner Heimat Österreich. Das Öffnen der Flügeltüren des Hotels gestaltet sich ein wenig schwierig, und so neigt sich das Fahrrad gefährlich zur Seite. Das Vorderrad schlägt ein, und nur mit Mühe und zirkusreifen Verrenkung gelingt es mir, ein Chaos in der Lobby zu verhindern. Zwei der staunenden Beobachter kommen mir nun zu Hilfe. Einer stützt mein Fahrrad, der andere öffnet mir die Tür. Die Situation ist mir etwas peinlich. Hoffentlich fragt jetzt keiner der beiden, wohin ich fahren möchte. Sie würden es wohl nicht für möglich halten, dass jemand, der sein Fahrrad so ungeschickt aus der Lobby eines Hotels schiebt, lebend bis nach Florida kommt. Aber nein, ohne weitere Fragen lächeln meine beiden Helfer freundlich und wünschen mir »Good luck!«

Vor dem Hotel laufe ich Sam direkt vor die Füße. Er hat sein altes Fahrrad dabei. Auch am Gepäckträger dieses Stahlrahmenrades sind Gepäcktaschen angebracht. Wasserdicht können die aber nicht sein, denke ich. Die Taschen sind ausgeblichen, teilweise ausgefranst und haben mehrere Löcher. Überall kleben bunte Sticker mit Wappen verschiedener Länder. Ganz oben auf dem hinteren Gepäckträger liegt ein dicker Schlafsack, eingehüllt in eine durchsichtige Plastikfolie. Sam trägt kein Radtrikot. Seine Hose ist ein weites Etwas. Die Beinabschlüsse sind mit einem Band zusammengebunden, oben hält ein dicker Gürtel das Kleidungsstück zusammen. Mir fallen sofort ein großes Messer, eine Taschenlampe und das Bärenspray ins Auge, die daran hängen. Die Kratzer und Dellen an seinem Radfahrerhelm lassen ahnen, dass dieser schon einige Stürze auffangen musste.

Gegensätzlicher könnte das Zusammentreffen kaum sein: Hier stehe ich mit meinem neuen Fahrrad, der modernen Ausrüstung und von oben bis unten in beste Radklamotten gekleidet. Mir gegenüber steht Sam, der eher den Eindruck eines Obdachlosen vermittelt, mit einem klapprigen Fahrrad, das in meiner Heimat sicher schon lange im Sperrmüll gelandet wäre. Aber Sam erklärt mir, dass ihn sein alter Drahtesel noch nie im Stich gelassen hätte. Auf der gesamten Tour entlang der Panamericana musste er angeblich keine einzige größere Reparatur bewältigen. Nun will er in den *Denali National Park* im zentralen Alaska; dort befindet sich der Mount McKinley, mit 6.190 Metern der höchste Berg Nordamerikas. Seine Augen strahlen – es ist seine erste größere Radreise seit zehn Jahren. Wir umarmen uns und wünschen uns Glück. Sam steigt auf und fährt Richtung Norden, hinaus in die Wildnis. Und ich fahre zu meinem Fototermin.

Mein Motel liegt nur einen Block von der Hauptstraße entfernt. Diese führt in beiden Richtungen aus Whitehorse hinaus und mündet anschließend jeweils in den Alaska Highway. Richtung Norden geht es dann nach Delta Junction in Alaska, südlich führt die Straße nach Dawson Creek in British Columbia. Dort befindet sich die »Mile Zero«, also der offizielle Anfang des Alaska Highway. Ich möchte zum südlichen Stadtrand von Whitehorse, zu einem ganz besonderen Platz: dem *S. S. Klondike National Historic Park* mit dem letzten Überlebenden der Dampfschifffahrt in dieser Region. Der Raddampfer STERNWHEELER S. S. KLONDIKE II wurde 1937 erbaut und war bis zur Fertigstellung des Klondike Highway im Jahr 1955 das wichtigste Verkehrsmittel entlang des Yukon River.

Für mich ist dies der optimale Platz für die ersten Fotos. Ich benötige einige Aufnahmen von meinem Fahrrad und dem gesamten Gepäck. Da es heute nur um dieses Fotoshooting geht, habe ich alles nur provisorisch am Fahrrad angebracht. Das sorgfältige Befestigen der Radtaschen und der anderen abnehmbaren Ausrüstung ist recht zeitaufwendig. Zu Beginn eines jeden Reisetages benötige ich dafür mindestens eine halbe Stunde. Jetzt merke ich schon beim Aufsteigen, dass ich vorsichtig sein muss, um nichts zu verlieren.

Bereits nach ein paar Kurbelumdrehungen gerate ich in ein kleines Schlagloch, und die rechte vordere Radtasche löst sich vom Gepäckträger. Ich bin nur sehr langsam unterwegs, daher kann ich gerade noch abbremsen, bevor die Tasche unter das Hinterrad gerät. Verstohlen blicke ich mich um und hoffe, dass niemand das Missgeschick beobachtet hat. Wieder hänge ich die Tasche nur schnell zurück auf den Gepäckträger. Für die kurze Strecke bis zum Raddampfer sollte das genügen. Als ich mich der Hauptkreuzung nähere, sehe ich, dass dort eine größere Gruppe von Menschen steht. Alle blicken auf die umliegenden Gebäude, während eine vor der Gruppe stehende Frau etwas erklärt. Vermutlich handelt es sich um Touristen. Ich kann nichts Interessantes in der Umgebung der Kreuzung entdecken, schaue mich aber trotzdem noch weiter um. Das stellt sich als großer Fehler heraus. Plötzlich höre ich ein lautes Hupen, gefolgt vom Quietschen mehrerer Reifen. Ich erschrecke fürchterlich.

Nun geht es Schlag auf Schlag: Abgelenkt wie ich war, habe ich nicht bemerkt, dass ich mich bereits mitten auf der Kreuzung befinde. Während ein von links kommendes Auto gerade noch vor mir meinen Weg kreuzen konnte, muss der Lenker eines nun von rechts herannahenden Geländewagens voll in die Bremsen steigen. Ich nehme das alles nur aus den Augenwinkeln heraus wahr und bremse mit voller Kraft. Die Räder meines fahrbaren Untersatzes blockieren, ich gerate aus dem Gleichgewicht. Das Vorderrad rutscht seitlich weg, und es gelingt mir nicht mehr, meine Radschuhe aus den Klickpedalen zu lösen. Kurz vor dem Aufprall kann ich mich noch ein wenig nach links drehen und meinen Kopf heben. So falle ich nur auf meine rechte Körperseite und erspare mir vermutlich eine Gesichtsverletzung. Als der Fahrradrahmen auf den Asphalt trifft, gibt es ein kratzendes Geräusch. Alle vier Radtaschen lösen sich vom Gepäckträger und rutschen in verschiedene Richtungen davon. Beide Trinkflaschen rollen auf einen angrenzenden Parkplatz. Mein Helm fällt mir vom Kopf. Wie meine Radtaschen, habe ich auch diesen nur halbherzig verschlossen. Dann ist es plötzlich mucksmäuschenstill.

Ungläubig richte ich mich ein wenig auf. Ich sitze da wie ein begossener Pudel. Die rechte Seite meiner Radhose ist aufgerissen, mein Helm liegt vor mir auf dem Asphalt, daneben die Sportbrille. Im Umkreis von 20 Metern sind die Gepäcktaschen und ein Großteil des Inhaltes verstreut. Keine einzige Tasche ist am Rad verblieben. Wie auch? Sie waren ja nicht richtig befestigt. Den traurigsten Eindruck macht jedoch mein Fahrrad selbst. Es ist nach dem Sturz noch einige Meter weitergerutscht und liegt nun am Straßenrand. Verstört schaue ich mich um. Die gesamte Touristengruppe blickt mit weit aufgerissenen Augen zu mir herüber. Niemand sagt etwas, aber auch niemand kommt mir zu Hilfe. Offensichtlich hat es allen die Sprache verschlagen, und sie sind schlichtweg überfordert mit der Situation. Langsam stehe ich auf. Dabei versuche ich herauszufinden, ob ich verletzt bin. Außer einem leichten Ziehen am rechten Oberschenkel verspüre ich jedoch keinerlei Schmerzen. »Noch einmal Glück gehabt«, denke ich. Als ich den Straßendreck von meiner Bekleidung abzuklopfen beginne, kommen nun doch zwei Frauen auf mich zu. »Are you okay?«, fragt eine der beiden, während sie ihre Hand auf meine Schulter legt. Ich setze mich noch einmal hin, dankbar und froh, unverletzt geblieben zu sein.

Als Nächstes höre ich die typische Sirene eines Polizeifahrzeugs. Wenige Augenblicke später hält unmittelbar vor mir ein großer Geländewagen. Ich sitze noch immer am Boden und mag kaum glauben, dass ich schon wieder zu Beginn einer Reise mit der Polizei zu tun habe. Als ein finster dreinblickender, massig wirkender Officer aussteigt und auf mich zukommt, habe ich ein Déjà-vu. Schon einmal hatte ich am ersten Tag meiner Radreise in einer heiklen Situation mit zwei Polizisten zu tun: im Sommer 2006. Mein erstes großes Radreiseprojekt stand unter dem Motto: Mit dem Fahrrad von New York nach San Francisco. Um überhaupt erst einmal aus New York herauszukommen, musste ich den Hudson River überqueren. Dazu wählte ich die Brooklyn Bridge. Diese verfügt über mehrere Ebenen, die über ein Gewirr von verschiedenen Auffahrten zu erreichen sind. Ich erwischte dabei die denkbar schlechteste Rampe, nämlich jene, die ausschließlich für die Trucks vorgesehen ist. Als ich den Irrtum bemerkte, war es schon zu spät. Plötzlich befand ich mich mitten unter den riesigen Ungetümen, und in kürzester Zeit herrschte um mich herum ein heilloses Chaos. Der Lkw-Verkehr kam völlig zum Stillstand. Und so machte ich meine erste Bekanntschaft mit der New Yorker Polizei. Denn was folgte, war die Komplettsperrung der Brooklyn Bridge, das Zerlegen meines Fahrrades und das Verladen in eines der Polizeifahrzeuge. Zudem erhielt ich eine Belehrung, die sich gewaschen hatte. Sie gipfelte darin, dass man mich einzusperren drohte. Damals hat mich nur mein Internationaler Polizeiausweis gerettet, der mich als »Police Officer from Austria« zu erkennen gab.

»Nicht schon wieder!«, denke ich. Der Officer bleibt vor mir stehen. Seine beiden Arme hat er in die Hüften gestemmt. Er trägt eine schwarze Sonnenbrille mit dunklen Gläsern. Die Touristengruppe ist mittlerweile durch weitere Zuschauer zu einem stattlichen Publikum angewachsen. Noch immer ist es still. Die Blicke der Passanten wandern zwischen mir und dem Officer hin und her. Ich erwarte ein Donnerwetter und atme tief durch. Diese Suppe habe ich mir selbst eingebrockt, nun muss ich sie auch auslöffeln. Da muss ich jetzt durch. Vermutlich wissen auch alle anderen Anwesenden, was die Stunde geschlagen hat. Obwohl ich bereits seit 35 Jahren die Uniform der

Österreichischen Polizei trage und solche Situationen sehr gut kenne, ist mir jetzt nicht wohl in meiner Haut.

Doch plötzlich nimmt alles eine ganz andere Wendung. Statt zu schimpfen, beginnt der Officer herzhaft zu lachen. Er steht nur einen Meter vor mir, schaut auf mich herab und biegt sich vor Lachen. Nachdem er seine Sonnenbrille auf die Stirn geschoben hat, dreht er sich nach links und dann nach rechts und schaut die Zuschauer an. Bis jetzt hat niemand etwas gesagt, alle stehen nur ruhig da. Mit seinem Gelächter kommt jedoch Bewegung in die Menge. Die Frau, die vorher zu mir gekommen ist, lacht nun ebenfalls. Und dann sind auch die anderen nicht mehr zu halten. Nur mir ist nicht nach Lachen zumute. Die Situation ist mir mehr als peinlich. Beschämt schaue ich auf den Boden und auf meine dort herumliegende Ausrüstung. Ich möchte von Whitehorse bis nach Florida radeln, aber schon an der ersten großen Kreuzung bin ich überfordert.

Während sich augenscheinlich alle Zuschauer bestens unterhalten, stehe ich auf. Zuerst kontrolliere ich mein Fahrrad: kein erkennbarer größerer Schaden. Einige kleinere Kratzer an Rahmen und Lenker, das ist alles. Noch einmal fühle ich auch in mich hinein. Ich habe mir beim Sturz tatsächlich keine Verletzung zugezogen. Alle Knochen sind heil geblieben. Die leichten Schmerzen am rechten Oberschenkel kann ich gut hinnehmen. Während ich auf meinen Oberschenkel blicke, sehe ich aus den Augenwinkeln heraus, wie der Polizist auf mich zukommt. Seine Gesichtszüge zeigen nun wieder den Ausdruck des strengen Gesetzeshüters. Er überragt mich fast um einen Kopf, zudem wirkt er sehr massig. »Jesus, what are you doing?«, ist seine erste Frage. Ich schaue ein wenig ratlos, eine vernünftige Antwort fällt mir nicht ein. Etwas verlegen erkläre ich, dass ich vorhabe, morgen in Richtung Florida zu fahren. Dem Polizisten bleibt der Mund offen stehen. Für einen Augenblick steht er wie angewurzelt da. Plötzlich ändert sich sein Gesichtsausdruck abermals. Er lacht wieder, dieses Mal aber ein wenig spöttisch. In Richtung Zuschauer gewendet wiederholt er, was ich ihm gerade erzählt habe. Einige schmunzeln, andere schütteln nur den Kopf. »He's crazy«, höre ich von einer Frau. »You can't cycle to Florida«, ruft mir eine andere herüber. Alle reden nun wild durcheinander. Sie machen sich lustig über mich und mein Vorhaben. Irgendwie kann ich das auch verstehen. Die meisten von ihnen gehen vermutlich nicht einmal zu Fuß zum Einkaufen. Es ist daher nicht verwunderlich, dass sie sich eine Fahrradfahrt über 8.000 Kilometer nicht annähernd vorstellen können.

Das verursachte Chaos an der Kreuzung hätte normalerweise Folgen. Das Mindeste wäre eine Verwarnung und die Überprüfung meiner persönlichen Daten. Aber nichts davon geschieht. Stattdessen beginnt der Polizist, auf der Kreuzung hin und her zu laufen. Er sammelt den Inhalt der Taschen zusammen, der auf der Fahrbahn verteilt ist. Jetzt kommt auch wieder Bewegung in die Zuschauer, und mehrere von ihnen helfen mit. Wenige Minuten später liegen alle verlorenen Teile auf der angrenzenden Wiese. Ich schiebe mein Fahrrad ebenfalls dorthin. Bald beginnt der Verkehr wieder zu fließen, und auch die Touristen folgen wieder den Ausführungen ihrer Reiseleiterin.

Während ich die Gepäcktaschen wieder am Fahrrad befestige, fragt mich der Polizist noch einmal, ob ich tatsächlich bis nach Florida fahren möchte. Ich bestätige dies und erzähle ihm ein wenig von meinem Projekt. So kommen wir ins Gespräch, und nachdem alle Taschen am Gepäckträger befestigt sind, hat der Ordnungshüter seine anfängliche Skepsis verloren. Er gibt mir die Hand und wünscht mir mit anerkennendem Nicken viel Glück. Ich steige auf mein Fahrrad, um nun endlich zum Raddampfer zu rollen. Dieses Mal ist das Gepäck ordentlich und sicher befestigt. Einen weiteren Sturz, noch bevor meine eigentliche Reise beginnt, möchte ich auf keinen Fall riskieren.

ALASKA HIGHWAY: DIE ERSTE NACHT IN DER WILDNIS

Whitehorse/Yukon, 8. Juni 2016, 6 Uhr: Endlich geht es los. Ich trete langsam, aber kräftig in die Pedale. Die ersten Kurbelumdrehungen mache ich im Stehen. Unter mir wiegt sich mein schwer beladenes Arbeitsgerät träge hin und her. Diese Radbewegungen kenne ich nur zu gut. Ich mag sie. Zu Beginn einer jeden Reise immer noch ein wenig ungewohnt, wird daraus schnell ein Dahingleiten wie auf sanften Wellen. Ich spüre den Fahrtwind im Gesicht und atme die frische Luft ein. Es ist ein herrliches Gefühl, nun endlich auf dem Weg zu sein. Neben meiner Vorfreude verspüre ich aber noch etwas ganz anderes in mir: eine große Dankbarkeit. Dafür, dass ich noch einmal eine Chance bekommen habe. Es ist nicht selbstverständlich für mich, nach meinem Zusammenbruch nun noch einmal hier in Whitehorse starten zu können. Diese Dankbarkeit sehe ich aber auch gleichzeitig als Warnung, es diesmal nicht wieder zu übertreiben. Während meiner Vorbereitungen habe ich mir unzählige Male vorgenommen, nicht wieder die gleichen Fehler zu machen. Diese Reise soll kein »Rennen« werden, kein »Egotrip zur Selbstbestätigung« sein, sondern eine Reise zu mir selbst. Während ich Fahrt aufnehme, denke ich daran, dass in den nächsten drei Monaten viel passieren kann. Positives, aber auch Negatives.

Radfahren auf dem Alaska Highway ist etwas ganz Besonderes. Es gibt Straßen in Nordamerika und Kanada, deren Namen das Herz eines jeden Radreisenden höher schlagen lassen. Die Route 66, auch »Mutter aller Straßen« genannt, der U.S. Highway 50, streckenweise als »Loneliest Road in America« beschrieben, oder die Küstenstraßen zwischen San Francisco und Vancouver in Kanada. Jeder dieser Highways hat seine Besonderheit. Aber die 2.288 Kilometer zwischen Dawson Creek und Delta Junction sind hinsichtlich ihrer Streckenführung eine ganz besondere Herausforderung für jemanden, der sie mit reiner Muskelkraft bewältigen will. Es gibt nur wenige Abschnitte ohne Anstiege und Abfahrten, und die Einsamkeit ist der ständige Begleiter des Radreisenden.

Wer einmal auf diesem Highway gefahren ist, dem ist sicher aufgefallen, dass die Art der Streckenführung oft sehr fragwürdig ist. Der Grund liegt im Zeitdruck, unter dem die Erbauer damals gestanden haben. Als die Japaner im Dezember 1941 den Hafen von Pearl Harbor bombardierten, erkannten Politiker in den USA und Kanada die Bedeutung einer durchgehenden Straße nach Alaska. Präsident Roosevelt ordnete im Februar 1942 den Bau an, für den die US-Armee mehr als 10.000 Soldaten zur Verfügung stellte. Der Trassenverlauf wurde aufgrund bereits vorhandener Straßen, Erkundungen aus der Luft oder kurzfristig nach den Gegebenheiten vor Ort festgelegt. Alles sollte möglichst rasch gehen. Man arbeitete unter enormem Zeitdruck. Zwischen April und Ende September 1942 schlugen sich die Arbeiter fast 2.300 Kilometer auf möglichst direktem Weg durch Berge und Wälder, bis eine durchgehende Schotterpiste zwischen Dawson Creek im kanadischen British Columbia und Delta Junction in Alaska vorhanden war. Man feierte die Fertigstellung als Heldentat, der gemeinsame nordamerikanische Spirit lebte wieder auf, und am 20. November 1942 erfolgte am »Soldiers Summit« die offizielle Einweihung des Alaska Highway.

Bereits am ersten Tag komme ich gut voran. Mir ist es wichtig, dass vor allem der Beginn einer Reise glatt verläuft. Wenn gleich auf den ersten Kilometern etwas Außergewöhnliches passiert, etwa in Form einer Panne, dann bekomme ich Stress. Während meiner Vorbereitungen studiere ich sehr ausführlich die verschiedenen Straßenkarten. Zusätzlich lege ich mir auch immer eine Art Roadbook an. In diesem ist der geplante Streckenverlauf mit allen notwendigen Zusatzangaben vermerkt. Neben Orten, Nachschubmöglichkeiten und Entfernungsangaben gibt es auch Vorausplanungen von Tagesetappen. Das heißt, dass ich bereits zu Hause berechne, wie weit ich in etwa pro Tag fahren möchte. Solche Planungen sind jedoch schwierig, denn in der Praxis kommt es dann oft ganz anders. Schlechtes Wetter, Pannen oder einfach nur eine schlechte Tagesverfassung führen manchmal dazu, dass Tagesetappen deutlich kürzer als geplant verlaufen. Trotz aller Reiseerfahrungen macht es mich auch heute noch unruhig, wenn ich nach den ersten Tagen der Reise bereits weit hinter dem geplanten Soll liege. Dann besteht die Gefahr, dass ich den Rückstand durch schnelleres Fahren oder längere Etappen aufholen möchte. Das ist mir schon einige Male so passiert. Von einem genussvollen Radeln war ich dann meilenweit entfernt.

Heute läuft alles nach Plan. Bereits am frühen Nachmittag habe ich die ersten 100 Kilometer geschafft. Ich bin fasziniert von der Landschaft. Am meisten beeindrucken mich ihre Weite und die Einsamkeit. Oft kann ich die Straße kilometerweit mit meinen Augen verfolgen, bis sie weit voraus irgendwo im Nichts verschwindet. Die umliegenden Wälder sind unendlich und scheinen fast undurchdringlich zu sein. Dann folgen wieder große Abschnitte mit abgestorbenen Bäumen, deren schwarze Stämme darauf hinweisen, dass hier ein Feuer gewütet hat. Die Farben der Wälder wechseln zwischen dunklem und hellem Grün. Grau und Schwarz sind die dominierenden Farben entlang der Brandflächen. Schnell wird mir bewusst, dass ich mich im tiefen Hinterland befinde. Weit weg von der sogenannten Zivilisation. Dies bedeutet auch: Großteils bin ich auf mich selbst gestellt. Auftretende Probleme muss ich allein lösen. Zwar begegne ich hin und wieder einem der großen Trucks, aber solche Begegnungen sind eher selten. Trotzdem genieße ich die Freiheit auf meinen zwei Rädern in vollen Zügen.

Es wird langsam Zeit, nach einem Nachtlager Ausschau zu halten. Auf meinen Reisen gibt es diesbezüglich immer drei Möglichkeiten: zum einen ein Dach über dem Kopf mit heißer Dusche, in Form eines mehr oder weniger luxuriösen Motels; zweitens mein Zelt mit Schlafmatte und Schlafsack. Und dann noch die einfachste Form der Nächtigung: ein Lager in freier Natur unter dem Sternenhimmel. Alle drei Varianten haben ihr Für und Wider. Sich nach einem langen Tag in ein sauberes Bett zu legen, kann Luxus pur sein. Aber gerade in Kanada sind Motels meist sündhaft teuer und sprengen jegliches Budget eines Radreisenden. Zudem gibt es diese entlang des Alaska Highway nur in größeren Orten. Mein Zelt habe ich hingegen immer bei mir und kann es fast an jedem Platz aufstellen. Es hat mir schon oft zu einer erholsamen Nacht verholfen oder mich vor strömendem Regen geschützt. Zusammen mit Schlafmatte und Schlafsack ist mir mein Zelt zu einer lieb gewordenen Insel geworden. Freies Nächtigen unter den Sternen geht wiederum nur, wenn man diese Sterne auch tatsächlich sehen kann. Also nur bei Schönwetter, oder zumindest bei niederschlagsfreiem Wetter. So schön eine Nacht unter freiem Himmel sein kann, so quälend lange kann sie dauern und ohne Schlaf enden. Nämlich dann, wenn verschiedene Plagegeister zu Besuch kommen, allen voran die Stechmücken. Schon aus diesem Grund bevorzuge ich es, den Reißverschluss meines Zeltes hinter mir zu schließen. Wenn ich Glück habe, kann ich meine Unterkunft auf einem öffentlichen Campground aufstellen, wo meistens sogar eine warme Dusche zur Verfügung steht.

Ich erkenne an den Entfernungsangaben in meiner Straßenkarte, dass sowohl der nächste Ort als auch der nächste Campingplatz für mich heute nicht mehr zu erreichen sind. Bis zum nächsten Campground sind es noch etwas mehr als 60 Kilometer. Das ist mir zu weit. Also kommt nur das Aufstellen des Zeltes in freier Natur infrage. Ich gebe zu, dass mir dabei nicht ganz wohl ist. Es ist meine erste Nacht auf dieser Reise, und dann gleich mitten in der Wildnis. Die Alternative dazu aber sind drei weitere Stunden auf dem Fahrrad, und ich bin bereits müde.

Entlang des gesamten Alaska Highway gibt es rechts und links des Straßenverlaufes einen 10 bis 20 Meter breiten von Bäumen befreiten Streifen. Erst dann beginnt der dichte Wald. Irgendwo auf diesem Streifen werde ich mein Zelt aufstellen. Dazu muss ich eine möglichst geeignete Stelle finden. Damit mein Nachtlager für alle Arten von Wildtieren gut sichtbar ist, muss es frei stehen. Andererseits sollte es von der Straße aus nicht unbedingt gut erkennbar sein. Auch im Hinterland des Yukon ist es nicht immer leicht, einen Platz zu finden, der allen Ansprüchen genügt. Zudem sind die Seitenstreifen nicht nur mit Gras bedeckt, sondern auch mit dichten Flechten, messerscharfen Farnen oder den verschiedensten Arten von Gebüsch. Heute habe ich Glück: Nach kurzem Suchen finde ich den optimalen Platz für mein Zelt.

Es ist kurz vor 18 Uhr örtlicher Zeit, als ich mein Fahrrad vom Highway schiebe. Zum ersten Mal auf dieser Reise baue ich mein Zelt auf. Zu Hause habe ich dies immer wieder geübt. Bei gutem und schlechtem Wetter, bei Windstille und Föhnsturm, bis ich es mit geschlossenen Augen beherrschte. Heute benötige ich genau drei Minuten, dann stehen das Innenzelt und die Außenhülle. Ich verwende ein besonders leichtes Zweimannzelt. Im Gegensatz zu einem Einmannzelt bietet es mir mehr Platz, was bei einem witterungsbedingten längeren Aufenthalt sehr komfortabel ist. Es hat eine Kuppelform und steht von selbst. Daher kann es auch auf hartem Untergrund, ohne die Verwendung von Heringen, aufgestellt werden. Die Außenhülle sorgt für absolute Wasserdichtheit. Ich habe einige Wolkenbrüche und Regennächte in meinem Zelt verbracht, es ist immer dicht geblieben. Das Innenzelt ist so konstruiert, dass es auch allein verwendet werden kann. Ein engmaschiges Netz sorgt dafür, dass jegliche Plagegeister draußen bleiben. Bei schönem Wetter stelle ich häufig nur das Innenzelt auf und genieße den Rundumblick oder eine klare Sternennacht.

Wichtig ist auch eine möglichst komfortable Unterlegmatte. Hier zu sparen ist nicht ratsam, denn sie ist die sprichwörtliche Grundlage für einen erholsamen Schlaf. Meine ist aufblasbar, schützt gegen die Kälte von unten und kann sehr klein zusammengerollt werden. Der mit Daunen gefüllte Schlafsack ist ein Kompromiss aus Kälteschutz, Leichtigkeit und kleinem Packmaß. Zelt, Matte und Schlafsack sind mein persönlicher Schutz, meine Rückzugsmöglichkeit, meine Höhle.

Nachdem alles vorbereitet ist und ein Teil der Ausrüstung im Zelt liegt, sichere ich mein Fahrrad. Während meiner Nächte im Zelt steht oder liegt es immer direkt vor dem Eingang. Um Gewicht zu sparen, verzichte ich auf ein Schloss. Sichere Schlösser sind schwer und sperrig, und bei Radreisen kommt es auf jedes Gramm an. Also arbeite ich mit einer Notlösung: Ich binde zwei Zeltschnüre jeweils am Vorder- und Hinterrad an. So ist das Rad mit dem Zelt verbunden. Zwar handelt es sich hier um keine echte Diebstahlsicherung, aber zumindest bemerke ich jede Bewegung. Auf keiner meiner bisherigen Reisen hatte ich ein Problem mit Fahrraddieben. Weder in Großstädten noch im Hinterland wurde jemals versucht, mir mein Fahrrad zu stehlen. Vor der Benutzung meines Zeltes folgt noch eine besonders wichtige Tätigkeit: Sämtliche Nahrungsmittel, die Getränkeflaschen, Toilettenartikel und alles, was nur annähernd riechen könnte, darf nicht im oder direkt vor dem Zelt verbleiben. Ist man hier nachlässig, bekommt man mit großer Wahrscheinlichkeit unangemeldeten Bärenbesuch. Daher gibt es hier nur die »Baumlösung«. Ich verpacke alles in eine große, geruchs- und wasserdichte Tasche. Mittels einer reißfesten Leine wird nun die Tasche möglichst hoch hinauf auf einen Baum gezogen. Nicht jeder Baum ist dafür geeignet. Es ist eine bestimmte Mindesthöhe notwendig, und das Paket darf sich nicht direkt am Stamm, sondern muss sich möglichst weit außen an einem Ast befinden. Bären, vor allem die Schwarzbären, sind ausgezeichnete Kletterer, und man sollte es ihnen so schwer wie möglich machen.

Alle Arbeiten sind erledigt. Zufrieden krieche ich in meine Unterkunft. Auf mein Abendessen verzichte ich heute. Ich habe keinen

Hunger. Zu aufgeregt bin ich aufgrund meiner bevorstehenden ersten Nacht in der Wildnis. Außerdem möchte ich unter allen Umständen vermeiden, dass mir ein hungriger Grizzly Gesellschaft beim Essen leistet. Ich ziehe den Reißverschluss nach unten und achte dabei darauf, dass kein Loch offen bleibt. Jetzt bin ich in meiner Höhle. Auf dem Rücken liegend, denke ich über meinen ersten Tag in der Wildnis nach. Ich bin mit ihm zufrieden.

Plötzlich höre ich ein Geräusch und erschrecke. Es klingt wie das Knacken eines Astes. Dann noch einmal. Meine Müdigkeit verschwindet, und ich bin hellwach. Schlagartig wird mir bewusst, dass mein Zelt nicht in den österreichischen Alpen steht, sondern im Hinterland des Yukon. Im Heimatland der Bären, Wölfe und Elche. Für einen Augenblick ist es wieder still. Ich horche in die beginnende Dämmerung hinaus. Doch noch bevor ich mich ein wenig beruhige, folgt das nächste Geräusch. Jetzt aus einer anderen Richtung und viel weiter weg. Ganz in der Ferne glaube ich, ein Heulen zu vernehmen. Sehr leise, aber doch deutlich erkennbar. Ich weiß, dass es in diesem Teil von Kanada auch eine Wolfspopulation gibt. Wölfe sind grundsätzlich sehr scheu, daher kommt es sehr selten zu Begegnungen mit ihnen. Aber diese faszinierenden Tiere leben hier. In der Weite des Landes haben sie ihre Ruhe. Aufmerksam lauschend, bleibe ich im Schlafsack liegen. Es kommt mir vor, als ob aus allen Richtungen neue Geräusche auftauchen würden. Nach dem Hineinkriechen in mein Zelt ist mir die Stille fast unheimlich vorgekommen ist. Jetzt habe ich das Gefühl, draußen ist überall etwas los.

Ich bin alles andere als entspannt. Zudem bin ich mir nicht mehr sicher, ob ich wirklich alle Regeln für ein Campen in der Wildnis eingehalten habe. Mir ist nicht wohl zumute. Ich höre eigenartige Vogelstimmen, knackendes Holz, Wolfsgeheul und mir völlig unbekannte Geräusche. Alles zusammen sorgt dafür, dass ich nicht einschlafen kann. Die Zeit vergeht, mittlerweile ist es Nacht geworden. Während es weiter oben im Norden im Sommer nie vollständig dunkel wird, habe ich hier zumindest ein kleines Zeitfenster, in dem es Nacht ist.

Vorsichtig stecke ich meinen Kopf aus dem Zelt. Ich starre in die Dunkelheit und versuche etwas zu erkennen. Die Fahrbahn des Alaska Highway ist ein grauer Streifen in der Landschaft. Der Waldrand ist deutlich als Grenze zur Wiese hin erkennbar, auf der mein Zelt steht. Dahinter ist es stockdunkel. Ich weiß, dass sich in diesem Wald die Tiere befinden. Wie nah oder wie weit entfernt ein Bär, ein Bison oder auch nur ein Eichhörnchen herumstreunen, weiß ich nicht. Als ich nach oben Richtung Himmel blicke, traue ich kaum meinen Augen. Unzählige Sterne strahlen dort, in einer Intensität, wie ich sie selten gesehen habe. Ich vergesse für kurze Zeit die unheimlichen Geräusche und genieße den Anblick. Nach einem letzten Blick in Richtung Wald krieche ich wieder in meinen Schlafsack.

Ich mache weiterhin kein Auge zu. Ständig höre ich irgendwelche Geräusche. Trotzdem: Es ist ein gutes Gefühl, den ersten Tag so problemlos hinter mich gebracht zu haben. Ich bin durch eine tolle Landschaft geradelt. Der Beginn meiner Reise ist geschafft. Ich freue mich riesig auf die nächsten Tage.

BISON VORAUS

Die ersten beiden Tage unterwegs mit Fahrrad und Gepäck sind der reine Genuss. Das schöne Wetter, die angenehme Temperatur, meine Motivation, alles passt zusammen. Die Landschaft Yukons ist einzigartig. Ich kann mich nicht satt sehen an der überwältigenden Natur.

Während meiner Radreisen kann ich wunderbar nachdenken. So ein ganzer Tag auf dem Fahrrad ist lang, man hat viel Zeit, um sich seine Gedanken zu machen. Viele davon kommen und gehen auch gleich wieder. Sie sind nicht wichtig genug für eine längere Auseinandersetzung. Aber einige bekomme ich nicht so schnell wieder aus meinem Kopf heraus, positive ebenso wie negative. Dabei kann mich ein Problem derart intensiv beschäftigen, dass ich stundenlang vor mich hin fahre, ohne meine Umgebung wirklich wahrzunehmen. Umgekehrt gibt es auch Phasen, in denen ich besonders positiv eingestellt bin. Meine Motivation ist auf dem Höhepunkt, ich habe ein Lächeln im Gesicht und bin mit mir und der Welt im Reinen. So wie heute.

Der Alaska Highway kann mit einigen außergewöhnlichen Brücken aufwarten. Eine davon ist die Nisutlin Bay Bridge am Teslin Lake. Mit 584 Meter Länge ist sie die längste wasserüberspannende Brücke des gesamten Highways. Am späten Vormittag des dritten Tages möchte ich sie überqueren, um anschließend im kleinen Ort Teslin eine kurze Pause zu machen. Teslin zählt zu den ältesten Orten am Alaska Highway und liegt direkt am gleichnamigen See. Die etwas mehr als 400 Einwohner bestehen fast ausschließlich aus Ureinwohnern vom Stamm der Tlingit.

Als die Nisutlin Bay Bridge in Sichtweite kommt, entdecke ich in deren Nähe drei kleine schwarze Punkte. Sie bewegen sich am Highway hin und her. Sofort steigt meine Aufmerksamkeit, und mein Herz beginnt schneller zu schlagen. Ich halte kurz an, um meine Kamera aus der Lenkertasche zu holen. Eingeschaltet und fertig eingestellt hänge ich sie mir über die Schulter. Ich fahre langsam weiter und nähere mich den größer werdenden Punkten. Wenige Pedalumdrehungen später erkenne ich, was ich dort vor mir habe: drei Bisons. Zwei sind von kleinerer Statur, aber einer ist eine mächtige Erscheinung. Etwa 100 Meter vor den Tieren bleibe ich stehen und steige von meinem Rad. Diese 100 Meter gelten als wichtige Grenze bei Begegnungen mit allen Arten von Wildtieren. Durch das Teleobjektiv meiner Kamera kann ich die kleine Gruppe auch aus der Entfernung gut beobachten.

Dass hier heute Bisons leben, ist nicht selbstverständlich. Vor dem Auftauchen der weißen Siedler lebten auf dem gesamten nordamerikanischen Kontinent um die 65 Millionen dieser imposanten Tiere. Dann erfolgte die kommerzielle, rücksichtslose Abschlachtung, bis um 1890 nur etwa 1.000 Exemplare übrig geblieben waren. Dieses Abschlachten ist eines der dunkelsten Kapitel der amerikanischen Geschichte. Um 1930 versuchte man, einige Exemplare in Alaska wieder anzusiedeln. Das Projekt gelang, die Tiere vermehrten sich gut, und es bildeten sich wieder kleinere Herden. Heute existieren solche Herden im Großraum von Delta Junction in Alaska und im gesamten Yukon Territory. Auch in vielen anderen Gebieten Nordamerikas, vor allem in den Nationalparks, gibt es heute gesunde Populationen von Bisons. Im Mai 2016 unterzeichnete der damalige Präsident der USA, Barack Obama, den »National Bison Legacy Act«, der den amerikanischen Bison neben dem Weißkopfseeadler zum Nationaltier der Vereinigten Staaten von Amerika machte.

Die zwei kleineren Exemplare stapfen langsam von der Straße weg in Richtung des angrenzenden Waldes. Der große Bison bleibt auf dem Highway stehen. Aufgeregt schieße ich die ersten Fotos. Mit meinem

Fahrrad zwischen den Beinen, bewege ich mich ein Stück näher an das Tier heran. Mir ist bewusst, dass ich den Sicherheitsabstand von 100 Metern nun unterschreite. Jetzt heißt es vorsichtig sein. Bisons gehören zu den größten Landsäugetieren des nordamerikanischen Kontinents. Männliche Exemplare können eine Schulterhöhe von 190 Zentimetern erreichen und ein Gewicht von annähernd 900 Kilogramm. Sie haben dunkles, oft schwarzes Fell, das während der Wintermonate sehr dicht ist. Diese Felldichte lässt einen ausgewachsenen männlichen Bison dann noch größer und furchterregender wirken, als er ohnehin schon ist. Ich bleibe stehen und stelle die Kamera scharf. Das ist ein Anblick, wie ich ihn mir immer wieder gewünscht habe. Um besser durch das Objektiv schauen zu können, nehme ich meinen Radfahrhelm vom Kopf und hänge ihn seitlich an die Lenkstange. Während ich an der Kamera hantiere, drehen sich Vorderrad und Lenker ein wenig zur Seite und, na klar, der Helm fällt auf die Fahrbahn. Das Poltern schreckt den Bison auf – er dreht sich um und macht sich sofort in meine Richtung auf den Weg.

Ich setze die Kamera ab. So ruhig wie möglich verharre ich an Ort und Stelle. Nach wenigen Schritten bleibt das Tier wieder stehen. Wir sind jetzt nur noch einen Steinwurf voneinander entfernt. Fasziniert schaue ich mir den Körperbau meines Gegenübers an. Das Fell dieses Bisons ist am Kopf besonders dicht und tiefschwarz. Alle anderen Bereiche am Körper sind eher braun, teilweise fehlt die Behaarung auch; ein Zeichen dafür, dass die extrem kalte Zeit vorbei ist und die Tiere bereits einen Teil ihres dichten Felles verlieren. Am Kopf sitzen zwei mächtige, nach innen gebogene Hörner. Die Augen erkenne ich nur als schwarze Kugeln hinter dem dichten Fell. Besonders auffällig ist der mächtige Höcker hinter dem Nacken. Wie bei einem Grizzly, ist dieser Höcker einer der besonderen Merkmale eines Bisons. Obwohl das massige Tier jetzt ruhig auf der Straße steht, bin ich aufgeregt. Vielleicht hat es schon einmal einen Menschen gesehen und dabei hoffentlich keine schlechten Erfahrungen gemacht. Meine Anspannung steigt, und ich fühle mich nicht mehr besonders wohl in meiner Haut.

Während ich so dastehe und der riesige Bison zu mir herüberblickt, erinnere ich mich plötzlich an eine ähnliche Situation. Ich habe sie vier Jahre, zuvor ganz in der Nähe erlebt, und sie hat mich damals an meine psychischen Grenzen gebracht.

Es war im Juni 2012. Auf dem gleichen Highway, aber an einer anderen Stelle, hatte ich ebenfalls eine Begegnung mit einem mächtigen Tier. Dabei handelte es sich aber nicht um einen Bison – ein Grizzly bescherte mir die größte Adrenalinausschüttung all meiner Radreisen. Beim Dahinradeln war ich ein wenig unaufmerksam und stürzte dann in einer Kurve, leider direkt vor die Füße eines Bären. Damals sah ich sofort den deutlich sichtbaren Höcker in seinem Nacken und wusste daher, dass es sich um einen Grizzly handelte. Dann war da auch noch der Bärennachwuchs, der die Sachlage noch gefährlicher machte. Das riesige Raubtier kam mir sehr nahe und räumte auch eine meiner Gepäcktaschen aus. Für lange Sekunden habe ich nicht mehr daran geglaubt, heil aus dieser Situation herauszukommen. Als zwischen dem Grizzly und mir nur noch mein Fahrrad lag, kam mir der Zufall zu Hilfe. Oder es half mir jemand »von oben«: Gerade noch rechtzeitig tauchte ein riesiger Holztransport-Truck auf. Nur das ohrenbetäubende Hupen des Fahrzeuges verscheuchte das Muttertier mit seinem Nachwuchs.

Den Abstand zwischen dem Bison und mir schätze ich jetzt auf nur noch 30 Meter. Es ist mir unerklärlich, warum er nicht den Schutz des Waldes sucht und stattdessen mitten auf dem Highway stehen bleibt. Aber auch von mir war es nicht besonders klug, den Sicherheitsabstand so weit zu unterschreiten. Ich nehme all meinen Mut zusammen, um noch weitere Fotos zu machen, und bewege mich dabei so langsam wie möglich. Aber nach den ersten beiden Fotos setzt sich der Bison abermals in Bewegung. Langsam verringert sich der Abstand zwischen uns noch weiter. Jetzt bekomme ich es doch ein wenig mit der Angst zu tun. Mit jedem seiner Schritte scheint das Tier größer zu werden. Ich nehme die Kamera herunter und hänge sie mir über die Schultern. Das Fotografieren ist nun vorbei. Mit beiden Händen umklammere ich den Lenker. Ein Bison ist zwar kein Grizzly, aber trotzdem möchte ich es auf eine direkte Konfrontation nicht ankommen lassen. Ich versuche, einige Schritte zurückzuweichen. Mit meinem Fahrrad zwischen den Beinen ist das jedoch nicht so leicht. Aufsteigen, umdrehen und wegfahren traue ich mich nicht; ich möchte dem Tier nicht den Rücken zuwenden. Beim Zurückgehen drehen sich aber die Pedale mit, und ich kann dadurch nur sehr kleine Schritte machen. Der Abstand zwischen uns beiden wird nicht größer.

Plötzlich höre ich Motorengeräusch. Ich drehe mich kurz um und sehe zwei Fahrzeuge näher kommen. Unmittelbar hinter mir bleiben beide stehen: einer der in Alaska und Yukon üblichen kleinen Trucks mit Ladefläche und ein kleiner Mietwagen einer Umzugsfirma. Jetzt fühle ich mich schon ein wenig wohler. Ich bin nicht mehr allein mit dem Tier. Der Mietwagen steht unmittelbar hinter mir, dahinter der Truck. Der Lenker des Trucks dürfte ein Einheimischer sein, denn er bleibt im Fahrzeug sitzen. Die Einwohner Yukons kennen solche Tierbegegnungen und sind daher viel geduldiger als Touristen. Während ich den Bison weiter beobachte, steigen zwei Frauen aus dem kleinen Mietwagen aus. Das Öffnen und Zuschlagen der Fahrzeugtüren und ihr aufgeregtes Reden machen Lärm. Während ich versuche, so ruhig wie möglich zu sein, geht es hinter mir nun laut und hektisch zu. Das scheint dem Bison nicht zu gefallen. Er bewegt sich unruhig auf der Fahrbahn hin und her. Ich gebe den beiden Frauen ein Zeichen, ruhiger zu sein. Leider verstehen sie es nicht. Im Gegenteil, sie kommen zu mir und stellen sich sogar noch einige Schritte vor mich hin. Eine von ihnen werkelt hektisch an ihrer Fotokamera herum. Das kann nicht gut gehen. Und tatsächlich, der Bison kommt wieder langsam auf uns zu.

Immer wieder habe ich gehört, dass man bei Begegnungen mit Wildtieren besonnen und ruhig bleiben sollte. Vor allem darf man nie weglaufen oder sich hektisch bewegen. Als der Bison jetzt in unsere Richtung kommt, beginnen beide Frauen zu kreischen. Aufgeregt laufen sie zurück zu ihrem Fahrzeug. Ich versuche sie zu bremsen, was mir aber nicht gelingt. Die Frau mit der Fotokamera läuft derart knapp an mir vorbei, dass der Trageriemen am Lenker meines Fahrrades hängen bleibt. Der Lenker schlägt ein, und ich komme aus dem Gleichgewicht. Um nicht selbst umzufallen, muss ich mein Fahrrad loslassen. Es fällt zu Boden, die Kamera daneben. Die beiden Frauen sind nun wieder im Fahrzeug und fühlen sich in Sicherheit. Ich aber befinde mich immer noch im Freien, und der Bison kommt auf mich zu. Ich weiß nicht, wann diese Tierart aggressiv reagiert. Aber schon die pure Größe wirkt sehr bedrohlich. Das riesige Tier ist nun nur noch wenige Meter von mir entfernt und kommt weiter näher. Doch plötzlich weicht der Bison ein wenig seitlich aus und stapft seelenruhig an mir und meinem am Boden liegenden Fahrrad vorbei.

Ich drehe mich langsam mit, um zu sehen, wohin er geht. Dabei habe ich ihn nun direkt vor mir und bin erstaunt, wie mächtig der Kopf mit seinem dichten, schwarzen Fell ist. Die beiden Frauen im Fahrzeug drücken sich fest in die Sitze. Mit großen Augen schauen sie zu, wie der Bison ihnen immer näher kommt. Sie schreien jetzt nicht mehr, sondern scheinen wie gelähmt. Dann berührt das Tier mit seiner linken Flanke den Außenspiegel der Fahrerseite. Er bricht ab und fällt zu Boden. Dabei wackelt das gesamte Fahrzeug. Die Frau auf dem Fahrersitz lehnt sich weit hinüber zur Beifahrerin. Plötzlich ertönt ein wildes Hupen. Es kommt vom Truck. Ich sehe den Fahrer mehrfach mit der Hand auf das Lenkrad schlagen, er will vermutlich helfen. Und dies gelingt ihm auch. Der Bison dreht sich zur Seite und stapft in Richtung der angrenzenden Wiese davon. Dabei lässt er noch einigen Darminhalt auf die Fahrbahn fallen. Kaum hat das Tier die Fahrbahn verlassen, wollen die beiden Frauen weiterfahren. Ich kann ihnen gerade noch ihre Kamera reichen. Sie wechseln kein einziges Wort mit mir und bedanken sich auch nicht. Nach ihren hochroten Gesichtern zu schließen, hat sie diese Begegnung völlig überfordert. Der Fahrer des kleinen Trucks hingegen hält kurz bei mir an und öffnet die Seitenscheibe. Ich gebe ihm zu verstehen, dass bei mir alles in Ordnung ist und ich keine Hilfe benötige.

Obwohl ich schon manche Begegnungen mit großen Wildtieren hatte, ist jedes neue Zusammentreffen ein ganz besonderes Erlebnis. So besonders und manchmal überwältigend, dass ich heute eine wichtige Regel missachtet und den notwendigen Sicherheitsabstand deutlich unterschritten habe. Die Sache ist noch einmal gut ausgegangen, hätte aber auch schwerwiegende Folgen haben können. Und das wegen ein paar Fotos.

HAMBURG BLEIBT IN WATSON LAKE

Zwei Tage nach meinem Erlebnis mit dem Bison steige ich direkt vor einem gelben Ortsschild mit der Aufschrift »Hamburg« von meinem Fahrrad. Es ist nur eines von mehr als 50.000 Schildern, die in den unterschiedlichsten Größen, Formen und Farben im *Watson Lake Sign Post Forest* stehen.

Ich befinde mich im Ort Watson Lake. Der kleine Flecken, der früher einmal Fish Lake hieß, liegt im Südosten des Yukon Territory, direkt am Alaska Highway. Watson Lake wird gern auch als »Tor zum Yukon River« bezeichnet. Mit seinen 1.500 Einwohnern gehört die Kleinstadt zu den größeren Nachschubmöglichkeiten entlang meines Weges Richtung Dawson Creek. Heute ist der Ort einer der wichtigsten Versorgungszentren und Verkehrsknotenpunkte in der Umgebung. Hier befinden sich Abzweigungen vom Alaska Highway (der hier eher in Ost-West-Richtung verläuft) nach Norden und Süden. Nach Norden führt der Robert Campbell Highway, nach Süden der Cassiar Highway.

Während ich gerade in einer meiner Gepäcktaschen nach frischer Unterwäsche krame, hält direkt vor mir ein kleines Wohnmobil. Die bunten Aufschriften an den Seiten zeigen, dass es sich um ein Fahrzeug eines großen einheimischen Autovermieters handelt. »Cruisecanada« steht in großen roten Buchstaben auf der Motorhaube. Auch ich habe schon ähnliche Modelle benutzt, um damit durch Kanada zu reisen. Dabei habe ich eine tolle Zeit erlebt, aber gerade auf meiner ersten

Reise auch viel Lehrgeld bezahlt. Urlaub mit dem Wohnmobil ist nicht immer so einfach, wie es aussieht. Trotzdem ist es bei Kanadaurlaubern immer noch die beliebteste Art zu Reisen. Als Radfahrer sollte man beim Herannahen eines solchen Wohnmobils stets besonders vorsichtig sein. Deren Lenker sind meist entweder Touristen oder Rentner. Während den Touristen oft die Fahrpraxis fehlt, ist bei den Rentnern gern das Reaktionsvermögen beeinträchtigt. Beiden Fahrertypen fehlt oft der Bezug zum Radfahren.

Seit meinem Start in Whitehorse ist mir noch keines dieser Touristenfahrzeuge begegnet. Ich hatte mich schon gewundert, wo sie geblieben sind. Nun steht ein solches Vehikel direkt vor mir. Es steigen drei junge Burschen aus, die sich auf Deutsch unterhalten. Noch bevor ich etwas sagen kann, kommt einer der Burschen auf mich zu. Ob ich aus Deutschland sei, fragt er mich und zeigt dabei auf die Radtaschen mit dem Logo meines deutschen Ausrüsters. Nun kommen auch die beiden anderen zu uns. Nach einem kurzen Erfahrungsaustausch und den üblichen Fragen nach der Reiseroute widmen sich die drei Burschen dann dem Schilderwald. Sie staunen über die Vielfalt der Tafeln mit den Ortsnamen. Offensichtlich haben sie keine Ahnung, was es mit diesen Schildern auf sich hat.

Begonnen hatte es im Jahr 1942. Ein Soldat aus Illinois brachte ein Schild aus seinem Heimatort Danville mit. Er hatte Heimweh und nagelte das Schild an einen Baum, der direkt an der Abzweigung zum Campbell Highway stand. Was folgte, war ein regelrechter Boom mit ähnlichen Schildern. In den darauffolgenden Jahren wurden unzählige Ortsschilder aus verschiedensten Ländern angebracht. Mittlerweile ist ihre Zahl auf über 50.000 angestiegen, und täglich werden es mehr. Es sind Schilder aus den entlegensten Ecken unserer Erde dabei, in unterschiedlichsten Größen, Formen und Farben. Der Sign Post Forest ist das Wahrzeichen von Watson Lake und wird jährlich von Tausenden von Touristen besucht. Neben den Markierungen an Beginn und Ende des Alaska Highway sind seine Schilder das beliebteste Fotomotiv entlang der gesamten Strecke.

Leider sind es auch beliebte Souvenirs. Nahezu täglich wird eine der Tafeln abmontiert und mitgenommen. Besonders beliebt sind Autokennzeichen, die dann im Heimatland des Diebes an dessen Fahrzeug montiert werden. Ebenso Namen von besonders unbekannten oder weit entfernten Orten. In den letzten Jahren haben sich Neuanbringung und Diebstähle fast ausgeglichen, sodass die Verantwortlichen des Parks zum Handeln gezwungen waren. Unmittelbar beim Park liegt das Information Center, also die Touristeninformation. Deren Angestellte haben ein besonderes Auge auf ihre Tafeln und sind schon darin geübt, Souvenirjäger zu stellen. Aber auch die örtliche Polizei durchstreift regelmäßig den Park, und bei Diebstahlsverdacht kommt es nicht selten zu Stopps und speziellen Kontrollen von Touristenfahrzeugen.

Meine drei Touristen aus Deutschland sind auf dem Weg nach Fairbanks in Alaska. Sie fragen mich nach meiner Reiseroute und können es nicht glauben, dass ich mit dem Fahrrad Richtung Florida unterwegs bin. Einer der drei spricht mich auf den Wolf an, der an meinem Fahrradlenker befestigt ist. Er will wissen, ob es sich bei diesem auch um ein Souvenir handeln würde. Ich erkläre ihm, dass der Wolf ein Geschenk meiner Lebensgefährtin sei. Sie hat ihn mir in einer schlimmen Lebenskrise geschenkt, weil mir auch ein echter Wolf einmal das Leben gerettet hat. In meinem ersten Buch habe ich davon erzählt. Der kleine Wolf ist mittlerweile mein Glücksbringer geworden, der auch bei allen meinen Einsätzen mit dem Rettungshubschrauber dabei ist. Für diese Reise habe ich ihn am Lenker meines Fahrrads befestigt. Während ich noch erzähle, geht einer der drei zum Wohnmobil. Mit einer großen Reisetasche kehrt er zurück. Stolz zeigt er mir den Inhalt. Ich sehe ein aus Holz geschnitztes kanadisches Wappen, eine Flagge der USA und einen tellergroßen bunten Gartenzwerg. Dann kommen noch mehr Gegenstände zum Vorschein: ein kleiner Grizzly aus Plastik, eine Blumenvase mit der Aufschrift »Calgary Stampede« und eine kleine, schön bestickte Seidentasche. Der ganze Stolz der drei Burschen ist jedoch ein leicht verbogenes Stück Blech. Beim genaueren

Hinschauen erkenne ich, dass es sich um ein Autokennzeichen aus dem kanadischen Bundesstaat Alberta handelt. Zu jedem Gegenstand erklärt einer der Burschen, wo und wie sie diesen ergattert haben.

Ich kann gar nicht glauben, was mir die Jungs da so aufgeregt erzählen. Für mich hat das nichts mehr mit harmloser Souvenirjagd zu tun, sondern eher mit Diebstahl. Es wird mir schnell klar, dass die drei Watson Lake nicht ohne ein weiteres Mitbringsel verlassen werden. Vorsichtig spreche ich dieses Thema an. So nebenbei erzähle ich ein wenig von meinem Beruf als Polizist. Und darüber, dass wir in unserem Heimatort auch immer wieder mit Souvenirjägern zu tun haben. Besonders beliebt sind Flaggen und Fahnen, die von den Balkonen der Hotels hängen und die Farben von Österreich und Tirol oder das Wappen meines Heimatortes zeigen. Ich lasse noch einfließen, dass es sich hierbei um nichts anderes als um Diebstahl handeln würde. Meine Ausführungen werden jedoch nicht weiter kommentiert, sondern mit einem Schmunzeln abgetan. Ich habe das Gefühl, dass mich die Burschen nicht verstanden haben. Oder nicht verstehen wollen.

Heute will ich in Watson Lake bleiben, morgen dann Nahrungsmittel einkaufen und weiter Richtung Süden fahren. Im Park sind zwischen den unzähligen Schildern genügend kleinere freie Flächen vorhanden. Eine freundliche Mitarbeiterin im Informationscenter erklärt mir, dass ich mein Zelt für eine Nacht ruhig im Park aufschlagen kann. Während ich das Nachtlager vorbereite, steigen auch die drei Burschen in ihr Wohnmobil. Nach einigen Fotoaufnahmen mache ich es mir im Zelt gemütlich. Wie immer am Abend, trage ich einiges im Reisetagebuch nach. Dann studiere ich noch ein wenig die Straßenkarten und überlege mir ein ungefähres Ziel für den nächsten Tag.

Während ich den weiteren Verlauf des Alaska Highway studiere, bemerke ich ein Flüstern in der Nähe meines Zeltes. Die Stimmen kommen mir bekannt vor. Um sicherzugehen, öffne ich leise den Eingangsreißverschluss und schaue mich um. Es sind tatsächlich die drei Burschen vom späten Nachmittag. Sie schleichen durch die kleinen Wege im Park, die zwischen den vielen Schildern angelegt sind. Dabei schauen sie auf die Tafeln, rütteln daran und flüstern miteinander. Mein Zelt haben sie offensichtlich noch nicht entdeckt. Es steht zwar mitten im Park, aber hinter drei größeren Bäumen und einer kleinen Mauer. Man sieht mich nicht, ich selbst kann das Geschehen aber gut beobachten. Es ist so, wie ich es mir gedacht habe: Die Jungs halten Ausschau nach einem Souvenir. Ich krieche aus meinem Zelt, um etwas näher heranzuschleichen. Hinter den vielen Holzpfosten und verschiedenen Masten kann ich mich gut verstecken. Wenn einer der Souvenirjäger etwas Interessantes entdeckt hat, winkt er die anderen herbei. Gemeinsam schauen sie sich die betreffende Tafel an und sprechen kurz miteinander. Dies wiederholt sich einige Male. Ich kann erkennen, dass sie es auf ein Schild mit deutschem Ortsnamen abgesehen haben. Ich beschließe, den Burschen einen Strich durch die Rechnung zu machen.

Die Tür der Touristeninformation geht auf. Die drei Souvenirjäger ducken sich. Die Mitarbeiterin, die mir das Zelten im Park erlaubt hat, verlässt das Gebäude und schließt hinter sich ab. Über einen kleinen Umweg gelange ich zum Parkplatz und spreche die Dame an. Ich erzähle ihr von meiner Vermutung, worauf sie sofort hellhörig wird. Ihr ist es wichtig, die Diebe aufzuklären. Noch während wir uns austauschen, beginnt der größte der Kerle an einer Tafel herumzureißen. Fast alle Schilder sind gut befestigt, und es ist nicht leicht, sie ohne Werkzeug zu entfernen. Das gewaltsame Rütteln lässt der Parkangestellten die Zornesröte ins Gesicht steigen. Wütend macht sie sich auf den Weg. Als sie den Burschen anherrscht, erschrickt er und lässt die Tafel los. Er bleibt wie angewurzelt stehen. Sofort kommen seine beiden Freunde hinzu. Jetzt komme ich ebenfalls näher. Drei Burschen gegen eine Frau, das wäre nicht fair. Bei der Gruppe angekommen, sehe ich sogleich, welches Schild sie hier als Souvenir ausgesucht haben: das Ortsschild »Hamburg«.

Die Angestellte des Informationscenters bemüht sich nun redlich, den verhinderten Dieb und seine Mittäter aufzuklären. Stolz erzählt sie einiges über den Sign Post Forest und wie wichtig dieser für die Bevölkerung von Watson Lake ist. Mahnend fügt sie hinzu, dass Souvenirjäger das Wahrzeichen von Watson Lake schädigen würden. Aber wie schon bei meinem Versuch am Nachmittag, treffen auch diese Erklärungen auf taube Ohren. Ich erkenne ihre Wirkungslosigkeit in den Gesichtern der Burschen. Alle drei blicken sie respektlos und fast ein wenig mitleidig an und beginnen, sich über ihre Ausführungen lustig zu machen. Jetzt reicht es mir, und ich greife in ziemlich polizeilichem Tonfall ins Gespräch ein. Erfolglos: Ich werde ähnlich abgefertigt. Mit abfälligen Bemerkungen entfernen sich die Burschen dann und lassen uns wie Schulkinder stehen.

Wir blicken ihnen nach, bis sie hinter dem Informationsbüro verschwunden sind. Ihr Wohnmobil sehen wir nicht. Wir sind uns einig, dass die Burschen wiederkommen werden. Watson Lake werden sie kaum ohne ihr Souvenir verlassen wollen. Ich erkläre mich bereit, für diese Nacht den Nachtwächter zu spielen. Da sich mein Zelt direkt im Park befindet, erkläre ich den Sign Post Forest zu meinem polizeilichen Überwachungsgebiet. Als ich mich abermals in den Schlafsack lege, bin ich noch immer verärgert. Trotzdem schlafe ich bereits nach wenigen Minuten ein.

Erschrocken richte ich mich auf. Wo bin ich? Ich reibe mir die Augen. Dann wird mir klar: Ich bin tief eingeschlafen und inzwischen ist ein neuer Tag angebrochen. Rasch schaue ich mich um und hoffe, dass mein Verschlafen keine Folgen hatte. Dem ist aber leider nicht so. Es ist genau das eingetreten, was ich vermeiden wollte: Das Schild, dessen Diebstahl wir gestern noch verhindert haben, fehlt. Vor dem Pfosten liegen nur noch zwei Schrauben und einige kleine Holzspäne auf dem Erdboden. Bedrückt baue ich mein Zelt ab und bereite mich auf meine Tagesetappe vor. Meine geplante Überwachung ging vollkommen daneben. Ich habe kläglich versagt.

Ich verlasse Watson Lake. Mein nächstes Ziel ist der *Liard River Hot Springs Provincial Park*. Dort gibt es heiße Quellen. Genau richtig für meine geplante erste zweitägige Ruhepause. Zuvor möchte ich aber noch Wasser und Nahrungsmittel für die nächsten beiden Tage auffüllen. So lange werde ich vermutlich bis zum Park benötigen. Direkt an der Kreuzung zum Robert Campbell Highway befindet sich eine große Tankstelle mit der Aufschrift »Food & Gas«. Als ich mit meinem Fahrrad um die Ecke biege, entdecke ich auf dem Parkplatz der Gasstation das Wohnmobil der drei Deutschen. Daneben steht ein Fahrzeug der örtlichen *Royal Canadian Mounted Police*. Auf der Motorhaube des Polizeifahrzeuges ausgebreitet, liegen eine Menge verschiedener Gegenstände. Einige von ihnen kommen mir bekannt vor. Vor allem springt mir ein ganz besonderes Schild ins Auge: das mit dem Namen der Stadt Hamburg. Während ich mein Fahrrad neben das Polizeifahrzeug stelle, trifft ein weiteres Auto ein. Die Dame der Touristeninformation steigt aus und begrüßt mich sogleich mit einem »Daumen nach oben«. Aus ihrem Gespräch mit den Polizisten höre ich heraus, dass sie selbst den Diebstahl an die Polizei gemeldet hat. Ich gebe zu, dass ich ein wenig schadenfroh bin. Vor allem als ich sehe, dass der Officer sämtliche Souvenirs an sich nimmt und in sein Fahrzeug legt. Das Ortsschild mit der Aufschrift »Hamburg« übergibt er der Mitarbeiterin des Parks, was ein Lächeln in ihr Gesicht zaubert.

Während die drei Burschen dem Police Officer ziemlich kleinlaut ihre Namen und Adressen nennen, lächle ich zurück. Dann steige ich auf mein Fahrrad, und mit einem »Daumen nach oben« meinerseits radle ich in Richtung Liard River Hot Springs Park davon.

RAUFEREI IM POOL

Die ersten 660 Kilometer sind abgestrampelt. Für morgen plane ich einen ersten Ruhetag. Auf meinen vorangegangenen Reisen hat sich folgender Rhythmus bewährt: fünf bis sechs Tage Radfahren, gefolgt von einem Tag Pause. Wenn ich fahre, dann nutze ich auch den Tag und versuche, einigermaßen Kilometer zu machen. Mein Durchschnittstempo ist zwar nicht besonders hoch, dafür fahre ich aber lang und komme so auf recht weite Tagesetappen, meist zwischen 150 und 220 Kilometer. Der Tag vor der Pause ist häufig ein etwas verkürzter Tag. Nach Möglichkeit verbringe ich den anschließenden Pausentag dann in einem Hotel.

Ich bin auf dem Weg zum *Liard River Hot Springs Provincial Park*. Dieser liegt etwa 220 Kilometer südlich von Watson Lake. Berühmt ist der Park für seine heißen Thermalquellen, wobei das Wort »heiß« wirklich ernst zu nehmen ist: Das Wasser in den verschiedenen Badepools hat eine Temperatur von bis zu 53 °C. Es gibt mehrere Pools, die unterschiedlich groß sind und sehr naturschonend in die Landschaft hinein gestaltet wurden. Vor allem die Gäste des in der Nähe liegenden Campingplatzes nützen das warme Wasser. Aber auch für durchreisende Touristen lohnt sich hier ein Stopp, und Einwohner aus nahezu ganz Yukon besuchen diesen Park.

Laut Straßenkarte gibt es an meinem heutigen Tagesziel neben dem Campingplatz auch ein Motel und eine Tankstelle mit einem kleinen Lebensmittelladen. Obwohl in Kanada die Motels relativ teuer sind, möchte ich mir für heute Nacht und den morgigen Tag gern ein Bett gönnen. Aber schon beim Ortsschild von Liard River Hot Springs werde ich enttäuscht. Es handelt sich nämlich weder um einen Ort, noch um einen der sonst in Kanada üblichen großen Parks. So etwas wie ein Ortskern ist weit und breit nicht zu sehen. Hier stehen nur zwei völlig heruntergekommene Gebäude. Eines davon dürfte einmal ein Motel gewesen sein, man kann noch das verblichene Schild erkennen. Das zweite Gebäude könnte die in der Karte eingezeichnete Tankstelle sein, aber vor einem garagenartigen weißen Block steht nur eine einzelne kleine Zapfsäule mit verrostetem Zapfhahn. Gegenüber liegt die Einfahrt zum Campingplatz mit den heißen Quellen. Aus meinem Tag Pause im Hotel wird also nichts, und als Alternative steht nur dieser Campingplatz zur Verfügung.

»Campground full – no free places inside«, steht in roter Schrift auf der Tafel an der Einfahrt. Solche Hinweise habe ich schon des Öfteren gesehen. Schön gelegene Campingplätze sind ab dem späten Nachmittag oft schon belegt. Dies gilt aber meist nur für Wohnmobile; ein Radfahrer mit Zelt findet fast immer noch einen Platz. Der Ranger in der kleinen Hütte am Eingang des Campingplatzes gibt mir einen Zettel und zeigt mir den Bereich, der für die Zelte vorgesehen ist. Ich bezahle 50 Dollar für die beiden Nächte – eine Menge Geld. Der hohe Preis inkludiert aber die uneingeschränkte Benutzung der heißen Quellen.

Mein Zelt steht. Ich schnappe mir zwei Handtücher und meine Kamera. In Badehose und T-Shirt folge ich den anderen Badefreudigen. Ein schön angelegter Holzsteg, fast 500 Meter lang, führt durch ein Moor. Rechts und links davon Wasser, Moos, immer wieder kleinere Felsen und eine vielfältige Fauna. Mitten in der Wald- und Sumpflandschaft liegen die heißen Quellen. Ich bin überrascht, wie schön die Pools und die dazugehörigen kleinen Umkleidegebäude in die Landschaft passen. Die Becken sind nur dort, wo die Gebäude liegen, durch Stufen erschlossen, alle anderen Seiten sind naturbelassen. An mehreren Stellen sprudelt das heiße Wasser aus dem Felsen. Überall plätschert es, und dichter Dampf steigt auf. Gebäude, Pools und Landschaft bilden hier eine Einheit. Was jedoch absolut nicht dazu passt, sind die vielen lauten Menschen und der Trubel, der hier herrscht.

Langsam steige ich die Holzstufen hinunter, die in das größte der drei Becken führen. Als das Wasser meine Füße berührt, bin ich verwundert, wie heiß es tatsächlich ist. Ein tolles Gefühl. Schlussendlich reicht mir das Nass bis zur Brust, und in mir breitet sich eine wohlige Wärme aus. Genau das Richtige für meine müden Radlerbeine.

Während ich meine Kamera für einige Aufnahmen positioniere, kommen zwei junge Burschen aus der Umkleidekabine. Nicht besonders groß gewachsen, dafür mit umso größerem Bauch. Die Oberschenkel sind zwar dick, aber wenig muskulös. Beide tragen schlabbrige Boxershorts. Ihr lautes Lachen fällt mir sofort auf. Einer der Burschen trägt lange, verfilzte Haare und hält noch die Hälfte eines Burgers in der Hand. Der Zweite, mit einer großen Totenkopftätowierung auf der Brust, zieht an einer Zigarette. Zielstrebig steuern sie genau den Pool an, in dem ich stehe. Sie reden lautstark, lachen und der »Burgermann« wirft sein restliches Brot in Richtung eines Müllkübels. Er verfehlt ihn, und ein Stück Fleisch mit Ketchup landet an der Wand der Umkleidekabine. Fast alle Poolbesucher blicken nun in Richtung der beiden. Einige schütteln den Kopf, andere weichen an den Rand des Pools zurück. Der Bursche mit der Zigarette gibt diese an seinen Kollegen weiter. Dann springt er in das Becken. Das Schild »No Diving« hat er wohl übersehen. Oder auch ignoriert. Der Bursche mit der Zigarette in der Hand folgt ihm nun. Den Glimmstengel hoch in die Luft haltend, lässt er sich ins Wasser gleiten. Zuvor legt er noch die Zigarettenpackung auf den Treppenabgang. Beide beginnen nun herumzutollen und spritzen sich gegenseitig nass. Ich stehe in der Nähe der Holzstiege und beobachte das Treiben.

Einen Bademeister gibt es hier nicht. »No Lifeguard« lese ich auf dem Schild bei der Umkleidekabine. Mittlerweile sind alle Badenden bereits an den Rand des Beckens ausgewichen. Als dem Burschen mit der Tätowierung die Zigarette in das Wasser fällt, hält er es nicht einmal für notwendig, sie wieder herauszufischen. Stattdessen begibt er sich zur Treppe und holt sich Nachschub. Ich bin überzeugter Nichtraucher, lasse aber Rauchern gern ihre Leidenschaft. Doch das, was sich hier abspielt, geht nicht. Eine Zigarette einfach ins Wasser fallen lassen und sich dann Nachschub holen, das ist nun doch zu viel. Jetzt muss ich eingreifen. Zumindest unterbinden, dass noch eine Zigarette ins Wasser fällt.

Ich will gerade loslegen, da löst sich ein großer Mann vom Rand des Pools. Er hat breite Schultern, muskulöse Oberarme und eine Glatze. Als er beim Langhaarigen ist, flüstert er diesem etwas ins Ohr. Gleichzeitig greift er mit einer Hand an seine Schulter. Der Bursche verzieht das Gesicht und dreht sich weg. Sein Kollege mit dem Totenkopf auf der Brust hat die Situation beobachtet. Er kommt nun wieder in Richtung Poolmitte, eine neue Zigarette in seiner Hand. Laut schreit er den Mann an. Beide diskutieren nun mit einander. Während der Bursche zwischendurch immer wieder einen weiteren Zug an seiner Zigarette macht, versucht der Glatzkopf dies zu unterbinden. Es gelingt ihm aber nicht, denn sein Gegner dreht sich immer wieder geschickt zur Seite. Dabei grinst er provokant. Nun nimmt die Sache Fahrt auf: Beim nächsten Zug an der Zigarette greift der Mann mit beiden Händen nach der Schulter des Burschen und drückt diesen ins Wasser, bis sein Kopf komplett unter der Oberfläche verschwindet. Dem Burschen gelingt es gerade noch, seine Zigarette vor dem Nass zu schützen – er hält sie in die Luft. Der Mann mit der Glatze entreißt sie ihm und wirft sie in Richtung eines Felsens. Als der Bursche wieder an die Oberfläche kommt, schnappt er nach Luft. Dann schlägt er dem Glatzkopf mit der flachen Hand so kraftvoll ins Gesicht, dass man es klatschen hört. Einige Badende, die vom Rand des Pools aus das Schauspiel beobachten, schütteln den Kopf. Andere lachen laut.

Nun kommt der Langhaarige hinzu, um seinem Freund zu helfen. Zwei gegen einen. Das finde ich unfair. Aber der große Mann lässt sich dadurch nicht einschüchtern. Sein Gesicht ist mittlerweile rot angelaufen und er atmet rascher. Er weicht keinen Zentimeter zurück. Wie auf Kommando springen beide Burschen den Mann an. Dieser dreht sich blitzschnell zur Seite, und einer der beiden platscht neben ihm ins Wasser. Der andere erhält die Ohrfeige retour. Damit hat er offensichtlich nicht gerechnet. Wie ein begossener Pudel steht er nun im Pool. Auch sein Freund macht keine Anstalten mehr, weiter gegen den Mann vorzugehen. Jetzt begibt sich auch ein älteres Paar in Richtung der Streithähne. Die Situation entschärft sich. Alle halten nun ein wenig Abstand voneinander. Plötzlich höre ich einen lauten Pfiff hinter mir. Ich drehe mich um und sehe einen Ranger mit einer Signalpfeife im Mund. Er bedeutet den Männern, aus dem Becken zu kommen. Was nun folgt, ist ein riesiges »Donnerwetter«, das sich nur wenige Meter von mir entfernt abspielt.

Selten habe ich einer so intensiven und lautstarken Belehrung beigewohnt. Der Ranger macht alle drei »zur Schnecke«. Wortlos lassen sie die Belehrung über sich ergehen. Zum Schluss hören sie noch, dass sie die Pools an diesem Tag nicht mehr benützen dürfen. Kleinlaut begeben sie sich in die Umkleidekabine; ich sehe sie nicht mehr wieder. Jetzt ist endlich Ruhe und Zeit für Fotos und das heiße Wasser.

BAUSTELLE

Die Pause hat mir gutgetan. Einen Tag nicht auf dem Rad zu sitzen, war genau das, was ich gebraucht hatte. Jetzt bin ich wieder fit, nicht nur körperlich, sondern auch psychisch. Ich freue mich auf die nächsten Tage. Es sind noch etwa 750 Kilometer bis nach Dawson Creek, dem offiziellen Beginn des Alaska Highway. Dort wird dann der erste Abschnitt meiner Reise nach Florida hinter mir liegen.

Südlich des Liard River Hot Springs Park gelange ich zu einem der schönsten Plätze des gesamten Alaska Highway, dem Muncho Lake. Sein Wasser hat eine jadegrüne Färbung, die von Kupferoxyden verursacht wird und ihn zu einem beliebten Fotomotiv macht. Hinter Toad River geht es dann hinauf auf den Summit Pass. Mit 1.295 Metern ist dies der höchste Pass zwischen Dawson Creek und Delta Junction. Leider regnet es, als ich die relativ steile Auffahrt in Angriff nehme. Schon nach kurzer Zeit wird es deutlich kühler. Gerade im Norden von Kanada kann das Wetter rasch wechseln. Wenn es regnet, wird es zudem meist auch im Sommer sehr kalt. Auf solche Wetterumschwünge bin ich dieses Mal aber gut vorbereitet. Oben am Pass angelangt, hole ich noch Mütze, Handschuhe und eine winddurchlässige Jacke aus dem Gepäck.

Trotz des schlechten Wetters verbringe ich die Nacht wieder im Zelt. Der Regen hält bis in die Morgenstunden an. Sogar im Schlafsack muss ich lange Unterwäsche und warme Oberbekleidung aus Fleece tragen. Ansonsten verläuft die Nacht problemlos. Ich habe weder ungebetenen Bärenbesuch noch lässt mein Zelt Wasser ins Innere. Und als ich mit den Vorbereitungen für die nächste Tagesetappe beginne, kommt die Sonne wieder zum Vorschein. Zudem begleitet mich ein wunderschöner Regenbogen in den Tag hinein. Beim Start wird es bereits merklich wärmer, und schon nach wenigen Kilometern Fahrt ist der Asphalt trocken.

Irgendwann taucht vor mir ein leuchtend rotes Schild auf. Diese Art von Schildern kenne ich nur zu gut. Ich mag sie nicht, denn sie kündigen etwas an, das für jeden Radreisenden meist echten Stress bedeutet: einen mehr oder weniger langen Baustellenabschnitt. Dieses Schild ist jedoch immer nur der Hinweis auf die bevorstehenden Bauarbeiten. Die Tafel mit der genauen Längenangabe folgt erst später, am Beginn der eigentlichen Baustelle. Ich hoffe wie immer auf einen möglichst kurzen Abschnitt.

Irgendwo entlang des Alaska Highway wird immer gebaut. Der Streckenverlauf wird begradigt oder die Straße verbreitert. Der Großteil dieser Bauarbeiten betrifft jedoch die Verbesserung der Fahrbahnqualität. Aufgrund der extremen Witterungsverhältnisse bricht der Straßenbelag immer wieder auf. Dabei entstehen Schlaglöcher. Diese werden durch die großen, schweren Trucks ständig größer, bis der Abschnitt nahezu nicht mehr befahrbar ist. Baustellen auf dem Alaska Highway können daher schon einmal 50 Kilometer und länger sein. Zwar ist der gesamte Highway bereits seit vielen Jahren durchgehend asphaltiert, aber nicht innerhalb der Baustellen. Oft gibt es dort nur groben Schotter, der auf Permafrostboden liegt.

Egal, welches Wetter man erwischt, solche Abschnitte sind für alle Radfahrer eine kleine Katastrophe. Ist das Wetter schön und trocken, staubt es fürchterlich. Die Trucks wirbeln gewaltige Staubwolken auf, derart dicht, dass man mit dem Fahrrad stehen bleiben muss. Die Sicht fällt auf null, und man läuft Gefahr zu ersticken. Regnet es hingegen, weicht der Permafrostboden oberflächlich auf, und es entsteht ein fürchterlicher Schlamm. Das Radeln wird nahezu unmöglich. Ein Weiterkommen ist dann größtenteils nur durch Schieben möglich. Innerhalb kürzester Zeit verklebt der Schlamm alle wichtigen Teile am Fahrrad, die Schuhe rutschen beim Gehen, und jeder Truck verspritzt eimerweise Dreck. In solchen Situationen stelle ich mir dann nach einigen Stunden Quälerei nicht selten die Frage nach dem Sinn meiner Radreise.

Eine Meile hinter der ersten Ankündigung steht die für mich so wichtige nächste Hinweistafel. Mit einem Schlag sinkt meine Stimmung ins Bodenlose: »Next 36 Miles« steht neben dem Symbol, das einen Bauarbeiter zeigt. Exakt auf Höhe des Schildes endet auch der Asphalt. Anschließend folgen grober Schotter und unzählige kleine und große Schlaglöcher, dazwischen Wasserpfützen vom Regen der vergangenen Nacht. Aber es nützt nichts, eine Alternative zu diesem Highway gibt es nicht. Bevor ich weiterfahre, kontrolliere ich noch einmal die Befestigungen der Satteltaschen. Auf Schotterstraßen wird das Fahrrad ständig durchgeschüttelt, und mit der Zeit lockern sich auch die Gepäcktaschen. Anschließend lege ich mir ein Halstuch um, das ich bei Bedarf als Staubschutz über den Mund ziehen kann. Vor mir liegen etwa 55 Kilometer Baustelle. Wenn ich langsam und vorsichtig fahre, werde ich dafür um die vier Stunden benötigen. Sollte ich jedoch dazwischen immer wieder schieben müssen, bleibt es nicht dabei. Ich blicke noch einmal auf meine Straßenkarte. Zumindest kann ich darin keine größeren Steigungen erkennen. Dann fahre ich los.

Wider Erwarten komme ich recht gut voran. Der Untergrund ist fest, die Schlaglöcher liegen relativ weit auseinander, sodass ich ihnen gut ausweichen kann. Dort, wo die Trucks ihre Spuren hinterlassen haben, liegt nicht so viel Schotter. Ich versuche so gut als möglich in einer dieser Spurrillen zu bleiben. Das Radeln fällt dort deutlich leichter. Ich muss gut aufpassen und vorausschauend fahren, um Löcher und Wasserpfützen frühzeitig zu erkennen. Immer wieder ist es notwendig, auf die Gegenfahrbahn zu wechseln, weil ich dort die bessere Spurrinne vorfinde. Hin und wieder muss ich auch direkt durch Pfützen radeln, weil es keine Ausweichmöglichkeit gibt. Mein Tempo ist sehr niedrig, aber die Verhältnisse könnten noch viel schlechter sein.

Dennoch strengt diese Art des Fahrens sehr an. Das Gel in meinen Radhandschuhen fängt zwar einen Teil der Erschütterungen ab, aber den Rest müssen meine Hände und Arme »schlucken«. Bei jedem Gegenverkehr weiche ich weit nach rechts aus. Einige wenige Fahrzeuge überholen mich.

Hinter einer Kurve stehen plötzlich drei Fahrzeuge vor mir. Beim Näherkommen erkenne ich den Grund: »Wait here for your pilot car«. Innerhalb solcher Baustellen ist es nicht unüblich, dass auf bestimmten Abschnitten nur ein Fahrstreifen zur Verfügung steht. In solchen Fällen würde man bei uns eine Ampelregelung einrichten. Nicht so am Alaska Highway. Hier stehen eigene Lotsenfahrzeuge zur Verfügung. Diese »Pilot cars« fahren einer Fahrzeugkolonne voraus, während die Gegenrichtung komplett gesperrt bleibt. Anschließend drehen sie um und lotsen die Wartenden aus der entgegengesetzten Richtung. Solche Situationen habe ich schon mehrfach erlebt. Ich weiß daher in etwa, was mich erwartet. Es gibt nur zwei Möglichkeiten: Entweder ich fahre der Kolonne hinterher und versuche dabei das Tempo zu halten, oder mein Fahrrad kommt auf die Ladefläche des Lotsenfahrzeuges und ich in das Fahrerhaus.

Der Fahrer des ersten Autos erklärt mir, dass es sich vermutlich um einen sehr langen Abschnitt handeln würde. Noch während wir darüber reden, sehe ich die Fahrzeuge aus der Gegenrichtung herankommen. Dann ist die Kolonne an uns vorbei. Das Lotsenfahrzeug dreht um, und zwei Frauen mit leuchtend gelben Warnwesten steigen aus. Eine davon kommt zu mir und blickt fragend auf mein Fahrrad. Solche Blicke kenne ich. Meist stammen sie von Menschen, die sich nicht annähernd vorstellen können, wie und warum jemand mit einem voll beladenen Fahrrad durch die Wildnis fährt. Bevor ich noch etwas sagen kann, erklärt sie mir, dass ich mein Fahrrad auf die Ladefläche des Trucks heben müsse. Von den beiden Möglichkeiten ist diese Variante für mich eindeutig die schlechtere. Sie bedeutet nämlich, dass ich alle Radtaschen abbauen muss. Ich frage daher freundlich nach, ob ich nicht der Kolonne hinterherfahren dürfe. »You can try it«, lautet die Antwort, gefolgt von einem »But I don't believe it works.« Trotzdem möchte ich es versuchen. Dann geht alles sehr rasch. Das Lotsenfahrzeug fährt los und die Kolonne hinterher. Ich klicke mich in die Pedale und folge dem letzten Auto.

Schon nach wenigen Minuten ist mir klar: Das wird nichts. Mein Abstand zum letzten Fahrzeug wird immer größer. Ich gebe mein Bestes, aber die Fahrbahnverhältnisse lassen ein höheres Tempo nicht zu. So gut es geht, weiche ich den gröbsten Löchern aus, von einer optimalen Linie bin ich aber weit entfernt. Es rüttelt fürchterlich. Ich weiß zudem nicht, wie lang dieser Baustellenabschnitt ist und kann mich daher nicht darauf einstellen. Nach kurzer Zeit brennen meine Oberschenkel. Ich stehe auf und trete noch härter in die Pedale. Plötzlich bemerke ich, wie sich die vordere rechte Gepäcktasche vom Gepäckträger zu lösen beginnt. Ich bremse sofort, um sie nicht komplett zu verlieren. Leider ist es schon zu spät. Die Tasche fliegt in den Straßengraben. Ich muss anhalten.

Beim Absteigen blicke ich nach vorn und sehe, dass nun auch die Kolonne angehalten hat. Das Lotsenfahrzeug dreht um. Während ich die Tasche wieder am Rad befestige, hält es neben mir. Beide Frauen steigen aus. Sie schütteln den Kopf und machen mir klar, dass ich mein Fahrrad sofort auf die Ladefläche heben soll. Kleinlaut beginne ich mit dem Zerlegen. Ich entferne die beiden vorderen und hinteren Gepäcktaschen und alle am Fahrrad nicht fix befestigten Zusatzteile. Außerdem muss ich auch die fast 2,5 Meter lange Stange abbauen, an deren Spitze sich die Flagge meiner Heimat Österreich befindet. All das nimmt Zeit in Anspruch und lässt die Straßenarbeiterinnen noch verärgerter schauen. Schließlich lege ich mein Fahrrad und die restliche Ausrüstung auf die Ladefläche des Pick-ups. Obwohl ich unter Zeitdruck bin, achte ich gut darauf, nichts am Fahrrad zu beschädigen. Eine verbogene oder sogar kaputte Schaltung wäre hier eine kleine Katastrophe. Ich bin froh, dass mir keine der Frauen hilft, so kann ich alles platzieren, wie es mir am Besten scheint. Trotzdem bin ich mir nicht sicher, ob alles fest verstaut ist. Auf der Ladefläche befinden sich noch Werkzeuge und Absperrgitter. Mein Fahrrad liegt oben drauf. Ich muss vorn hinein zu den beiden Frauen.

Wir setzen uns wieder an die Spitze und fahren voraus. Offensichtlich ist die Fahrerin nun bemüht, die verlorene Zeit wieder aufzuholen. Das Tempo kommt mir, gemessen an den schlechten Straßenverhältnissen, sehr hoch vor. Bei jedem größeren Loch hebe ich ein wenig vom Sitz ab. Immer wieder drehe ich mich um und beobachte mein Fahrrad. Auf der Ladefläche bewegt sich sämtliches Material. Ich mache mir Sorgen um mein Arbeitsgerät und bitte die beiden Frauen darum, ein wenig langsamer zu fahren. Die Fahrerin schaut mich jedoch nur fragend an und schüttelt den Kopf. Im nächsten Augenblick erwischt der Pick-up mit dem vorderen rechten Rad einen Felsbrocken, der direkt auf der Fahrbahn liegt. Es macht einen fürchterlichen Rumpler, und wir kommen ein wenig ins Schlingern. Ich drehe mich sofort um und stelle fest, dass mein Fahrrad bereits gefährlich weit an den Rand geraten ist. Noch während ich »Stopp!« schreie, rutscht es über die Bordwand hinaus und fällt herab. Und mir rutscht gleichzeitig das Herz in die Hose.

Die Fahrerin hält sofort an. Die anderen Fahrzeuge hinter uns stoppen ebenfalls. Ich sitze zwischen den beiden Frauen. Noch bevor die rechts neben mir aussteigen kann, zwänge ich mich an ihr vorbei nach draußen, um so rasch als möglich zu meinem Fahrrad zu kommen. Es liegt im Straßengraben. Mein Glück: Es ist auf die linke Seite gefallen. Also auf jene Seite, wo sich nicht die Ritzel und das Schaltauge befinden. Wäre es auf der rechten Seite gelandet, hätte dies mit großer Wahrscheinlichkeit einen längeren Stopp mit aufwendigen Reparaturarbeiten bedeutet. Aber nur der Sattel und die Lenkstange sind leicht verdreht. Mit wenigen Handgriffen bringe ich beide wieder in ihre ursprüngliche Position zurück. Die Frauen bedeuten mir ungeduldig, das Fahrrad wieder aufzuladen. Dieses Mal darf ich hinten sitzen bleiben, um selbst auf mein Rad aufzupassen. Den restlichen Baustellenabschnitt überstehen mein Fahrrad und ich problemlos.

1

2

Von hier geht es los: Meine Reise beginnt in Whitehorse, dem größten Ort im Yukon Territorium. Noch liegen mehr als 7.000 km vor mir.

Unterwegs im Land des Goldrausches und der Raddampfer, der Weite und der Bären: Yukon/Kanada.

3

4

3 Die längste Brücke des Alaska Highway: Nisutlin Bridge in Teslin, Yukon.

4 Er hat mich zutiefst fasziniert: der Alaska Highway. Hier ein Abschnitt südlich von Whitehorse.

5 Nicht nur Radreisende haben ständig Hunger. Auch Bikern mit Motorunterstützung geht es so. Und dann sieht man in der Einsamkeit ja auch gern mal andere Menschen.

5

6

6 Absteigen und warten. Eine der vielen Baustellen entlang des Alaska Highways.

7 Und wieder heißt es schieben. In Kanada musste ich erstaunlich häufig absteigen und manchmal meilenweit zu Fuß gehen.

8 »Hier bin ich zu Hause«: Schwarzbären und Grizzlys waren im hohen Norden meine ständigen Begleiter.

7

8

9

10

REF 1166
GATINEAU.CA
KRAKÓW
MONTESANO
ELLICOTT CITY, MD
BILL OLIVER
LAKE PENAGE
BONNECHERE
ONTARIO
NO ONTARIO
SIN NOT
Hoorn
MW 694

11

12

9 Ein kleines Fahrrad auf ganz großer Tour: vom Yukon Territorium hinein in die Berge British Columbias.

10 Das erste Schild nagelte 1942 ein Soldat an einen Baum. Heute sind daraus mehr als 50.000 geworden: der Sign Post Forest in Watson Lake.

11 Das Gepäck darf nicht mit in das Zelt – für den Fall, dass ein Grizzly mal den Inhalt kontrollieren möchte ... Vorbereitung auf die nächste Nacht im Hinterland des Yukon.

12 Geschafft: Der Alaska Highway liegt hinter mir. Willkommen in Dawson Creek, von wo aus seine Meilenzählung in Richtung Norden beginnt.

13

14

13 Meine Lebensversicherung auf dem Rad: Ich fahre keinen Meter ohne Seitenspiegel.

14 Ausgemustert und einfach in der Wildnis stehen gelassen.

15 Immer wieder haben die vielen Touristen im Jasper Nationalpark mein voll bepacktes Fahrrad bestaunt.

15

16

17

18

16 Der Icefield Parkway im Banff Nationalpark mit seinen imposanten Bergen. Warme Radbekleidung ist hier Pflicht.

17 Mein Talisman hat mich immer erfolgreich beschützt. Auch vor den wilden Tieren im Kootenay Nationalpark.

18 Abenteuerfeeling pur: einsames Nachtlager irgendwo im Land der Grizzlys. Bald wird die Sonne untergehen …

19

20

21

19 Ungefähr hier verläuft sie – die Grenze zwischen Kanada und den USA mit dem Nordwesten von Montana.

20 Meine Einladung in ein Dorf der First Nation People im Bundesstaat Wyoming war einer der Höhepunkte der Reise. In der benachbarten Kleinstadt lernte ich sie kennen, als gerade ein jährliches Fest mit traditionellen Tänzen und Kleidung gefeiert wurde.

21 Auch wenn sie hier wegen des Traditionsfestes Perücken tragen und geschminkt sind: Diese »Indianer« sind absolut echt.

DAWSON CREEK: MIKE, JEFF UND BOOMER

»Mile 0« steht auf der Säule mit den drei Flaggen. Ein wenig stolz halte ich mit meinem Fahrrad vor dieser Markierung, die als offizieller Anfangspunkt des Alaska Highway gilt. Dieser »Kilometer null« befindet sich direkt am sogenannten Traffic Circle, einer der Hauptkreuzungen im historischen Teil von Dawson Creek. Für mich endet hier der erste Abschnitt meiner Reise. Der berühmte Alaska Highway liegt hinter mir.

Dawson Creek ist die Stadt in British Columbia, die vom Bau des Alaska Highway am meisten profitiert hat. 1942 lebten hier nur etwa 750 Menschen, ohne große Infrastruktur. Heute sind es mehr als 11.000. Für Touristen, die in Richtung Norden unterwegs sind, bietet es nicht nur Versorgungsmöglichkeiten, sondern auch alle anderen Annehmlichkeiten einer Stadt. Hier gilt es, alles Notwendige zu organisieren, denn Richtung Norden folgt die große Wildnis. Nach den Tagen in der Einsamkeit muss ich mich erst wieder an die Einkaufstempel und die dort herrschende Hektik gewöhnen. Trotzdem genieße ich Dawson Creek und entscheide kurzfristig, zwei Nächte zu bleiben. Mein nächstes größeres Ziel ist das 500 Kilometer weiter südlich gelegene Jasper im gleichnamigen Nationalpark. Ein Zwischenstopp hier in der Zivilisation tut mir daher sicher ganz gut.

Meine Bleibe für die nächsten zwei Nächte ist ein typisches kanadisches Motel: preislich Mittelklasse, ein sauberes, aber abgewohntes Zimmer mit Doppelbett, der obligatorische Fernseher und die kleine Kaffeemaschine mit dem dazugehörigen Instantpulver. Zudem das Angebot eines »Continental Breakfast«, was nichts anderes bedeutet als Kaffee, Toast, Butter und Marmelade in besonders kleinen Verpackungen und bunte Cornflakes für die Kinder.

Es ist zwar erst später Nachmittag, aber trotzdem spricht mein Magen mit mir. Schon vor einer Stunde hat er sich erstmals gemeldet und mir zu verstehen gegeben, dass er heute Lust auf chinesisches Essen hätte. Größere Überredungskünste sind nicht notwendig, denn ich mag China-Restaurants – ob es sich dabei nun um einen Schnellimbiss handelt oder um meine Lieblingsart zu Essen: ein Buffet »All you can eat«. Dawson Creek hat kulinarisch einiges zu bieten, und ich werde schnell fündig. In großen, roten Buchstaben steht oberhalb des Einganges »Buffet«. Volltreffer!

Noch während ich das Schild ansehe, zupft jemand an meinem Hosenbein. Ich schaue hinunter und entdecke einen kleinen Hund. Ganz klar ein Mischling, aber welche Hunderassen hier beteiligt gewesen sind, weiß ich nicht. Seine Grundfarbe ist schwarz mit mehreren weißen Flecken. Ein Ohr hängt hinunter, das andere ist nach oben aufgestellt. Zwei große Augen blicken mich traurig an. Das dichte Fell des kleinen Mischlings ist völlig zerzaust. Der Hund setzt sich vor mir auf die Hinterbeine, winselt leise und schaut zu mir herauf. Ich vermute, er hat Hunger. So wie auch ich. Nur mit dem Unterschied, dass ich über Geld verfüge, um mir mein Abendessen zu kaufen, der Hund jedoch vermutlich weiter hungern muss. Während ich mir überlege, wie ich dem armen Tier ein wenig Essen zukommen lassen könnte, stupst mich der Hund noch einmal ans Bein und trottet dann Richtung Hinterhof davon.

Neugierig folge ich ihm und laufe auf der Rückseite des Restaurants direkt in zwei am Boden sitzende Menschen. Ich erschrecke ein wenig, oder besser gesagt, die Situation ist mir ein wenig peinlich.

Zwischen Stapeln von Bierkisten und mehreren Mülltonnen ist eine bunte Wolldecke ausgebreitet. Darunter liegen mehrere Lagen Karton. Am Rand der Decke steht eine zerbeulte große Eisenpfanne. In ihr lodert ein kleines Feuer. Mehrere Bierdosen liegen auf der Decke. Mittlerweile hat sich das zerzauste Knäuel Hund auf der Decke ausgestreckt. Die beiden Männer blicken zu mir her, während ich unsicher vor ihnen stehen bleibe. Ihre Mienen sind freundlich, und einer der beiden bedeutet mir, mich zu ihnen zu setzen. Ich folge der Einladung, und wir kommen ins Gespräch.

Die beiden Männer stellen sich als Mike und Jeff vor. Den Hund nennen sie »Boomer«. Er ist schon seit mehreren Jahren ihr treuer Begleiter. Ansonsten wollen beide vorerst nicht viel von sich erzählen. Stattdessen möchten sie alles Mögliche von mir wissen. Als ich ihnen von meiner Radreise erzähle, hören sie aufmerksam zu. Mit der Zeit werden auch sie gesprächiger. Was sie mir dann erzählen, kann ich kaum glauben. Jeff war über 25 Jahre lang in einer Bank in Dawson Creek angestellt. Stolz erklärt er, in all den Jahren keinen einzigen Tag wegen Krankheit gefehlt zu haben. Jeff war glücklich verheiratet und hatte eine Tochter. Als diese bei einem Verkehrsunfall tödlich verunglückte, betrank er sich heftig und kam nicht zur Arbeit. Diese ersten drei Tage Abwesenheit vom Arbeitsplatz kosteten ihn dann seinen Job. Ohne dass sein Chef ihn nach dem Grund des Fernbleibens fragte, wurde er von einem Tag zum anderen gekündigt. Er fand keine neue Arbeit mehr, seine Frau trennte sich von ihm, und er landete auf der Straße. Mike hingegen lebte schon immer auf Hinterhöfen. Einen Beruf hat er nie ausgeübt, seine Eltern nie kennengelernt. Aufgewachsen ist er in einem Kinderheim irgendwo in Texas. Nach seiner Flucht aus dem Heim war er jahrelang umhergezogen, bis er vor fünf Jahren in Dawson Creek landete. Schon am ersten Tag lernte er Jeff kennen. Seit damals leben sie gemeinsam auf den Straßen der Stadt. Vor drei Jahren schloss sich ihnen der herrenlose Hund an, der mittlerweile nicht mehr von ihrer Seite weicht.

Mittlerweile meldet sich wieder mein Magen. Ich schäme mich ein wenig. Vor mir sitzen zwei Obdachlose, denen vermutlich ständig der Magen knurrt. Ich würde gern wissen, wann sich die beiden zum letzten Mal so richtig den Bauch vollgeschlagen haben. Immer wieder halten sie ihre Hände über das kleine Feuer in der Pfanne. Jeff greift in die Tasche seines zerschlissenen Mantels und holt eine Plastikflasche heraus. Er bietet mir einen Schluck an, aber ich lehne dankend ab, da ich sofort riechen kann, dass es sich hier nicht um Früchtetee handelt. Nun frage ich Mike und Jeff, ob sie heute schon etwas gegessen hätten. Sie schütteln beide den Kopf. Mike erklärt mir, schon seit drei Tagen nichts Warmes mehr im Magen gehabt zu haben. Außer ein wenig Obst, übrig gebliebenem Brot aus einer Bäckerei und einer Dose Thunfisch hätten sie nichts gegessen. Das Brot und den Fisch teilten sie noch dazu mit Boomer. Kurzerhand beschließe ich, beide zum Essen einzuladen. Als ich aufstehe, springt auch der Hund freudig auf, als ob auch er meine Einladung verstanden hätte. Mit Sicherheit knurrt auch ihm der Magen.

Jeff und Mike sind zwar obdachlos, machen aber keinen völlig verwahrlosten oder verschmutzten Eindruck. Sie tragen sicher nicht die sauberste Kleidung, und von einer aktuellen Modelinie sind sie auch weit entfernt, aber davon abgesehen unterscheiden sie sich äußerlich nicht sehr von den anderen Menschen auf der Straße. Was ich an ihnen besonders finde: Beide sind sehr freundlich und strahlen etwas sehr Warmherziges aus.

Ich bin mir aber nicht sicher, wie das Personal im China-Restaurant reagieren wird. Jeff und Mike blicken mich ein wenig skeptisch an. Aber wir versuchen es und betreten das Lokal. Boomer folgt uns. Gleich werden wir positiv überrascht. Die Dame am Eingang begrüßt uns freundlich, streichelt sogar den Hund und fragt: »Table for three?« Als ich nicke, bringt sie uns zu einem Tisch und überlässt uns mit einem »Enjoy your buffet!« dem Abendessen. Boomer legt sich unter den Tisch. Es duftet, mir läuft das Wasser im Mund zusammen, und ich habe selten zwei Menschen gesehen, die mit so großen und freudigen Augen auf ein Essen gewartet haben.

Ein Buffet hat den Vorteil, dass man so viel essen kann, wie man möchte. Jeff und Mike stehen staunend vor der riesigen Auswahl und können sich nicht entscheiden, mit was sie beginnen sollen. Dann füllen beide ihre Teller so weit, dass sie beim Zurückgehen zum Tisch das eine oder andere verlieren. Ein Aufheben vom Boden ist nicht notwendig – darum kümmert sich Boomer. Mit Freude beobachte ich die beiden beim Schlemmen. Die Teller sind rasch geleert, und für Nachschub wird sofort gesorgt. Boomer winselt unter dem Tisch, bleibt aber brav liegen. Der Hund tut mir leid. Ich kann mir vorstellen, wie ihm das Wasser im Maul zusammenläuft. Während ich noch überlege, wie Boomer auch etwas abbekommen könnte, stellt Jeff einen kleinen Teller mit Reis unter den Tisch, als ob es die normalste Sache der Welt wäre. Ich blicke mich um, aber niemand macht eine Bemerkung. Nach einer Stunde verlassen wir satt und zufrieden das Lokal. Beim Hinausgehen bedanke ich mich noch einmal bei der freundlichen Bedienung.

Ich bleibe noch ein wenig bei meinen neuen Bekannten im Hinterhof. Sie wollen noch einiges über meine weiteren Reisepläne hören. Als Jeff und Mike sich dann zum Schlafen auf ihre Kartons legen, Boomer zwischen sich, verabschiede ich mich. Ich habe es nicht weit in mein warmes Zimmer, in dem ich mich in einem weichen Bett schlafen legen kann.

RUTSCHPARTIE AM GLETSCHER

Vor einigen Jahren reiste ich mit meiner damaligen Lebensgefährtin in einem Wohnmobil durch den Südwesten Kanadas. Dieses Land hat mich schon immer fasziniert. Ich kannte es ein wenig aus meiner Zeit als Leistungssportler. Zwei der sieben Weltmeisterschaften, an denen ich als Mitglied des Zehnkampf-Nationalteams der Österreichischen Polizei teilgenommen habe, fanden in Kanada statt. Damals waren Vancouver und Calgary die Austragungsorte dieser Meisterschaften. In Vancouver wurde ich mit dem Österreichischen Team Weltmeister im Mehrkampf, einige Jahre später in Calgary noch einmal Vizeweltmeister. Ich kann mich noch gut erinnern, wie fasziniert ich damals von der Weite und der Schönheit dieses Landes gewesen bin. Die später folgende Reise mit dem Wohnmobil führte uns unter anderem den *Icefield Parkway* entlang, der Straße durch den Jasper und Banff Nationalpark. Damals trafen wir auf mehrere Radfahrer, denen ich ein wenig neidisch nachblickte. Jetzt, Jahre später, bin ich selbst einer von ihnen.

Ab Dawson Creek ließ ich es die nächsten Tage etwas gemütlicher angehen. Ich fuhr bewusst noch langsamer als bisher. Dies passte auch zur Streckenführung, denn die Ausläufer der Rocky Mountains meinten es gut mit mir. Es waren längere, besonders bergige Abschnitte zu bewältigen. Dafür begegnete ich täglich verschiedenen Wildtieren. Erstmals sah ich auch mehrere der berühmten Weißkopf-Seeadler aus nächster Nähe und konnte sie sogar fotografieren. Nördlich von

Jasper, das am Beginn des gleichnamigen Nationalparks liegt, geriet ich in ein von Wildziegen herbeigeführtes Verkehrschaos. Mehrere dieser Tiere hatten es sich direkt auf dem Highway gemütlich gemacht und zeigten keinerlei Respekt vor kleinen oder großen Fahrzeugen. Sie schnüffelten sogar an meinen Radtaschen, vor allem aber an meinen Radfahrerbeinen.

Erst am späten Abend des dritten Tages erreiche ich Jasper. Jasper ist neben Banff und Lake Louise »die« Touristenhochburg im südwestlichen Kanada. Schon beim Anfertigen meiner obligatorischen Fotos am Ortsschild bekomme ich einen ersten Eindruck davon. Ich muss lange warten, bis mir andere Touristen Platz machen. Ständig halten neue Wohnmobile, Motorräder und schließlich sogar eine komplette Gruppe von etwa 25 Radfahrern mit ihrem Begleitfahrzeug. Beim Hineinradeln nach Jasper steigert sich nicht nur der Touristenauflauf, sondern auch mein Unwohlsein. Nach so viel Einsamkeit bin ich den Trubel offensichtlich nicht mehr gewohnt. Da Jasper ein Touristenort ist, rechne ich auch mit besonders hohen Hotelpreisen. Trotzdem möchte ich meine heutige Nacht nicht im Zelt verbringen. Die 140 Dollar für ein kleines Zimmer mit einem nicht funktionierenden Fernseher ärgern mich dann aber schon gewaltig. Der Aufenthalt hier hat für mich nur zwei Gründe: Zum einen benötige ich dringend Wasser und Verpflegung für die nächsten zwei Tage, zum anderen ist dieser Ort mein Ausgangspunkt für den Icefield Parkway Richtung Südosten. Nach einer teuren Nacht, einem teuren Abendessen und einem noch teureren Frühstück starte ich schlecht gelaunt in den Tag. Kein guter Beginn für die nächsten 230 Kilometer, die landschaftlich zu den schönsten Strecken Kanadas zählen.

Der Icefield Parkway ist die am meisten besuchte Route Kanadas. Zwischen Jasper im Westen und Banff im Osten verläuft der Highway über 230 Kilometer durch eine der faszinierendsten Landschaften des gesamten Kontinents. Dieser Abschnitt gilt unter Touristen als die schönste Gebirgsstecke Kanadas. Und die Landschaft ist wirklich einzigartig. Die Straße folgt erst dem Athabasca und anschließend dem Sunwapa River. Beide Flüsse sind bitterkalt, und ihr Wasser hat geradezu magische Blau- und Grüntönungen. Schon während der ersten Stunden sehe ich gewaltige Bergmassive, reißende Flüsse und Wasserfälle, dichte Wälder und in der Ferne sogar riesige Gletscher. Der einzige wirkliche Nachteil: Ich muss die schöne Landschaft mit unzähligen anderen teilen, die in zahlreichen Reisebussen zu den vielen Aussichtspunkten transportiert werden.

Nach mehreren Stunden Fahrt durch die wilde Landschaft und zwischen dröhnenden Bussen sehe ich links vor mir ein großes Gebäude: das Icefield Center. Es liegt auf einer Anhöhe und bietet alle notwendigen Einrichtungen für die Touristen. Je näher ich dem Gebäude komme, desto mehr fällt mir auf, wie wenig es in diese Gegend passt. Der Kontrast zur Landschaft könnte nicht größer sein. Einerseits gefällt mir das Gebäude nicht, andererseits herrscht auf dem großen Parkplatz ein Trubel wie auf einem Bahnhof zur Hauptreisezeit. Trotzdem ist das Icefield Center mein heutiges Zwischenziel. Von dort verläuft eine Zubringerstraße bis zu einer Gletscherzunge, wo ich Fotos machen möchte. Dort entlang bringen spezielle geländetaugliche Busse die Touristen in die Welt des ewigen Eises. Mit ihren gigantischen Gummireifen können sie sogar über den Eispanzer fahren. Am Fuße des Gletschers stehe ich mit meinem Fahrrad zwischen den Ungetümen und mitten unter den staunenden Touristen. Einige staunen über die Schönheit des Gletschers, andere über den verrückten Radfahrer. Das Verwundern über mich und mein voll bepacktes Fahrrad kann ich gut verstehen. Irgendwie gehöre ich ja wirklich nicht hierher. Aber auch einige der Touristen sind hier fehl am Platz. Einige tragen kurze Shirts, andere nur Sandalen, und ich sehe tatsächlich auch Frauen mit Stöckelschuhen. Derartige »Bergtouristen« holen wir mit dem Rettungshelikopter auch immer wieder aus den Tiroler Bergen.

Ich schaue mich nach einen geeigneten Platz für ein gutes Fotomotiv um. Ich würde mein Fahrrad gern auf das Eis stellen, und zwar so, dass das Eis des Gletschers möglichst eindrucksvoll im Hintergrund leuchtet. In dieser Hinsicht unterscheide ich mich nicht von den anderen Touristen. Viele von ihnen stehen ebenfalls mit ihren Handys und Fotoapparaten am Rand des Eises. Nach einem kurzen Check entdecke ich genau den richtigen Ort für meine Fotos: Etwas abseits der Menschenmenge befindet sich ein großer Felsblock. Dahinter fließt ein kleiner Bach über den Gletscher. Auch die Sonne steht hier genau richtig. Einziger Nachteil: Um zum Felsen zu kommen, muss ich mit meinem Fahrrad mindestens 50 Meter über das Eis stapfen. Da erwarte ich als bergerprobter Tiroler aber keine größeren Probleme. Also hänge ich mir meine Kamera um den Hals, nehme mein Fahrrad und begebe mich auf das Eis. Bald bemerke ich, dass es doch nicht so einfach vorangeht. Meine Radschuhe haben keinerlei Halt auf der eisglatten Gletscherfläche. Vorerst ist es zwar noch sehr flach, aber trotzdem rutsche ich ständig hin und her. Zudem muss ich ja auch noch mein Fahrrad schieben.

Die Eisfläche wird immer steiler. Es sind nur noch wenige Meter bis zum Felsblock. Mittlerweile bin ich mir nicht mehr so sicher, ob meine Idee eine gute gewesen ist. Trotzdem versuche ich es weiter. Mein Fahrrad hat nun keinen Halt mehr auf dem Eis. Die Reifen rutschen ständig seitlich weg, und ich muss das Rad tragen. Dies ist wegen der vollen Beladung schon auf ebener Fläche schwierig, hier am Gletscher aber fast unmöglich. Ich kann nur kleine Schritte machen und arbeite mich im Zeitlupentempo vorwärts. Dabei stößt meine um den Hals hängende Kamera ständig an den Fahrradrahmen. Verstohlen schaue ich noch einmal zurück. Mittlerweile beobachten fast alle Besucher das seltsame Schauspiel. Jetzt will ich nicht mehr zurück, die letzten 2 Meter werde ich ja wohl auch noch schaffen. Vor dem Felsen befindet sich ein kleiner Absatz. Nur etwa 25 Zentimeter hoch, aber dafür glänzt das Eis hier ganz besonders. Ich muss höllisch aufpassen, als ich den ersten Schritt auf den Absatz mache. Jetzt heißt es, noch das Fahrrad heraufzuheben. Aber so sehr ich mich bemühe, es gelingt mir nicht. Es ist einfach zu schwer. Zudem kann ich mich mit den Radschuhen kaum auf dem Eis halten. Noch einmal probiere ich es. Mit voller Kraft ziehe ich am Fahrrad. Plötzlich rutsche ich nach hinten aus und falle auf den Bauch. Jetzt geht es abwärts.

Ich muss das Rad loslassen. Es fällt auf die Seite und rutscht langsam talwärts, ich hinterher. Es gelingt mir zwar noch, mich umzudrehen und aufzusetzen. Aber ich kann die unfreiwillige Abfahrt nicht stoppen. Sitzend gleite ich etwa 10 Meter den steilen Hang hinunter. Mit meinem rechten Oberschenkel erwische ich einen kleinen Stein. Erst im flachen Bereich komme ich zum Stillstand, und die Rutschpartie ist zu Ende. Vorher pralle ich aber noch auf mein Fahrrad, das vor mir das Ziel der Abfahrt erreicht hat. Mein Oberschenkel schmerzt. Vor allem aber schäme ich mich zutiefst. In der Hoffnung, dass mich vielleicht doch nicht allzu viele Schaulustige beobachtet haben, stehe ich auf und begebe mich samt Fahrrad zum Parkplatz zurück.

Meine Hoffnung hat sich nicht erfüllt. Alle in meiner Nähe stehenden Gletscherbesucher starren mich an. Als ich etwas kleinlaut an einem Bus vorbei in Richtung Icefield Center radeln möchte, hält mich ein Mann an. Er gibt sich als einer der Tourist Guides zu erkennen und hält mir nun eine gehörige Standpauke. Diese habe ich mir auch redlich verdient. Mein Handeln war unvorsichtig und hätte schlimm enden können. Nur wenige Meter von meiner unkontrollierten Talfahrt entfernt ist der Parkplatz zu Ende, und es folgt ein langer, steiler Abhang. Diesen sehe ich zu meinem Entsetzen erst, als mich der Guide darauf aufmerksam macht.

Was mir heute passiert ist, war mehr als peinlich. Um ein gutes Foto zu schießen, habe ich alle Vorsichtsmaßnahmen außer Acht gelassen und genau das getan, was ich bei anderen immer kritisiere. Wieder etwas dazugelernt. Meine gewünschten Aufnahmen sind nicht im Kasten. Dafür ziert eine schöne Schürfwunde meinen rechten Oberschenkel. Fotos vom Gletscher mache ich jetzt von der Straße aus.

BÄRENSPRAY

Hinter meinem Sattel befindet sich eine spezielle Halterung. Dort steckt griffbereit eine ganz besondere Dose: mein Bärenspray. In Kanada und in einigen Gebieten der USA gehört das Bärenspray zur Grundausstattung für alle, die sich viel im Freien aufhalten. Die Dosen hängen an den Gürteln der Einheimischen, liegen im Handschuhfach der Autos und in jedem Zelt und Wohnmobil herum. Ein Bärenspray ist dem europäischen Pfefferspray ähnlich, nur deutlich größer und vor allem viel stärker. Es sieht aus wie ein Haarspray, hat aber einen zusätzlichen Sicherungsstift, damit die Sprayvorrichtung nicht versehentlich ausgelöst werden kann.

Zum ersten Mal beschäftigte ich mich anlässlich der Vorbereitungen zu meiner dritten großen Radreise mit dem Thema Bär. Im ersten Drittel der geplanten Strecke von Alaska bis New York musste ich mit Bärenbegegnungen rechnen. Ich kann mich noch gut an die vielen Stunden im Internet, vor dem Fernseher und hinter verschiedenen Fachbüchern erinnern. Damals wollte ich so viel wie möglich über diese Raubtiere erfahren. Nach unzähligen Studienstunden glaubte ich, alles zu wissen und ein echter Bärenspezialist zu sein.

In Alaska und im westlichen Kanada lebt eine gesunde Bärenpopulation. Dort sind zwei große Arten heimisch: Schwarzbären und Braunbären, die zweiten besser bekannt als Grizzlys. Beide Arten unterscheiden sich in wesentlichen Merkmalen voneinander. Schwarzbären haben tatsächlich meist eine schwarze Grundfarbe, zudem einen massigen Körperbau mit kräftigen Gliedmaßen. Der Kopf hat eine längliche, unbehaarte Schnauze, die Augen sind klein und die Ohren rund und aufgerichtet. Schwarzbären haben keinen Höcker am Rücken. Sie sind keine guten Läufer, dafür aufgrund ihrer langen, spitzen Krallen umso bessere Kletterer. Hingegen sind Braunbären nicht immer braun. Bei ihrer berühmtesten Unterart, den Grizzlys, kann man die unterschiedlichsten Fellfarben vorfinden. Abhängig von Klima, Nahrung und Lebensraum kann die Tönung des Fells von Gelbbraun über Rotblond bis zu Schwarz variieren. Grizzlys haben einen massiven und besonders kräftigen Kopf. Neben einem aus reiner Muskelmasse bestehenden Höcker am Rücken ist eine vom Kopf deutlich abgesetzte Schnauze ein charakteristisches Merkmal. Die weniger spitzen, dafür sehr kräftigen Krallen eignen sich nicht sehr gut zum Kraxeln, dafür aber besonders gut zum Graben. Grizzlys sind zudem Meister im Sprint. Zwar halten sie ein schnelles Tempo nur kurz durch, aber mit ihrem Höchsttempo von 35 km/h wären sie bei jedem 100-m-Finale einer Leichtathletik-Weltmeisterschaft ganz vorn dabei.

Noch innerhalb des Banff-Nationalparks suche ich mir direkt neben dem Icefield Highway einen passenden Platz für mein Zelt. Kurze Zeit später steht meine Unterkunft auf einer kleinen Lichtung, nur 50 Meter von der Straße entfernt, aber gut geschützt durch die Bäume. Ich fühle mich heute ein wenig müde und ausgelaugt. Gleich nach dem Versorgen meines Fahrrades krieche ich in den Schlafsack. Die Körperpflege spare ich mir heute ebenso wie das Wechseln der Bekleidung. Ich ziehe nur meine Radhose aus und lege sie im Zelt ans Fußende des Schlafsacks. Dorthin lege ich auch mein Bärenspray. Keine Nacht im Zelt ohne diese Vorsichtsmaßnahme. Im Schlafsack liegend, kaue ich auf einem Müsliriegel herum. Zwei dieser Riegel und eine Flasche Brause habe ich mit ins Zelt genommen. Ich hatte keine Lust mehr, etwas Vernünftiges zu kochen. So blieben die Packungen mit der getrockneten Outdoornahrung diesmal in den Radtaschen. Noch bevor ich den ersten Riegel aufgegessen habe, schlafe ich ein.

Ich schrecke hoch. Hat sich mein Zelt bewegt? Verschlafen versuche ich herauszufinden, ob ich geträumt habe. Ich blicke auf meine

Uhr. Es ist kurz vor Mitternacht. Alles ist ruhig, nur der Wind macht leise Geräusche. Vielleicht habe ich mich getäuscht. Doch dann vernehme ich deutlich, wie etwas in der Nähe meines Zeltes durch das Gras streift. Blitzschnell bin ich hellwach und lausche. Und wieder: Etwas bewegt sich um mein Zelt herum. Dann höre ich ein Schnaufen. Zwar nicht laut, aber deutlich. Das kann nur ein Bär sein. Sofort erinnere ich mich an eine ähnliche Situation. Vor einigen Jahren hatte mir ein Grizzly einen riesigen Schrecken eingejagt. Während ich mir im Zelt vor Angst beinahe in die Hosen machte, untersuchte das Tier draußen mein Fahrrad und den Inhalt der Packtaschen. Das Problem hatte sich dann aber von selbst erledigt, da der Bär nach einiger Zeit ohne mein Zutun seiner Wege ging. Ich bleibe nun erst einmal ruhig liegen und versuche herauszufinden, wo sich der Bär jetzt befindet. Die Geräusche werden leiser, und dann höre ich gar nichts mehr. Trotzdem bewege ich mich weiterhin keinen Millimeter und atme so flach als möglich. Erst einige Zeit später richte ich mich langsam auf, öffne leise den Zelteingang und blicke hinaus. Dann stockt mir der Atem: tatsächlich ein Bär!

Nach den ersten Schrecksekunden fasse ich mich etwas und schaue mir das Tier möglichst genau an. Der Mond scheint hell. Die Fellfarbe kann ich zwar nicht bestimmen, aber der fehlende Höcker am Rücken sagt mir, dass es sich vermutlich um einen Schwarzbären handelt. Ein Pluspunkt für mich – ein Grizzly wäre eindeutig das größere Problem. Das Raubtier steht nur 20 Meter vom Zelt entfernt, am Ende der kleinen Lichtung. Mit aufgestellten Ohren schaut es zu mir herüber. Der Bär kommt mir nicht besonders groß vor. Der zweite Pluspunkt. Aber dann fährt mir erneut der Schreck in die Glieder, als mir klar wird, dass ich die wichtigste Grundregel im Umgang mit Bären außer Acht gelassen habe: keine Nahrung im Zelt! Neben mir auf dem Boden liegen ein Müsliriegel und eine halb volle Brauseflasche. Beides besonders zuckerhaltig. Und Bären lieben Zucker. Noch während ich überlege, wie ich beides loswerden kann, macht der Schwarzbär die ersten Schritte in meine Richtung. Dabei hat er seinen Kopf leicht angehoben und schnüffelt. Ich überlege verzweifelt, was ich tun kann.

Dann fällt mir mein Bärenspray ein, das gleich neben dem Eingang im Zelt liegt. Langsam greife ich danach. Sicher ist sicher. Pfefferspray kommt ja auch im Polizeidienst zum Einsatz, daher ist mir seine Verwendung vertraut. So glaube ich zumindest. Nun aber zittern meine Hände. Ehrlich gesagt: Nicht nur meine Hände, sondern mein ganzer Körper ist in Bewegung. Ich habe nun zwar ein Bärenspray in der Hand, aber viel sicherer fühle ich mich dadurch nicht. Meine Augen wandern ständig zwischen dem Spray und dem Bären hin und her. Man muss die Dose schließlich so halten, dass die Sprayvorrichtung nach vorn schaut. Ich habe schon gesehen, wie Pfeffersprays vor Aufregung verkehrt herum gehalten wurden.

Minuten vergehen. Der Schwarzbär verharrt, ohne mich aus den Augen zu lassen. Es ist mir vollkommen klar, dass er den Riegel, die Brause und auch mich riecht. Er wittert Nahrung und wird nicht so schnell aufgeben. Ich traue mich nicht, das Zelt zu verlassen. Natürlich kann es mir keinen Schutz bieten, aber ich will mich so wenig wie möglich bewegen. Außerdem wüsste ich auch nicht, wohin ich laufen sollte. Auf einen Baum klettern kommt ebenfalls nicht in Frage. Gegen einen Schwarzbären würde ich beim Klettern in jedem Fall den Kürzeren ziehen. Also bleibe ich im Zelt, versuche mich zu konzentrieren und stelle mich darauf ein, mein Bärenspray auch einzusetzen.

Oben auf der Spraydose befindet sich ein kleiner Sicherungsstift. Meine Hände zittern derart, dass es mir zuerst nicht gelingt, das kleine Plastikteil herauszuziehen. Dann aber klappt es doch. Ganz vorsichtig entferne ich den Sicherungsstift, mache dabei aber eine so unglückliche Bewegung, dass mir die Spraydose aus der Hand gleitet und zu Boden fällt. Dabei trifft sie den Rahmen meines Fahrrades. Das deponiere ich während der Nacht immer vor dem Zelteingang, damit ich es möglichst nahe bei mir habe. Nach einem lauten Scheppern bleibt das Bärenspray zwischen Zelt und Fahrrad im Gras liegen. Der Schwarzbär erschrickt und stellt sich auf seine Hinterbeine.

Jetzt bekomme ich es mit der Angst zu tun. Ich weiche etwas zurück. Da mein Zelt nicht besonders groß ist, habe ich nicht viel Rückzugsmöglichkeit. Aber vielleicht kann ich versuchen, mich durch den hinteren Ausgang davonzuschleichen. Das Tier, das mir zuerst gar nicht so groß vorgekommen ist, wirkt jetzt schon deutlich mächtiger. Es steht weiterhin aufrecht und blickt in meine Richtung. »Nicht direkt in die Augen des Bären schauen«, denke ich. Ich habe oft gelesen, dass man einem Bären nie direkt in die Augen blicken soll. Dies gilt in der Bärenwelt als Aggression. Das Raubtier lässt sich nun wieder auf seine vier Tatzen fallen und bewegt sich langsam weiter in meine Richtung. Rasend schnell kommen mir nun viele Dinge in den Sinn, die ich während meiner Reisevorbereitungen über Bären gelernt habe. Mein Vorhaben, über den Hinterausgang zu flüchten, verwerfe ich. Jetzt ist der Bär nur noch 3 Meter von meinem Zelt entfernt. So laut wie möglich schreie ich das Tier an. Der Schwarzbär bleibt stehen. Immerhin.

Jetzt steht mein Entschluss fest: Ich werde das Bärenspray einsetzen. Noch näher möchte ich das Raubtier nicht an mich heranlassen. Ich bin jetzt auch sicher, dass der Bär nicht freiwillig aufgeben wird. Zu verlockend ist die Aussicht auf leckere Nahrung. Vielleicht geht es ihm auch gar nicht nur um meinen Müsliriegel und das Zuckergetränk. Sieht er sogar in mir sein Abendessen? Auf eine Antwort möchte ich es nicht ankommen lassen. So ruhig ich kann, hebe ich die Spraydose vom Boden auf. Der Sicherungsstift ist ja bereits entfernt, das Spray also voll einsatzbereit. Noch einmal schreie ich das Tier an. Es bleibt aber unbeeindruckt vor meinem Zelt stehen und macht keinerlei Anzeichen, zurückzuweichen. Blitzschnell richte ich das Spray nach vorn und drücke auf den rot markierten Auslöseknopf. Es ertönt ein lautes »Zisch«. Gleichzeitig entweicht ein dicker Strahl pfefferhaltiger Flüssigkeit. Ich erschrecke selbst über das Geräusch und die Stärke des Strahls. Aber offensichtlich erschrecke nicht nur ich. Der Schwarzbär macht einen Sprung zurück und läuft sofort einige Schritte Richtung Wald. Dann bleibt er noch einmal stehen und blickt sich um. Ich halte noch immer die Dose in der Hand. Noch einmal drücke ich auf den Knopf. Das zweite »Zisch« lässt den Bären endgültig flüchten. Er verschwindet im Wald.

Mir fällt ein Stein vom Herzen. Es ist mir tatsächlich gelungen, das Raubtier zu verscheuchen. Ich bin mir dabei gar nicht sicher, ob ich den Bären überhaupt getroffen habe. Ich spüre deutlichen Pfeffergeruch, und meine Augen beginnen leicht zu tränen. Das Pfefferspray lege ich etwas entfernt unter eine Baumwurzel, und in meinem Zelt öffne ich beide Eingänge. Nur langsam gelingt es mir, mich wieder zu beruhigen.

Nicht der Schwarzbär hat etwas falsch gemacht, sondern ich. Ich befinde mich in seinem Revier, und hier gelten seine Regeln. Meine vielen Stunden »Bärenstudium« hatten offensichtlich nicht die erhoffte Wirkung. Die gleichen Fehler werden mir aber sicher nicht noch einmal passieren. Ich bin froh, dass meine Nachlässigkeit noch einmal gut ausgegangen ist. Der Einsatz des Bärensprays hat sicher geholfen. Trotzdem hoffe ich, das Tier nicht getroffen zu haben. Ich muss künftig eindeutig besser aufpassen, denn es folgen noch mindestens zwei weitere Wochen Radeln durch Bärengebiet.

EIN TAG IN DER RADFAHRERHÖLLE

Der heutige Tag beginnt gar nicht gut: Es regnet in Strömen. Die Temperatur ist auch nicht berauschend, und am liebsten würde ich wieder zurück in meinen Schlafsack kriechen. Ich mag es durchaus, wenn der Regen auf das Zeltdach prasselt. Aber nur, wenn ich in meinem Schlafsack liege und es dort warm und gemütlich ist. Hingegen mag ich es überhaupt nicht, wenn dieses Prasseln auch noch am Morgen zu hören ist. Dann muss ich meine Vorbereitungen für die nächste Etappe im Regen treffen. Kein guter Start in den Tag.

Gestern bin ich in die USA eingereist, in das nordwestliche Montana. Während der letzten Stunden in British Columbia (Kanada) lachte noch die Sonne vom Himmel herab. Ich radelte entlang des Highway 93 Richtung Süden der Grenze zu. Breite Seitenstreifen und ein fast schlaglochfreier Straßenbelag ließen mich rasch vorankommen. Nur der ständig stärker werdende Verkehr trübte das Vergnügen ein wenig. Am späten Abend, etwa 200 Kilometer südlich von Calgary, verließ ich Kanada. Im unscheinbaren Ort Roosville erledigte ich meine offiziellen Einreiseformalitäten für die Vereinigten Staaten von Amerika. Dabei musste ich sogar meine Satteltaschen ausräumen. Die beiden Grenzpolizisten waren nicht gerade freundlich. Sie machten stur ihre Arbeit; zu einem Lächeln konnten sie sich nicht durchringen. Dafür lächelte ich umso mehr, denn auf Montana hatte ich mich schon seit einigen Tagen gefreut. Etwa ein Drittel meiner Gesamtstrecke lag mit diesem Grenzübergang hinter mir.

Aber das war gestern. Hier und jetzt muss ich hinaus ins Freie, wo mich der Regen erwartet. Ich hasse es, das Zelt im Regen zusammenzupacken. Alles ist schmutzig, nass und doppelt so schwer wie sonst. Aber auch das gehört zum Leben eines Radreisenden. Ich fröstle beim Zusammenpacken. Zwar habe ich genug gute Regen- und Wärmebekleidung mit, aber beim Ankleiden werde ich nass, bevor ich die Überbekleidung angezogen habe. Beim Wegfahren fühle ich mich unwohl.

Ich bin auf dem Weg nach Eureka, einer kleinen Stadt im Nordwesten von Montana, etwa 20 Kilometer südlich der Grenze. Dort möchte ich frühstücken. Noch fehlt mir mein »Startkaffee«, den ich mir nach Möglichkeit jeden Morgen organisiere. Notfalls bin ich auch mit der meist ziemlich schrecklich schmeckenden braunen Brühe aus einer Tankstelle zufrieden. Ich kann problemlos das Frühstück auf einen späteren Zeitraum verschieben, aber meinen Morgenkaffee brauche ich unbedingt. Heute fehlt er mir besonders. Nach einer Stunde Fahrt durch den Regen komme ich in Eureka an. Schon jetzt bin ich völlig durchnässt. Spontan entscheide ich mich daher, noch eine Stunde weiterzufahren und erst dann eine etwas längere Pause zu machen. Dann habe ich zumindest schon ein gutes Stück hinter mich gebracht und es lohnt sich, meine nasse Radbekleidung zu trocknen. Das Frühstück in Eureka fällt also aus, und ich fahre weiter. Keine gute Entscheidung, wie sich bald herausstellt. Zwar sind auf der Karte einige kleinere Orte markiert, aber es gibt dort keinerlei Infrastruktur. Ich schaue mich nach einem Restaurant oder einer Tankstelle um – und finde nichts. Es gibt keinen geeigneten Platz für meine geplante Pause. Kein Frühstück, keine Möglichkeit zum Aufwärmen. Wenn das so weitergeht, wird der Tag richtig mies.

Dabei habe ich mich so auf Montana gefreut. Montana ist in etwa so groß wie Deutschland, wird von den Rocky Mountains durchzogen und ist nur im Osten und Südosten flach. Montana wird auch als »Treasure State« bezeichnet: Seine Schätze sind Erdöl, Silber, Gold, Kohle und Kupfer. Die Schönheit der Landschaft hatte mich sehr beeindruckt, als ich zu Hause im Internet stöberte. Aber heute radle ich durch eine wolkenverhangene, grau wirkende Landschaft. Das passt zu meiner Stimmung.

Vor mir tauchen einige Häuser auf. Ich schaue auf meine Armbanduhr und bin leider für einige Sekunden unaufmerksam. Das rächt sich sofort. Als ich wieder aufschaue, bemerke ich einen kaputten Autoreifen auf der Fahrbahn, direkt vor mir. Ich kann gerade noch ausweichen, aber die ruckartige Lenkbewegung hat Folgen: Plötzlich löst sich eine meiner Gepäcktaschen, und zwar die, in der sich das Zelt, der Schlafsack und die Unterlegmatte befinden. Ich befestige sie immer hinter dem Sattel, ganz oben auf dem Gepäckträger. Dafür verwende ich einen eigenen Spanngurt, der sich durch die ruckartige Bewegung gelöst haben muss. Ich bremse ab und schaue erschrocken zurück. Das Auto unmittelbar hinter mir bremst jedoch nicht. Zielsicher rammt der Fahrer die Tasche, die dadurch unter die Stoßstange des Autos gerät. Erst jetzt bremst der Mann. Die Tasche ist unter dem Fahrzeug eingeklemmt und wird noch einige Meter mitgeschleift. Sofort steige ich ab. Während ich mich bemühe, die Tasche unter dem Auto hervorzuziehen, bleibt der Fahrer seelenruhig sitzen. Es ist ein älterer Herr, der ausdruckslos zu mir herausschaut, jedoch keinerlei Anstalten macht, zu helfen. Mir auch recht, ich habe sowieso keine große Lust, irgendwelche Erklärungen zu liefern. Stimmungsbarometer: weiter sinkend.

Eine Tankstelle! Endlich kann ich zumindest meinem Magen etwas Gutes tun. Und geht es meinem Magen besser, geht es auch mir besser. Ich brauche dringend Kaffee mit viel Zucker und dazu einige Donuts mit noch mehr Zucker. Meine Kohlehydratspeicher wollen neues Benzin. Diese Tankstelle schickt der Himmel. Ich fahre ein wenig schneller, und das Schild »Gas station« kommt rasch näher. Beim Einbiegen in den Parkplatz sehe ich jedoch keine Fahrzeuge, und ein Blick auf die großen Fensterscheiben lässt nichts Gutes erahnen. Alles sieht ein wenig verwahrlost aus, die Scheiben sind komplett verschmutzt. »Das kann jetzt nicht wahr sein«, denke ich, und dann »Frühstück ade«: Die Tankstelle ist tatsächlich geschlossen. »Best Coffee in Town«, steht wie zum Hohn noch über der Eingangstür. Mir ist zum Weinen zumute, und mein Magen protestiert.

Auch in der näheren Umgebung gibt es nichts zu holen. Ich ärgere mich maßlos über mich selbst. Dass ich in Eureka nicht gestoppt habe, rächt sich nun gewaltig. Immerhin hat der Regen ein wenig nachgelassen. Trotzdem fröstelt es mich weiter. Mit einem unguten Gefühl radle ich an den wenigen Häusern vorbei aus dem verlassenen Ort heraus. Hinein in das große Nichts. An einem Eisenbahnübergang muss ich halten. Die Schranke ist geschlossen, und ununterbrochen klingelt die laute Warnglocke. Weit und breit ist jedoch kein Zug zu sehen. In beiden Richtungen verlaufen die Schienen schier endlos geradeaus, und ich kann nicht erkennen, warum die Schranken geschlossen sind. Ich möchte weiter. So rasch wie möglich zum nächsten Ort, und so rasch wie möglich zu meinem Kaffee. Ungeduldig warte ich noch ein paar Minuten. Nichts tut sich, außer dem durchgehenden, nervigen Klingeln. Nirgendwo ein Zug und auch nirgendwo ein Auto. Ich beschließe, nicht mehr länger tatenlos herumzustehen und irgendwie auf die andere Seite zu kommen. Ich hätte besser warten sollen.

Rasch habe ich die schweren Gepäcktaschen abmontiert und einzeln hinter den Gitterzaun gehoben. Ich blicke mich noch einmal um. Weiterhin scheint alles wie ausgestorben. Dann klettere ich auf den Zaun und versuche, mich oben so zu positionieren, dass ich gerade noch nach meinem Fahrrad greifen kann. Ich greife es mit einer Hand am Rahmen, während ich mich mit der anderen Hand am Zaun festhalte. Dann ziehe ich es hoch. Obwohl alle Taschen entfernt sind, muss ich meine ganze Kraft aufwenden, um es zu mir heraufzubekommen. Aber es gelingt mir. Nun sitze ich wackelig auf dem Gitterzaun und überlege, wie ich mein Fahrrad auf die andere Seite heben soll. Ich ändere meine Sitzposition und lifte das Fahrrad auf meine Oberschenkel. Dann drehe ich mich noch etwas weiter, um es auf der anderen Seite des Zaunes wieder abzustellen. Plötzlich verhakt sich eines der Pedale im grobmaschigen Gitter, und ich falle beinahe herunter. Gerade noch kann ich mich oben halten. Das Pedal hat sich jedoch derart verkeilt, dass ich es nicht einfach lösen kann. Verstohlen blicke ich mich um. Ich hoffe, dass niemand das seltsame Schauspiel beobachtet. Weit und breit nichts zu sehen. Aber leider eben auch niemand, der mir helfen könnte.

Die einzige mir bleibende Möglichkeit: Mein Fahrrad dort wieder auf den Boden zu stellen, von wo ich es heraufgezogen habe. Nach einigen akrobatischen Verrenkungen gelingt es mir, das Pedal so weit zu lösen, dass ich mein Bike mit der Lenkstange voraus zurück auf den Boden stellen kann. Anschließend klettere auch ich wieder zurück. Nun stehe ich wieder genau dort, wo ich vorher schon war. Dafür liegen alle meine Gepäcktaschen auf der anderen Zaunseite. Nur eine Minute später öffnen sich auch die Bahnschranken. Ohne dass ein Zug gekommen ist. Und bei mir öffnet sich der Mund, um einen markerschütternden Schrei herauszulassen, vor lauter Ärger und Frust.

Noch knapp 25 Meilen oder umgerechnet 40 Kilometer sind es bis Whitefish, dem nächsten größeren Ort. Bis dorthin heißt es noch durchhalten. Ich strample missmutig den Highway 93 entlang. Etwa eine Radstunde vor Whitefish wird der Verkehr plötzlich immer dichter. Ich kann mir nicht erklären, warum. Zudem wird der Straßenbelag mit jedem weiteren Kilometer schlechter. Ständig muss ich Schlaglöchern ausweichen und streckenweise sogar den Fahrstreifen wechseln. Das passt natürlich den Fahrzeuglenkern hinter mir nicht. Immer wenn ich den Löchern ausweiche, folgt lautstarkes Hupen von hinten. Jedesmal erschrecke ich. Ich muss höllisch aufpassen. Immer mehr Trucks überholen mich, oder versuchen es zumindest. Die Straße ist derart schmal, dass mich ein großes Fahrzeug nur dann passieren kann, wenn ich die Fahrbahn verlasse und auf den Schotterstreifen ausweiche. Eine solche Situation ist besonders gefährlich. Die schmalen Streifen neben der Fahrbahn sind mit Löchern, Unebenheiten und Müll übersät. Ich muss akrobatische Kunststücke vollbringen, um hier nicht zu stürzen. Wenn mich ein Truck überholt, halte ich mein Rad verzweifelt so gerade wie möglich in der Spur. Nur wenige Zentimeter liegen dann zwischen mir und dem Ungetüm. Zudem verwenden die Trucks enorm laute Sirenen. Jedes Aufheulen tut mir in den Ohren weh.

Je näher ich Whitefish komme, desto dichter wird der Verkehr. Meine Wasserflaschen sind fast vollständig geleert. Ich nehme den letzten Schluck. Dabei passiert mir das nächste Missgeschick: Beim Versuch, die Flasche wieder in die Halterung zu stecken, ziele ich daneben. Die Flasche fällt auf die Straße und rollt in Richtung Fahrbahnmitte. Das Auto hinter mir macht eine Vollbremsung. Ich schaue mich um und bremse ebenfalls. Die Trinkflasche ist platt gewalzt. Eine kaputte Flasche ist normalerweise kein Problem. Es gibt sie wie Sand am Meer, sie sind nahezu in jedem Sportgeschäft zu bekommen. Meine nun wie eine Flunder aussehende Trinkflasche war jedoch etwas Besonderes für mich. Sie hat mich auf allen meinen bisherigen Reisen begleitet. Ich hänge an ihr. Deshalb stelle ich mein Fahrrad ab und hebe sie von der Straße auf. Ich werde sie trotz ihres ramponierten Aussehens behalten. Natürlich begleitet mich wieder ein Hupkonzert, aber das ist mir nun egal.

Eine halbe Stunde später radle ich in das Zentrum von Whitefish hinein. Ich habe einen furchtbaren Hunger und eine besonders miese Laune. Die heutige Etappe ist für mich genau hier zu Ende.

Es gibt Tage auf dem Rad, da passt alles. Dann fühle ich mich wie im Radfahrerhimmel. Solche Tage liebe ich. Aber dann gibt es eben auch welche, da funktioniert überhaupt nichts. Da quäle ich mich von früh bis spät. Alles ist anstrengend, und auch meine Laune ist auf dem Tiefpunkt. Heute ist so ein Tag. Aber was hilft's? Auch diese Tage gehören zum Leben eines Radreisenden dazu.

EIN FREUND MIT NAMEN ASTIN

Ich bin in Helena, mit etwa 28.000 Einwohnern das bedeutendste Handelszentrum und die Hauptstadt des Staates Montana. Rundherum gibt es riesige landwirtschaftlich genutzte Flächen und viel Bergbau. Für mich ist Helena vor allem deshalb wichtig, weil ich heute nicht mehr weiterfahren will. Ein Waschtag ist angesagt, denn meine Kleidung und ich riechen nicht mehr besonders gut. Außerdem will ich mir an diesem Abend mal ein besonderes Essen leisten. So zwei- bis dreimal pro Reise suche ich mir ein gutes Restaurant. Das Essen darf dort auch etwas teurer sein. Ein Steak ist dann das Mindeste, was ich mir aussuche. Und zwei, drei Flaschen Budweiser-Bier dazu. Ein Steak, ein »Bud« und dann vielleicht eine urige Bar – danach ist mir heute.

Der Vormittag war geprägt von einer langen Bergfahrt auf den 1924 Meter hohen MacDonald-Pass, gefolgt von einer fast 20 Meilen langen Abfahrt hinein nach Helena. Der Anstieg hinauf zum Pass hatte dabei richtig Spaß gemacht. Die Straße war nicht besonders steil und schlängelte sich durch eine tolle Berglandschaft. Auch der Verkehr war angenehm: keine Trucks, die mir bergauf das Leben schwer machten; keine Motorhomes, vor denen ich flüchten musste. Von der Passhöhe überblickt man bei gutem Wetter die gesamte Region. Die folgende Abfahrt war die schönste meiner bisherigen Reise.

Inzwischen ist es Mittag. Mein Fahrrad lehnt an einem bunt bemalten Gebäude. Es ist nicht besonders groß, aber seine Mauern sind im unteren Teil fast vollständig mit Disney-Zeichentrickfiguren bemalt. Mit dem Fahrrad davor ergeben sich einige hübsche Fotomotive. Jetzt sitze ich gegenüber auf einer Bank am Rand eines kleinen Spielplatzes. Während ich mir noch einige Aufnahmen auf meiner Kamera anschaue, dringt Lärm aus dem bunt bemalten Haus. Eine Tür geht auf, viele kleine Kinder stürmen fröhlich lärmend ins Freie. Klar: Das Haus mit den vielen Bildern ist ein Kindergarten. Einige der Kleinen laufen in meine Richtung zum Spielplatz, einige bleiben neben meinem Fahrrad stehen. Keines von ihnen reicht bis zur Lenkstange. Sie stehen vor meinem Arbeitsgerät und staunen. Ein paar Kinderhände greifen nach den Satteltaschen, andere zu den Trinkflaschen. Erst als ein Mädchen versucht, das Bärenspray aus der Halterung zu ziehen, greife ich ein.

Vier Mädchen und drei Buben schauen mich mit großen Augen an, als ich neben ihnen stehe. Fast gleichzeitig beginnen sie, mich mit Fragen zu löchern: warum auf meinem Fahrrad so viele Taschen seien, was das komische Teil auf meinem Lenkrad solle und warum ich so viele Trinkflaschen hätte ... Ich komme gar nicht dazu, auf die Fragen zu antworten. Also setze ich mich auf den Boden und stelle mich vor. Als die Kinder meinen Namen hören und ich ihnen sage, dass ich aus Österreich sei, schauen sie sich fragend an. Ob es dort auch so schön sei und wie lange man mit dem Auto fahren müsse, um dorthin zu kommen? Mit einfachen Worten versuche ich zu erklären, wo meine Heimat ist. Dabei setzen sich die Kinder zu mir auf den Boden und hören gespannt zu. Nur ein Junge, der kleinste und jüngste der Gruppe, setzt sich nicht. Er steht ein wenig abseits und blickt still zu uns herüber. Er hat große, hübsche Augen, macht aber einen etwas traurigen Eindruck. Die Kinder erzählen mir, dass er Astin heiße. Astin sei ein wenig besonders, sagen sie, er würde fast nie reden. Ich winke ihn zu uns, aber Astin reagiert nicht. Er bleibt weiter ruhig stehen und schaut mit seinen großen Augen zu uns herüber.

Ich schätze meine Zuhörer auf höchstens fünf Jahre. Während wir so auf dem Boden sitzen, kommt eine Frau aus dem Haus und setzt sich gleich dazu. Sofort quasseln die Kinder los und erklären ihr aufgeregt, was sie bisher von mir gehört haben. Sally ist die Leiterin des Kindergartens und betreut jene Gruppe, die auch noch am Nachmittag hierbleibt.

Jetzt ist gerade Mittagspause. Sie fragt mich, ob ich nicht mit den Kindern essen wolle. Die Kinder nicken dazu und ziehen mich in Richtung Tür. Hungrig wie ich bin, nehme ich diese Einladung sehr gern an. Als ich an Astin vorbeigehe, lächelt er mich scheu an. Dann folgt er der Gruppe. Wir betreten ein Zimmer mit kleinen Tischen, die bereits gedeckt sind. Alle setzen sich. Jedes Kind will mich an seiner Seite haben. Astin setzt sich nicht zu uns, sondern lässt sich in einen großen, flauschigen Sitz fallen, der die Form eines Fliegenpilzes hat. Sally erklärt mir, dass dies sein Lieblingsplatz sei und er sich so oft wie möglich dort aufhalte. Auch beim Essen. Und sie erzählt mir noch etwas: Astin habe eine psychische Konstitution, die umgangssprachlich mit dem Begriff Autismus beschrieben wird.

Ich nehme meinen Plastikteller und setze mich neben Astin auf den Boden. Sofort lächelt er mich wieder an. Ich habe noch nie ein Kind mit so tiefblauen Augen gesehen. Ich lächle zurück. Astin rückt ein wenig näher an mich heran. Dann legt er seinen Kopf an meine Schulter. Ich verspüre ein eigenartiges, sehr besonderes Gefühl. Etwas geht von diesem Jungen aus. Ich kann nicht genau erklären, warum, aber ich fühle mich wohl. Astin redet weiterhin kein einziges Wort. Nachdem Sally seinen Teller mit Suppe gefüllt hat, reicht er diesen an mich weiter. Ich bin berührt und nicke dankend. Alle anderen Kinder schauen zu uns herüber. Sie beobachten uns. Während ich meinen Teller leere, schaut mir der Junge unbewegt zu, ohne dass er selbst auch nur einmal zu seinem Löffel greift. Als Sally dies bemerkt, setzt sie sich ebenfalls zu uns auf den Boden. Liebevoll bedeutet sie dem Kind, dass es seine Suppe essen soll. Astin reagiert und löffelt seinen Teller leer. Ich schaue Sally ein wenig ratlos an. Noch bevor ich etwas fragen kann, streicht sie dem Jungen über die Haare. »He's my son«, sagt sie mit liebevoller Stimme. Und Astin nickt zustimmend.

Nach dem Essen zieht es alle Kinder wieder hinaus zu meinem Fahrrad. Als das erste Mädchen darum bittet, auf meinem Rad sitzen zu dürfen, wollen es plötzlich alle. Ich helfe einem Kind nach dem anderen auf den Sattel hinauf und schiebe es eine kleine Runde. Die Kinderaugen leuchten. Astin steht etwas abseits. Während ich die Buben und Mädchen hin und her schiebe, beobachte ich ihn immer wieder. Das Lächeln ist wieder aus seinem Gesicht verschwunden. Als alle anderen ihre Runde genossen haben, steige ich selbst auf mein Rad und drehe eine Runde um den Spielplatz. Die Kinder johlen. Dann radle ich auf Astin zu und bremse unmittelbar vor ihm. Als ich so vor ihm stehe und ihm bedeute, dass er nun auch eine Runde »fahren« darf, kehrt das Strahlen in seinen Augen zurück. Bevor ich ihn auf das Rad hebe, gebe ich ihm noch meinen Fahrradhelm und meine Sonnenbrille. Außerdem darf er meine Radhandschuhe tragen. Alles viel zu groß, aber das macht nichts. Während ich mit Astin nun auch eine Runde drehe und dann noch eine und noch eine, sind die anderen Kinder völlig aus dem Häuschen. Astin plappert Worte, die ich nicht verstehe. Was ich aber verstehe: Er freut sich riesig, seine Augen leuchten, und er zappelt aufgeregt auf dem Fahrradsitz hin und her.

Am späteren Nachmittag werden die Kinder von ihren Eltern abgeholt. Als alle weg sind, fragt Sally, ob ich nicht mit Astin und ihr Abendessen möchte. Wenige Minuten später stehe ich gegenüber dem Kindergarten in einer bescheidenen Wohnung. Drei Zimmer: ein kleiner Wohnraum, ein Schlafzimmer und eine kleine Küche. Hier wohnen die beiden. Es ist sauber, und alle Räume sind hell und freundlich eingerichtet. Während Sally das Abendessen richtet, sitze ich bei ihr in der Küche auf dem Fußboden. Astin sitzt neben mir und spielt mit einer kleinen Puppe. Dabei summt er leise vor sich hin und legt immer wieder seinen Kopf gegen meine Schulter. Sally erzählt mir ein wenig aus ihrem Leben. Astins Vater hat sich aus dem Staub gemacht, als zwei Jahre nach der Geburt bei seinem Sohn eine autistische Entwicklungsstörung diagnostiziert wurde. Astin ist jetzt fünf Jahre alt, die letzten drei Jahre hat Sally sich so gut wie möglich durchgeschlagen. Während seine Mutter erzählt, wird Astin immer anhänglicher. Er umarmt mich sogar einmal. Beim Essen will er unbedingt auf meinem Schoß sitzen. Wir blödeln herum, und Sally schaut uns lächelnd zu.

Nach dem Essen zieht mich der Junge in das kleine Schlafzimmer und zeigt mir sein Lieblingsspielzeug: ein kleines Puppenhaus. Drinnen stehen viele kleine Figuren und Möbelstücke; es gibt alles, was in ein solches Haus hineingehört. Astin beginnt nun, einige Figuren zu bewegen. Mir gibt er ebenfalls ein kleines Männchen und zeigt mir, wohin ich es stellen soll. Mit meinen großen Händen gelingt es mir jedoch nicht. Astin hilft mir. Ich bin verwundert, wie ruhig und präzise er alles platziert. Sally schaut uns zu. Astin würde mit diesem Haus oft stundenlang spielen, erklärt sie mir. Aber es hätte in den letzten drei Jahren nie einen Mann gegeben, der mit ihm gespielt hätte. Ich sei der erste, und das gefällt mir.

Ohne dass seine Mutter etwas gesagt hat, steht Astin irgendwann auf und schlüpft in seinen einteiligen, hellblauen Schlafanzug. Der ist kuschelig weich und hat Katzenohren an der Kapuze. Sally nimmt ihr Kind an die Hand und führt es ins Badezimmer. Dort putzt Astin sich selbstständig die Zähne, gründlich und lange, während ihn seine Mutter dabei beobachtet. Schließlich springt er in sein kleines Bett und bedeutet mir, mich zu ihm zu legen. Das Bett ist natürlich viel zu klein, daher bleibe ich mit den Beinen außen stehen und lege nur meinen Oberkörper hinein. Astin kuschelt sich an meine Seite. Sally gibt mir ein Buch, sein Lieblingsbuch. Ohne ihm daraus vorzulesen, dürfe sie das Zimmer nicht verlassen. Heute bin ich an der Reihe. Auch mir gefällt die Geschichte darin. Sie handelt von einer kleinen Maus, die sich im tiefen Wald verirrt und auf verschiedene Tiere trifft. Alle helfen mit, das ängstliche Mäusekind wieder nach Hause zu seiner Mutter zu bringen. Während des Vorlesens zeigt Astin mit den Fingern auf die Bilder. Aber schon nach der dritten Seite schläft er ein. Neben seinem Kopf liegt ein kleiner Kuschelhase. Er atmet langsam, ich streiche über seine Wangen. Nun ist er in seine eigene Traumwelt abgetaucht.

Ich trinke noch ein Glas Wein mit Sally und höre ihr aufmerksam zu, als sie noch weiter aus ihrem Leben erzählt. Ein Leben, das es bisher nicht immer gut gemeint hat mir ihr. Aber ihr starker Wille und ihre freundliche Ausstrahlung müssen doch einige Türen geöffnet haben. Trotz allem macht Sally einen zufriedenen Eindruck. Sie ist eine tolle, starke Frau mit einem ganz besonderen Kind. Kurz vor Mitternacht verabschiede ich mich. Erst jetzt komme ich zum Wäschewaschen. Eigentlich wollte ich dazu ja den Nachmittag nützen. Aber kein Problem, denn fast alle Laundrys, wie die Waschsalons in Amerika heißen, haben rund um die Uhr geöffnet.

Die Begegnung mit Astin ist mir tief unter die Haut gegangen. Ich kann nicht erklären, warum, aber wir hatten einfach einen Draht zueinander. Was Astin in mir gesehen hat, weiß ich natürlich nicht. Ich glaube aber, er hatte mich einfach gern. Und ich ihn auch. Vielleicht lebt er in seiner eigenen Welt; ganz sicher ist er ein sehr besonderer Mensch.

YELLOWSTONE: KAMPF UM EINEN ZELTPLATZ

Dies wird ein ganz besonderer Tag. Wenn alles gut geht, bin ich spätestens am frühen Nachmittag am Westeingang des berühmten Yellowstone Nationalparks. Nach dem Alaska Highway ist es der Teil meiner Reise, auf den ich mich am meisten gefreut habe.

Der *Yellowstone National Park* wurde bereits 1872 gegründet. Damit ist er der weltweit älteste Nationalpark. Seinen Namen hat er vom Yellowstone River, der ihn durchfließt. Bekannt ist diese einzigartige Wald- und Berglandschaft für ihre Geysire und Schlammtöpfe und auch für die gesunde Population an Grizzlys, Bisons und sogar Wölfen. Im Yellowstone Park lebten früher mehrere Indianerstämme. Sie, wie auch viele Pflanzen und Wildtiere, mussten den weißen Siedlern weichen. Mittlerweile gehört der Park zum UNESCO-Weltkulturerbe. Unzählige Ranger versuchen die Natur so gut wie möglich zu schützen, indem sie mit strenger Hand immer wieder regelnd in den Besucherstrom eingreifen.

Die letzten 50 Meilen im südlichen Montana radele ich auf dem Highway 191, anfangs durch eine eindrucksvolle Schluchtenlandschaft. Rechts und links von mir steile Berghänge mit rauschenden Wasserfällen. Auf dem Gallatin River, der mir direkt neben dem

Highway entgegenfließt, tummeln sich Touristen in Booten der Rafting-Unternehmen. Am Ende geht es durch eine dichte Waldlandschaft. 50 beeindruckende Meilen. Einziger Nachteil: Ich muss höllisch aufpassen, denn die Straße ist schmal, hat streckenweise keine Seitenstreifen, dafür umso mehr Verkehr.

Nur noch eine Meile bis West Yellowstone – zeigt mir ein großes Schild neben der Straße. Kurze Zeit später stehe ich am Ortseingang. Ich atme ein wenig durch, die letzten Stunden waren hart. West Yellowstone liegt noch in Montana, aber gleich hinter dem dortigen Visitor Center beginnt Wyoming. Als ich in den Ort rolle, trifft es mich wie ein Keulenschlag: Es geht zu wie auf einem Jahrmarkt. Hektisches Treiben überall. Verkehr, viele Shops und noch mehr Menschen. Radfahrer, Motorradfahrer, Wohnmobile und vor allem viele Touristenbusse. Ich hoffe sehr, dass sich diese Menschenmassen und der Verkehr im großräumigen Park gut verteilen werden. Im Visitor Center hole ich mir eine Karte vom Park und gleichzeitig eine Belehrung des diensthabenden Rangers. Sie folgt auf meine Frage, ob und wo ich im Park wild campen könne. Nach einem heftigen Kopfschütteln erhalte ich einen vermutlich gut einstudierten Kurzvortrag, was im Park alles erlaubt und was verboten ist. Die Verbote überwiegen deutlich.

Für heute Nacht benötige ich noch einen Campingplatz. Erst morgen früh geht es hinein in den Park. Ein Motel könnte ich mir hier in dieser Touristenhochburg vermutlich gar nicht leisten. Schon bei meiner ersten Anschaffung im Ort bin ich aus allen Wolken gefallen: Für eine Flasche Bier habe ich tatsächlich 8 Dollar bezahlt. Und es hat mir nicht einmal geschmeckt. Heute gibt es nur noch Wasser. Ich erkundige mich nach dem nächsten Campground und bin abermals sprachlos. Man kann einen solchen Platz nur direkt im Visitor Center reservieren. Dort wird nach Verfügbarkeit entschieden, auf welchem der Plätze man sein Zelt aufstellen darf. Ich bin skeptisch. Trotzdem bleibt mir keine andere Wahl, als den Ranger noch einmal aufzusuchen. Als ich ihn nach einem Platz frage, schüttelt er sofort den Kopf. Es gibt für heute keinen freien Platz mehr. Schon seit dem frühen Vormittag ist in dieser Gegend alles ausgebucht. Die Frage nach dem nächsten freien Campingplatz direkt im Park kann ich mir sparen. Schon zuvor habe ich auf der Karte gesehen, dass es bis dorthin noch mindestens zwei Radfahrstunden sind. Nach langem Hin und Her, viel Jammern und noch mehr heuchlerischem Bitten, greift der Ranger zum Telefon. Dann gibt er mir eine kleine Skizze und zeigt mir, wohin ich mich begeben soll. Dort kann ich eventuell doch noch einen Platz finden. Ich bin zufrieden. Allerdings nicht lange.

Eine halbe Stunde später steht mein Zelt. Und zwar auf dem miesesten, schäbigsten und schmutzigsten Platz, auf dem ich je mein Zelt aufgebaut habe, im Hinterhof eines Motels, direkt auf einem Steinboden. Der Platz ist gerade einmal 3 x 3 Meter groß und rundherum steht eine Bretterwand. Außerdem schlafe ich nur weniger als 2 Meter neben einem stinkenden Müllcontainer. Kostenpunkt: 32 Dollar für eine Nacht! Ich bin maßlos enttäuscht. Frustriert verzichte ich auf das Abendessen. Bier gibt es sowieso keines mehr. Stattdessen versuche ich mich auf die morgige Fahrt in den Park hinein zu freuen. Aber es gelingt mir kaum. Die Nacht ist katastrophal. Ich mache vor Ärger kein Auge zu.

Bereits vor Sonnenaufgang bin ich startbereit. Nach dem obligatorischen Foto vom Eingang brauche ich noch mein Permit. Ich muss also Eintritt bezahlen. Es gibt nur Tages- und Wochenkarten. Da ich nicht weiß, wie lange ich mich aufhalten werde, muss ich notgedrungen mit der teureren Variante vorliebnehmen. Bis ich mein Permit in den Händen halte, dauert es mehr als eine Stunde. Ich bin ja nicht der einzige Tourist, der in den Park hineinmöchte. Es heißt geduldig warten – inmitten der Autokolonne. Ich glaube, ich habe während dieser einen Stunde mehr Autoabgase eingeatmet, als auf meiner gesamten bisherigen Reise zusammengenommen. Aber schließlich geht es los. Ab in die Wildnis. Hinein in einen der berühmtesten Nationalparks der Welt.

Was nun folgt, ist die bruchlose Fortsetzung meiner bisherigen Eindrücke. Eine durchgehende Autokolonne wälzt sich die schmale

Straße entlang. Es gibt keine Seitenstreifen, keine Ausweichmöglichkeiten. Später erfahre ich, dass diese Straße mit Absicht schmal und nahezu ohne weitere Verkehrsleitmaßnahmen angelegt worden ist, um so wenig wie möglich in die Natur einzugreifen. Verkehrszeichen und Hinweisschilder sind aus Holz gefertigt. Ich will heute nur bis zum ersten Campingplatz fahren, der etwa 20 Meilen vor mir liegt. Von dort aus möchte ich am Nachmittag eine Wanderung machen, ein wenig tiefer in den Park hinein. Nach zwei Stunden Kolonnenfahrt und mit den Nerven schon ziemlich am Ende, erreiche ich den Platz. Sofort sehe ich ein Schild: »Campground full!«

Der Platz ist nicht nur übervoll belegt, sondern es wartet bereits ein halbes Dutzend anderer Campingfans vor der Einfahrt – bis auf einen Motorradfahrer alles Rucksacktouristen. Mit einem unguten Gefühl frage ich in der kleinen Hütte beim Eingang nach. Die Frau ist sehr freundlich zu mir, weist mich aber darauf hin, dass ich wie alle anderen zu warten habe. Der Platz sei voll. Spätestens bis Mittag müssen aber alle Camper wieder abreisen, die für drei Tage hier gewesen sind. Erst um 15 Uhr werden die dann frei gewordenen Plätze vergeben. Also gibt es noch Aussicht auf einen Platz. Nun heißt es warten. Während der nächsten zwei Stunden kommen weitere Parkbesucher an. Auf diesem Campground gibt es keine Stellplätze für Wohnwagen. Hier ist ausschließlich das Zelten möglich. Alle Wartenden haben eine solche Unterkunft bei sich. Mehr oder weniger geduldig harren sie in der Reihe aus. Ich schätze, unsere Gruppe ist mittlerweile auf 20 Platzsuchende angewachsen. Ich befinde mich im ersten Drittel. Meine Chancen scheinen also nicht so schlecht. Je mehr Touristen den Campingplatz verlassen, desto unruhiger wird es in der Reihe. Immer wieder geht jemand vor und schaut Richtung frei gewordener Plätze. Gleichzeitig beschweren sich die anderen. Jeder pocht auf die Einhaltung der Reihenfolge. Ich beteilige mich nicht an dieser Hektik. Ruhig sitze ich auf einer meiner Gepäcktaschen, mein Fahrrad lehnt an der Hütte. Kurz vor 15 Uhr kommt die freundliche Dame aus ihrem Häuschen. Nachdem sie uns erklärt hat, dass wir uns nun einen

Platz suchen dürfen, öffnet sie die Schranke. Was ich jetzt sehe, ist geradezu unheimlich. Alle Wartenden stürmen los. 20 Menschen mit Rucksäcken und Taschen laufen so schnell sie können hinein in den Campingplatz. Da ich erst noch mein Fahrrad holen muss, bin ich nur Schlussläufer. Pech gehabt.

Alles rennt. Aber nicht in eine gemeinsame Richtung. Zwischen den vielen stehen gebliebenen Zelten gibt es immer wieder frei gewordene Plätze. Nur klein, aber sehr begehrt. Die »Neuen« rennen um ihr Leben. So sieht es zumindest für mich aus. Wenn jemand eine freie Fläche erreicht hat, setzt er sich nieder oder legt zumindest seinen Rucksack ab. Kommt ein weiterer Camper hinzu, macht ihm der Erste gleich klar, dass hier nichts mehr zu holen ist. Belustigt beobachte ich diese Schlacht um einen Zeltplatz. Gleichzeitig ist mir aber bewusst, dass ich ebenfalls gern ein Stück vom Kuchen abhaben möchte. Es bleibt mir daher nichts anderes übrig, als mich auf die Suche zu machen. Leichter gesagt als getan. Ich finde nämlich kein freies Stück Rasen mehr. Ich hätte also besser doch am Rennen teilgenommen.

Frustriert beobachte ich die anderen. Ich bin nicht mehr dabei. Ausgeschieden. Mein Nachtlager rückt in weite Ferne. Plötzlich aber nimmt in meiner unmittelbaren Nähe einer derjenigen, die sich bereits einen Platz erkämpft haben, sein komplettes Gepäck wieder auf. Ich sehe, wie er zum anderen Ende des Geländes läuft, warum auch immer. Jetzt ergibt sich doch noch eine Chance für mich. Rasch nehme ich mein Fahrrad und schiebe es zur nun frei gewordenen Stelle. Ich möchte es dort deponieren und anschließend mein restliches Gepäck holen. Leider bin ich nicht der Einzige, der seine Chance wittert. Zwei andere Camper stürmen herbei. Und beide sind vor mir da. Wieder Pech gehabt. Wieder verloren. Dafür kann ich jetzt ein besonderes Spektakel miterleben: Die beiden beginnen tatsächlich miteinander zu raufen. Gegenseitig wird geschoben und geschimpft. Immer wieder nimmt einer das Gepäck des anderen, um es vom Platz zu tragen. Anschließend das Gleiche wieder von vorn. Mittlerweile beobachten auch einige andere Camper das traurige Schauspiel. Ich bin mir bald nicht mehr so sicher, ob hier nicht »Versteckte Kamera« gedreht wird.

Als die beiden Streithähne ein wenig außerhalb des freien Platzes weiterdiskutieren, nehme ich meine Chance wahr. Rasch platziere ich das Fahrrad genau dort, wo gerade noch die Rucksäcke der beiden Gegner standen. Anschließend folgt sofort das restliche Gepäck. Der Platz gehört nun mir, und ich werde ihn nicht mehr hergeben. Als ich mich auf die Wiese setze, hören die beiden zu streiten auf. Rasch kommen sie auf mich zu. Beide beginnen auf mich einzureden. Aber ich verstehe sie nicht. Ich kann nicht einmal ansatzweise erkennen, welche Sprache sie sprechen. Nun sind die beiden einstigen Gegner offensichtlich Verbündete. Während mir der eine bedeutet, den Platz frei zu machen, ergreift der andere meinen Arm und will mich wegziehen. Das ist mir nun doch zu viel. Energisch springe ich auf und befreie mich. Mit einem lauten »Stopp« schreie ich meine Gegner an.

Für einen Augenblick herrscht Ruhe. Die Wirkung meiner energischen Reaktion hält aber nur kurz an. Dann machen die beiden weiter. Wieder versucht einer, meinen Arm zu ergreifen. Dieses Mal bin ich jedoch schneller. Ich drehe mich auf die Seite und weiche aus. Dadurch kommt mein Gegner aus dem Gleichgewicht und stolpert einen Schritt nach vorn. Er tritt genau auf den Rahmen meines Fahrrades, das vor mir auf dem Boden liegt. Mit einem Aufschrei fällt er über mein Arbeitsgerät und landet auf dem Bauch im Gras. Andere Camper, die mittlerweile um uns herumstehen, lachen laut. Für sie muss es ein sehr belustigendes Schauspiel sein. Leider bin ich einer der Hauptdarsteller.

Ich hätte nie gedacht, dass ich mich einmal wegen eines Zeltplatzes mit anderen streiten würde. Jetzt aber ist es so. Nur für einen kurzen Moment sind die beiden wegen meiner energischen Reaktion überrascht. Dafür reagieren sie danach umso aggressiver. Gemeinsam gehen sie nun gegen mich vor. Besser gesagt, sie wollen es. Zwei der Zuschauer machen ihnen einen Strich durch die Rechnung. Sie stellen sich zwischen uns und verhindern dadurch, dass meine Gegner zu zweit auf mich losgehen. Jetzt kommen noch weitere Camper herbei. Schließlich geben die beiden Streithähne auf. Sie nehmen ihre Rucksäcke und schleichen Richtung Eingang davon. Ich bedanke mich bei meinen Helfern. Die sind jedoch sichtlich verärgert über die stillose Streiterei. Kleinlaut stelle ich mein Zelt auf. Ich schäme mich.

Abends sitze ich vor meiner Unterkunft und ärgere mich. Ich habe mich auch nicht viel besser verhalten als die anderen. Immerhin ist mir mein Nachtlager sicher. Richtung Eingang sehe ich bereits die nächsten Camper warten. Vermutlich werden auch sie um frei werdende Plätze rennen. So wie ich selbst.

RÄTSELHAFTES RENNEN IN DEN ROCKIES

Yellowstone liegt hinter mir. Ich bin immer noch enttäuscht. Über den Südeingang verlasse ich diesen berühmten, völlig überlaufenen Park. Der *John D. Rockefeller Jr. Memorial Parkway*, durch den ich jetzt radle, ist landschaftlich mindestens ebenso eindrucksvoll. Aber es herrscht deutlich weniger Verkehr, weniger Hektik, und die Zahl der Besucher hält sich ebenfalls in Grenzen. Vor mir liegt die Durchquerung von Wyoming, immer entlang des Highway 26 in Richtung Osten. Etwa 720 Kilometer bis zum nächsten Bundesstaat Nebraska.

Noch einmal muss ich hinauf auf einen hohen Pass. Vor mir liegt die Strecke von Colter Bay am Jackson Lake hinauf auf den 2.944 Meter hohen Togwotee Pass. 30 Kilometer Strecke mit 2.000 Höhenmetern. Die Rocky Mountains zeigen ein letztes Mal Zähne, als ob sie mir sagen möchten: »Noch hast du es nicht geschafft!«

Ich mag das Bergauffahren. Vor allem, wenn die Straße nicht zu steil angelegt ist und sich über viele Serpentinen durch die Berglandschaft schlängelt. Während der letzten Wochen habe ich schon einige Höhenmeter gesammelt. Meine Oberschenkel sind spürbar kräftiger geworden, und das Bergauffahren fällt mir trotz der schweren Gepäcktaschen ziemlich leicht. Auch jetzt genieße ich den stetigen

Höhengewinn. Beim Bergauffahren kann ich am besten nachdenken. Oft verliere ich mich dabei komplett in einem Gedankenkarussell. Dann kann es schon passieren, dass ich einige Meilen fahre und hinterher nicht mehr genau weiß, wie die Straße und die Landschaft ausgesehen haben. Die Bewegungen sind monoton, die einzige Unterbrechung der gleichbleibenden Arbeit ist der Wechsel zwischen Sitzen und Stehen. Ich stehe beim Bergauffahren immer wieder auf. Nur für wenige Meter, aber zum Unterbrechen der Monotonie genügt es. Außerdem kann ich dabei meine Muskeln ein wenig anders belasten.

Treten, ziehen, treten, ziehen. Ich fühle mich körperlich topfit. Meilenangaben zeigen mir immer wieder, wie weit es noch bis zur Passhöhe ist. Gerade passiere ich ein großes Schild mit der Aufschrift »Bears may cross the road – be careful«. Schon faszinierend. Während in meiner Heimat vor Wildwechsel gewarnt wird, gibt es hier die Warnung vor einer möglichen Begegnung mit einem Grizzly. Als ich wieder nach vorn schaue, sehe ich in einiger Entfernung einen anderen Radfahrer. Ich kann zwar noch nichts Genaueres erkennen, aber die Gepäcktaschen deuten auf einen Radreisekollegen hin. Ich schätze die Entfernung auf 500 Meter.

Grundsätzlich fahre ich immer gern allein. Ich mag das Gruppenradeln nicht. Die Eigendynamik, die innerhalb einer solchen Gruppe oft entsteht, ist mir verhasst. Ebenso das Windschattenfahren und das gegenseitige Hochpushen. Auf meinen Radreisen gibt es nur mich und mein Fahrrad. Heute ist es jedoch anders. Irgendwie verspüre ich den Wunsch, den Kollegen einzuholen. In mir regt sich ein Jagdtrieb, ein Gefühl, das ich beim Radfahren normalerweise überhaupt nicht kenne. Ich stehe auf und trete ein wenig stärker in die Pedale. Sofort spüre ich ein leichtes Ziehen in meinen Oberschenkeln. Obwohl das Tempo nur unwesentlich höher geworden ist, sprechen meine Beine zu mir. Sie protestieren. Aber trotzdem bleibe ich dabei. Ich möchte die Lücke zwischen mir und dem anderen Radfahrer schließen. Leichter gesagt als getan. Vorerst tut sich nämlich gar nichts. Es bleibt bei 500 Metern Abstand.

Noch einmal erhöhe ich leicht mein Tempo, trete kräftiger nach unten und ziehe stärker nach oben. Dabei stehe ich immer wieder auf. Mein Atem wird schneller, und meine Oberschenkel beginnen leicht zu schmerzen. Sie machen ihre Arbeit weiterhin, aber nur unter Protest. Immerhin komme ich jetzt näher. Der Radfahrer wird deutlich größer. Ich erkenne das viele Gepäck, das er mit nach oben schleppt. Die hinteren Radtaschen dürften prall gefüllt sein, und oben auf dem Gepäckträger liegen zwei weitere große Taschen. Sein Fahrstil und seine Fahrlinie zeigen mir, dass es sich um keinen Anfänger handelt. Er fährt weder Schlangenlinie noch schwankt er hin und her, wie es Anfänger oder schlecht trainierte Radreisende bergauf meist tun. Ich werde neugierig.

Endlich ist die Lücke komplett geschlossen. Ich möchte aber nicht unfair sein und mich im Windschatten des Radfahrerkollegen erholen. Also schiebe ich mich weiter vorwärts, bis wir genau Seite an Seite fahren. Erst jetzt sehe ich das Gesicht. Und was ich sehe, lässt mich staunen: Der Radfahrer ist eine Radfahrerin. Ich schätze die Frau zudem deutlich älter ein als mich selbst, mindestens um 10 Jahre. Vermutlich hat sie mich schon lange bemerkt, denn sie zeigt sich nicht überrascht. Mit einem »Hey, how are you?« lächelt sie mich an. Sie lächelt tatsächlich. Während ich schwer atme, ist in ihrem Gesicht keine besondere Anspannung zu erkennen. Ich fasse es nicht. Mindestens 10 Jahre mehr auf dem Buckel als ich und mindestens 10 Kilogramm mehr Gepäck am Fahrrad. Wie ist das nur möglich?

Es kostet mich große Anstrengung, das Tempo zu halten. Ich möchte mir jetzt aber nicht die Blöße geben und wieder zurückfallen, sondern bis zur Passhöhe mithalten. Die nächste Beschilderung lässt aber nichts Gutes erahnen. »10 Miles to Togwotee Pass«, lacht es mir entgegen. Ich lache nicht zurück. 10 Meilen, das sind gut 16 Kilometer. Alles bergauf, und vor allem mit einem Tempo, das ich normalerweise nicht fahren würde. Nun beginnt meine Begleiterin mich auch noch nach meiner heutigen Etappe zu fragen. Mit meiner knappen Antwort gibt sie sich nicht zufrieden. Es ist mir aber gar nicht möglich, genauer zu beschreiben, wo ich heute gestartet bin und wie weit ich noch fahren möchte. Zu sehr bin ich mit mir selbst und mit dem Atmen beschäftigt. Während ich weiter kräftig in die Pedale trete, blicke ich so unauffällig wie möglich zu den Beinen der Radlerin hinüber. Sie sind sonnengebräunt, vor allem aber mit einer gehörigen Portion Muskelmasse ausgestattet. Der Fettanteil dieser Beine dürfte unterhalb eines noch gesunden Wertes liegen.

Sie redet weiter, hört gar nicht wieder auf und beginnt nun, von ihrer Reise zu schwärmen. Julie ist aus New York. Vor einem Monat ist sie im Westen Kanadas, in Vancouver, gestartet. Diese Stadt ist mir gut bekannt. Vancouver war das Ziel meiner zweiten großen Radreise 2009. Julie will in den nächsten drei Monaten bis nach New York radeln. Ich bin froh über ihre Redseligkeit, denn so kann ich mich auf das Radfahren konzentrieren. Für etwas anderes habe ich nämlich weder Lust noch Kraft. Bei jedem Tritt ziehe ich jetzt kräftig am Lenker. Ein Zeichen dafür, dass meine Oberschenkel langsam müde werden. Sie protestieren immer mehr. Meine Beine sind normalerweise ein gleichmäßiges, gemütliches Tempo gewöhnt. Nicht nur sie protestieren. Es meldet sich jetzt auch noch meine innere Stimme und rät mir, Druck vom Pedal zu nehmen. Aber mein falscher Ehrgeiz hält dagegen. Ein schwerer Fehler.

Während ich mich körperlich am Limit Meile für Meile Richtung Pass quäle, muss ich an eine ähnliche Situation denken. Sie hat sich im Sommer 2006 zugetragen. Meine Reise führte von New York quer über den Kontinent bis nach San Francisco. Es war meine erste große Radreise, meine Erfahrungswerte hinsichtlich Tempo oder Etappenlänge waren gleich null. Schon wenige Tage nach meinem Start quälte ich mich im Bundesstaat Pennsylvania durch die Appalachen. Auf einer dieser Bergetappen begegnete ich einem anderen Radfahrer. Er saß auf einem tollen Rennrad. Ohne Zusatzgepäck. Ich glaubte, sein Tempo mithalten zu können. Aber schon nach einer halben Stunde musste ich mir eingestehen, dass dies ein großer Irrtum gewesen war. Ich fuhr damals derart am Limit, dass ich keuchte wie ein Asthmakranker. Die

Qualen wurden immer größer, aber mein falscher Ehrgeiz ließ mich nicht aufgeben. Die Oberschenkel wurden immer dicker. Nach einer Stunde kam das Ende. Ich kollabierte und musste vom Rad steigen. Erst nach einem halben Tag hatte ich mich wieder halbwegs erholt. Bis San Francisco bin ich keinen einzigen Meter mehr mit einem anderen Radfahrer mitgefahren.

Normalerweise lerne ich schon aus Fehlern. Aber hin und wieder bin ich auch beratungsresistent. Dann muss ich noch einmal schmerzlich am eigenen Leib erfahren, dass ich falsch liege. Heute ist wohl so eine Situation. Ich weiß genau, dass das Tempo für mich zu hoch ist. Aber wie damals entscheide ich falsch: mithalten statt Tempo drosseln. Von Minute zu Minute geht es mir nun schlechter. Langsam, aber sicher komme ich an meine Grenzen.

Als Julie mit ihren Erzählungen am Ende ist, will sie wieder einiges von mir wissen. Bereits nach dem zweiten Satz muss ich ihr verständlich machen, dass ich bei meiner Schnappatmung nicht auch noch reden kann. Aber sie hört nicht auf mich auszufragen. Mit jeder Frage steigt ein wenig mehr Wut in mir auf. Begreift sie denn nicht, dass es mir nicht gerade gut geht? Radfahrer haben normalerweise ein Gespür dafür, ob der mitfahrende Partner gut drauf ist oder am Limit fährt. Julie scheint dieses Gespür irgendwo während ihrer Reise abhandengekommen zu sein. Erst nach einem bösen Blick meinerseits wird sie still. Vielleicht hat sie aber auch nur die Verzweiflung in meinen Augen erkannt.

Am Togwotee Pass angekommen, bin ich fix und fertig. In diesem Tempo hätte ich keine zwei Minuten mehr weiterfahren können. Meine Radbekleidung ist von oben bis unten durchnässt. Ich schwitze wie in der Sauna. Vorerst gelingt es mir nicht einmal, vom Rad zu steigen. Ich stehe da und konzentriere mich nur darauf, wieder halbwegs ruhig zu atmen. Wäre ein Sanitäter anwesend gewesen, er hätte mir mit Sicherheit Sauerstoff verabreicht. Julie steht neben mir. Sie atmet zwar ebenfalls etwas heftiger, aber kein Vergleich mit meinem Hecheln. Ich bin am Ende. Wir setzen uns auf eine Bank. Auch im

Sitzen schnappe ich noch immer nach Luft wie ein Ertrinkender. Die Fahrräder lehnen neben uns an einem Felsblock. Während ich versuche, mich wieder halbwegs zu erholen, schaue ich mir Julies Arbeitsgerät näher an. Neben den übervollen Taschen auf den vorderen und hinteren Gepäckträgern sind direkt am Rahmen mittels Klettverschluss noch weitere kleine Taschen befestigt. Vom eigentlichen Fahrrad kann man nur wenig sehen. Nachdem sich meine Atmung ein wenig beruhigt, hat stehe ich auf, um die Übersetzungen und die Schaltung mit meinem Rad zu vergleichen. Dann aber traue ich meinen Augen nicht: Ich entdecke einen Akku. Und dieser Akku gehört zu einem E-Bike!

Ein E-Bike! Ich bin total baff. Gar nicht so sehr wegen des E-Bikes selbst, sondern weil ich nicht entsprechend kombiniert habe. Ich bin derart an meinem Limit gefahren, dass ich nicht einmal auf die Idee kam, warum diese mit derart viel Gepäck beladene Frau den Berg so problemlos hinaufgeklettert ist. Sie hatte also während der gesamten Fahrt »Hilfe von außen«. Jeder, der schon einmal mit einem solchen E-Bike gefahren ist, weiß, um wie viel leichter man sich damit bergauf tut. Dabei genügt oft nur ein wenig Unterstützung durch den kleinen, aber sehr effektiven Elektromotor. Als ich etwas überrascht auf das Fahrrad blicke, fragt Julie, was los sei. Ich zeige auf den Akku. Sie hatte angenommen, dass ich ihr E-Bike bereits bei unserem Zusammentreffen erkannt hatte. Ich erzähle ihr, wie sehr ich die letzten Meilen an meinem Limit gefahren bin. Julie lächelt.

Auf einer kleinen Lichtung am Togwotee Pass machen wir ein Lagerfeuer. Ich koche ein Reisgericht. »Kochen« ist zwar nicht ganz der richtige Ausdruck, denn es handelt sich um eines der getrockneten und vakuumverpackten Outdoorprodukte. Aber beide sind wir dann doch überrascht, wie gut unser Mahl schmeckt. Wir bleiben noch fast zwei Stunden am Feuer sitzen und unterhalten uns bestens. Nun kann auch ich einiges von mir und meiner Reise erzählen. Ich habe ja keine Schnappatmung mehr.

INDIANER ...

Der kleine Ort liegt im östlichen Wyoming. Nur etwa 1.500 Menschen leben dort, mitten in der weitläufigen Prärie. Auf vielen der großen Ranches dort gibt es noch Cowboys. Und es gibt dort tatsächlich auch Indianer. Wobei man heute richtiger von »Native Americans« oder der »First Nation« spricht, denn mit Indien hatten die Ureinwohner der nordamerikanischen Landmasse nie etwas zu tun. Nur Kolumbus glaubte sich in Indien, als er den Kontinent entdeckte. Hier leben sie heute in einem der sogenannten »Reservate«, veranstalten aber jährlich ein großes Fest im Ort, bei dem ihre traditionellen Bräuche zelebriert werden. Zu diesem Fest sind Groß und Klein aus dem Ort eingeladen, und alle Besucher tragen zumindest irgendein Kleidungsstück oder Accessoire aus der Zeit, als der Westen noch wild war und spätestens hinter dem Mississippi begann.

Von diesem Fest erfuhr ich etwa 10 Meilen zuvor an einer Tankstelle, als ich nach einem günstigen Motel und einem Restaurant in der Nähe fragte. Die Pächterin erzählte mir dabei von einem Fest, das noch am gleichen Abend stattfinden würde. Sie schwärmte von der traditionellen Veranstaltung und von den gegrillten Koteletts und Rippchen, die weit über den Ort hinaus berühmt seien. Ich liebe Gegrilltes, und damit war die Sache klar.

Als ich auf mein Rad steige und gerade losfahren will, spricht mich ein junger Mann an. Er sitzt am Lenker eines heruntergekommenen Pick-ups. Ich schätze ihn auf 17, vielleicht 18 Jahre (in Amerika ist es möglich, bereits mit 17 den Führerschein zu machen). Sein Gesicht ist sonnengebräunt, und er hat langes, tiefschwarzes Haar. Auffallend ist eine eigenartige Kette um seinen Hals, an deren Ende Federn und verschiedene Krallen hängen. Das Hemd des Burschen hat viele Fransen und auch schon einige Jahre auf den Buckel. Ich rolle ein wenig näher heran und sehe auf dem Beifahrersitz eine Art Perücke liegen. Sie hat Ähnlichkeit mit dem Kopfschmuck eines Häuptlings. Wir kommen schnell ins Gespräch. Der Kerl will unbedingt genau wissen, wohin ich mit meinem Fahrrad möchte. Ich erzähle ihm von meiner langen Reise und mustere ihn derweil ein wenig. Auf meine vorsichtige Nachfrage, ob er vielleicht einer der hier lebenden First-Nation-Leute sei, bejaht er sofort. Nur wenige Sätze später lädt er mich ein, mit ihm zusammen seinen Stamm zu besuchen. Ich bin begeistert von dieser Aussicht!

Mit Rücksicht auf seinen gastfreundlichen Stamm, bei dem ich einen wundervollen Tag und eine traumhafte Nacht verbringen durfte, nenne ich hier weder den Stammesnamen noch den genauen Ort.

Für fast zwei Stunden sitze ich dann auf der Ladefläche des Pick-ups, unter und neben mir mein Fahrrad und mein sonstiges Gepäck. Schnell ist die asphaltierte Straße zu Ende, und es geht tief hinein in die Prärie, zuerst noch auf Schotterwegen, dann direkt durch die freie Landschaft. Wir halten nicht an, und daher kann ich meinen Fahrer nicht nach unserem genauen Ziel fragen. Als mir von der holprigen Fahrt langsam richtig übel wird, sind wir plötzlich da. Vor Staunen bleibt mir der Mund offen stehen. Vor mir liegt eine kleine Zeltstadt, die genau so aussieht, wie man es aus alten Wildwestfilmen kennt. Ich zähle um die Zwanzig zu einem Halbkreis aufgestellte Zelte. Es gibt mehrere große Koppeln mit Pferden. Überall laufen Kinder herum, stehen Männer in kleinen Gruppen zusammen, sind Frauen mit verschiedenen Arbeiten beschäftigt. Mir läuft ein Schauer über den Rücken. Ich fahre tatsächlich mitten in ein Zeltdorf hinein. Und das auf der Ladefläche eines Pick-ups.

Wir halten direkt neben einem der Zelte an. Der junge Bursche steigt aus und reicht mir seine Hand. Sein »Welcome« gilt offensichtlich noch einmal als offizielle Begrüßung. Nun stellt sich mein

Gastgeber auch vor. Sein Name ist »Akecheta«. Erst nach dem dritten Versuch kann ich den Namen richtig aussprechen. Als ich mein Fahrrad von der Ladefläche hebe, erklärt Akecheta mir, dass es in seinem Dorf nur zwei Autos gäbe. Diese würden nur für größere Besorgungen genutzt, oder um bei einem Notfall auch einmal rasch ein Krankenhaus erreichen zu können.

Mein Gastgeber führt mich in Richtung Dorfmitte. Sofort kommen einige Kinder herbei und begleiten uns. Während sie neben uns herumtollen wechseln ihre Blicke ständig zwischen mir und meinem Fahrrad hin und her. Ich trage eine hautenge Radhose und ein buntes Radtrikot. Zudem noch meine etwas futuristisch wirkenden Radschuhe. Wir bleiben vor einem großen, eigenartigen Felsblock stehen. Viele verschiedene Symbole in unterschiedlichen Farben sind hineingeritzt. Mir fällt auf, dass die Kinder einige Meter vor dem Stein stehen geblieben sind. Keines ist mir weiter gefolgt. Akecheta bedeutet mir zu warten. Warum, weiß ich nicht, aber ich will es auch gar nicht hinterfragen. Ich nehme mir fest vor, mich während meines Aufenthaltes allen Regeln des Dorfes zu unterwerfen. Ich bin Gast hier. In einer Welt, die mir völlig unbekannt ist.

Nach einigen Minuten kehrt Akecheta wieder zurück. Er ist nicht allein. Ein augenscheinlich sehr alter Mann, klein und schmächtig, folgt ihm mit langsamen Schritten. Er wirkt gebrechlich, sein Rücken ist gebeugt, sein Haupt leicht geneigt. Beide bleiben vor mir stehen. Sie unterhalten sich in einer eigenartig klingenden Sprache. Während Akecheta mit starker Stimme spricht und dabei immer wieder zu mir zeigt, schaut mich der alte Mann ununterbrochen an. Hin und wieder nickt er leicht mit seinem Kopf. Plötzlich verneigt sich der Mann vor mir und lächelt mich an. Auch Akecheta verneigt sich. Er erklärt mir, dass dieser Mann der Dorfälteste sei. Kein Besuch eines Fremden darf ohne seine Zustimmung erfolgen. Der Stein mit den Symbolen gilt als heilige Stätte. Nur dort trifft der Dorfälteste seine Entscheidungen. Niemandem aus dem Stamm ist es erlaubt, sich ohne Begleitung des Ältesten in der Nähe des Steines aufzuhalten. Jetzt ist mir klar, warum die Kinder plötzlich stehen geblieben sind. Der Name des alten Mannes lautet Uzumati, was so viel bedeutet wie Bär. Uzumati ist der Häuptling des Dorfes.

Akecheta begleitet den Häuptling zurück zu seinem Zelt. Ich darf ihnen folgen. Die Kinder tollen jetzt nicht mehr in unserer Nähe herum. Offensichtlich haben sie gehörigen Respekt vor ihrem Dorfältesten. Das Zelt, vor dem ich nun stehe, ist an Schönheit kaum zu überbieten. Keines dieser Touristenzelte, die meist sehr kitschig wirken. Es besteht vollständig aus einem eigenartigen, besonders robust wirkenden Stoff. Er ist bunt, und an nahtähnlichen Verbindungen kann ich erkennen, dass diese »Zeltplane« aus vielen einzelnen Teilen zusammensetzt ist. Beim genaueren Hinschauen bemerke ich, dass viele der Symbole aufgemalt sind, die ich auch am Felsen gesehen habe. Der Häuptling zeigt auf mich und spricht zu Akecheta. Dann verneigt er sich abermals vor mir und verschwindet im Zelt. Ich bin eigenartig berührt. Akecheta erklärt mir nun, dass der Dorfälteste mich eingeladen hätte, den Abend und die Nacht in seinem Zelt zu verbringen. Dies sei eine große Ehre. Nur selten würde ein Fremder das Zelt des Häuptlings betreten dürfen. Mir läuft es kalt den Rücken hinunter.

Stolz führt Akecheta mich nun in seinem Dorf herum. Es liegt in einer Senke und ist komplett von Hügeln umgeben. Die anderen Zelte sind etwas kleiner als das des Häuptlings. Mir fällt auf, dass die Zelte unterschiedliche Farben haben. Ab und zu stehen zwei Zelte näher nebeneinander. Diese unterscheiden sich dann farblich nicht. Alle sind ebenfalls bemalt, aber die Symbole vom Felsen finde ich nicht wieder. Von Akecheta erfahre ich, dass die verschiedenen Farben von Generation zu Generation weitergegeben werden. Schon aufgrund der Bemalung ist so zu erkennen, welche Familie in welchem Zelt wohnt. Besonders auffällige Farben würden auf Familien hinweisen, die im Dorf einen besonderen Stellenwert haben. Die rote Farbe bedeutet in etwa Heilen oder Helfen. In einem solchen Zelt wohnt die Familie des Medizinmannes oder Heilers. Ich bin fasziniert. Zwischen den Zelten stehen unterschiedlich große Holzgerüste. Auf den größten hängen hoch oben Felle, auf den kleineren Tücher und Kleidungsstücke. Akecheta führt mich zu Pferdekoppeln, zeigt mir Wasserstellen, die unter Steinen liegen, und einen kleinen Spielplatz. Auffällig ist das fröhliche Treiben im Dorf. Überall spielen Kinder oder stehen Erwachsene zusammen. Nirgendwo sehe ich ein mürrisches Gesicht. Es herrscht eine Heiterkeit, die ansteckend ist. Ich fühle mich hier wohl.

Dann ist es so weit: Ich stehe mit Akecheta vor dem Zelt des Häuptlings und bin dabei, durch den kreisrunden Eingang in eine neue Welt einzutauchen. Meine Radschuhe müssen draußen bleiben. Als Akecheta sich vor dem Zelt verneigt, verneige ich mich ebenfalls. Er bedeutet mir leise zu sein und lässt mir dann den Vortritt. Ich schiebe die Plane am Eingang zur Seite und mache einen Schritt in das Innere des Zeltes. Sofort kommt mir ein eigenartiger, aber sehr angenehmer Geruch in die Nase. Hier drinnen ist es fast gänzlich dunkel. Nur in der Mitte des Zeltes lodert ein kleines Feuer. Akecheta gibt mir ein Zeichen. Noch einmal verneigen wir uns beide, diesmal vor dem Häuptling, der hinter der Feuerstelle am Boden sitzt. Rechts und links von ihm sitzen zwei weitere Männer. Einer davon wirkt fast noch älter als das Dorfoberhaupt, der andere kommt mir noch sehr jung vor. Der Häuptling bedeutet mir, mich ihm gegenüber auf den Boden zu setzen. Ich bin aufgeregt und habe keine Ahnung, was mich nun erwartet. Vom Feuer steigt feiner Rauch empor und entweicht oben an der Zeltspitze durch ein kleines Loch ins Freie. Der eigenartige Geruch ist noch etwas intensiver geworden. Irgendwie wirkt alles sehr geheimnisvoll. Ehrfürchtig blicke ich den Häuptling an. Seine Augen blitzen, sein Mund ist leicht geöffnet. Dann beginnt er mit leiser Stimme zu sprechen. Akecheta übersetzt.

Dann nimmt der Häuptling eine Art Tabakspfeife in beide Hände. Es ist ein langes, dünnes Stück Holz, das hinten eingekerbt und vorn deutlich breiter als hinten ist. Das Holz ist mit Symbolen verziert – die gleiche Art von Symbolen, wie ich sie auf dem Felsen und außen auf dem Zelt gesehen habe. An der Unterseite des Holzstückes hängen mehrere besonders schöne Federn in verschiedenen Farben. Häuptling

Uzumati fährt mit einem langen Metallstück in die Feuerstelle, schürt ein wenig herum und holt dann einen kleinen, glühenden Klumpen heraus. Geschickt rollt er diesen in den vorderen Teil der Pfeife hinein. Es zischt leise, und feiner Rauch steigt auf. Sofort fährt mir ein intensiver Duft in die Nase. Es riecht nach Pfefferminze und auch ein wenig nach süßem Honig. Uzumati hält die Pfeife mit beiden Händen in die Höhe. Dann beginnt er eine Art Gebet zu sprechen. Eigentlich ist es eher ein leiser Gesang. Seine Augen sind geschlossen. Ich mache es ihm nach und schließe meine Augen ebenfalls. Ich genieße den Duft. Und ich genieße diese tief gespürte und von mir nicht rational überschaubare Begegnung.

Akecheta berührt mich an der Schulter. Der Häuptling hält mir die Pfeife entgegen – ich dürfe nun auch ein paar Züge machen. Ich nicke dankend und greife mit einer Hand nach diesem besonderen Stück Holz. Sofort nimmt Akecheta meine zweite Hand und führt sie ebenfalls nach vorn. Er flüstert mir ins Ohr, die Pfeife immer mit beiden Händen zu halten. Also führe ich die Pfeife nun mit beiden Händen zum Mund. Den vorderen Teil halte ich so in die Höhe, wie ich es beim Häuptling gesehen habe. Alle schauen mich an. Der Häuptling beginnt abermals mit seinem eigenartigen Gesang. Seine beiden Nachbarn stimmen mit ein.

Vorsichtig nehme ich einen ersten Zug. Zuerst empfinde ich nur einen leicht süßlichen Geschmack im Mund. Aber während ich noch überlege, was wohl so süßlich schmeckt, haut mir plötzlich jemand mit einem Hammer auf den Kopf – zumindest fühlt es sich so an. Es macht »Bumm« in meinem Gehirn. Ich erschrecke, halte aber die Pfeife weiterhin in die Höhe. Alle hören nun wie auf Kommando auf zu singen. Akecheta legt seine Hände auf meine Schultern und rät mir, so ruhig als möglich sitzen zu bleiben. Nach dem »Bumm« fühle ich plötzlich überhaupt nichts mehr. Ich schmecke nur das Süße im Mund. Mir ist, als ob ich keine Arme und keine Füße mehr hätte. In meinem Kopf herrscht völlige Leere. Ich denke absolut nichts. Dieses Gefühl ist eigenartig angenehm. Ich fühle mich leicht und völlig entspannt.

Noch einmal ziehe ich an der Pfeife. Wieder süßlicher Geschmack. Nun erwarte ich abermals den »Mann mit dem Hammer«, aber diesmal kommt er nicht. Stattdessen durchströmt jetzt Wärme meinen gesamten Körper. Wie sanfte Wellen oder warmes Blut. Gleichzeitig mit der Wärme kommt eine Leichtigkeit, wie ich sie noch nie erlebt habe. Ich fühle eine unendliche Ruhe in mir.

Das Holzstück wird immer wieder im Kreis herumgereicht. Meine Gastgeber halten es nach jedem Zug noch etwas in den Händen und singen dabei leise. Singen kann ich leider nicht, ich habe schon in der Schule nie mitgesungen. Während die anderen in ihrer geheimnisvoll klingenden Sprache singen, beobachte ich die kleinen Rauchwölkchen, die aus dem Holz entweichen. Ich habe kein Zeitgefühl mehr und keine Ahnung davon, wie lange ich hier schon sitze. Irgendwann kommt eine sehr hübsche Indianerin ins Zelt und reicht dem Häuptling eine große Holzschüssel. Nachdem dieser einen Schluck direkt aus der Schüssel gemacht hat, bin ich an der Reihe. Die dunkle Flüssigkeit und die darin schwimmenden Fleischbrocken riechen nach Wild. Wie bei der Pfeife, ist mein erster Versuch auch hier etwas zaghaft. Ich weiß ja nicht, was mir hier angeboten wird. Aber es schmeckt köstlich. Auch die Schüssel wird im Kreis herumgereicht. Jeder nimmt immer nur einen Schluck. Danach senken die Männer leicht ihr Haupt und schließen die Augen. Der letzte Schluck gebührt dem Häuptling. Dann wird die Schüssel wieder aus dem Zelt gebracht. Das Oberhaupt steht auf. Wir anderen ebenfalls. Der Häuptling legt seine bunte Halskette auf den Boden, öffnet eine Art Verschluss und fädelt einige der bunten, murmelartigen Kugeln von der Kette. Jeder von uns erhält eine dieser Kugeln. Warum, weiß ich nicht. Aber es ist mir auch nicht wichtig, es zu verstehen. Ich bin mir sicher: Hier haben diese Kugeln ihren ganz besonderen Sinn. Dann fassen wir uns an den Händen und stehen im Kreis um die Feuerstelle herum. Alle blicken auf den Häuptling. Er steht aufrecht und schweigt. Seine Augen sind geschlossen und ich meine, tiefen Frieden in seinem Gesicht zu erkennen. Die Stille, das Miteinander und die gesamte Stimmung berühren mein Herz tief.

Wir stehen lange schweigend da. Ich bin meist ein eher unruhiger Mensch. Aber hier verspüre ich nicht den geringsten Anflug von Ungeduld oder Unruhe. Ich weiß nicht, wie lange wir so stehen, aber irgendwann setzen sich alle wieder auf den Boden und reden miteinander. Akecheta rückt ein wenig näher an mich heran. Ich erfahre einiges über die Welt dieses Stammes und lausche fasziniert seiner Erzählung. Aus Respekt gegenüber meinen Gastgebern möchte ich hier nicht im Detail wiederholen, was ich während dieses Abends alles gehört habe. Ich empfinde es als sehr große Ehre, hier Gast gewesen sein zu dürfen. Nur so viel: Dieses Volk lebt noch annähernd so, wie es schon vor mehreren Hundert Jahren gelebt hat. Und die Menschen sind offensichtlich glücklich dabei. Was ich aber auch erfahren habe: Es gibt immer wieder Situationen, wo sie auch auf die Hilfe der modern lebenden Menschen angewiesen sind. So zum Beispiel, wenn sie mit einem erkrankten Kind ins nächste Krankenhaus fahren, um dort medizinische Hilfe zu bekommen. Die Möglichkeit dieses Eintauchens in die »Zivilisation« ist auch für den so traditionell lebenden Stamm wichtig. Sie schätzen diese Möglichkeit. Als Dankeschön und zum Darstellen, Üben und Bewahren ihrer Traditionen veranstalten sie das eingangs erwähnte jährliche Fest.

Ich liege auf meinem Fell und starre auf die kleine, kaminähnliche Öffnung an der Spitze des Zeltes. Rauchschwaden ziehen dort hinaus ins Freie. Ich atme ganz bewusst die letzten feinen Düfte ein. Während ich mit den Augen dem Weg des Rauches folge, spüre ich Zufriedenheit und tiefen Frieden in mir.

NACHTFAHRT

Alliance, im nordwestlichen Nebraska, 18 Uhr. Ich stehe vor dem Motel, in dem ich vergangene Nacht im bisher feinsten Bett meiner Reise geschlafen habe. Hinter dem Parkplatz liegt der Highway 2. Wenn man Richtung Osten möchte, gibt es in der weitläufigen Prärie keine andere Straßenverbindung. Für heute habe ich mir eine Nachtfahrt vorgenommen: Immer den Highway 2 entlang bis zum winzigen Dorf Thedford, das etwas mehr als 200 Kilometer östlich am *Nebraska National Forest* liegt. 200 flache Kilometer, immer geradeaus.

Immer mal wieder lege ich auf meinen Reisen eine Nachtfahrt ein. Zwei Gründe gibt es dafür: Zum einen ist es eine schöne Abwechslung, wenn es etwa über mehrere Hundert Kilometer durch die Einöde geht. Zum anderen nutze ich hin und wieder die Nacht dazu, mein Tagespensum noch ein wenig zu erhöhen. Wenn ich mich am Ende einer Tagesetappe noch sehr fit fühle, hänge ich nach dem Abendessen noch einmal 100 Kilometer an. Auf Nachtfahrten kann ich besonders gut abschalten. Noch tiefer in mich gehen. Aber hin und wieder fühle ich bei Dunkelheit auch die Einsamkeit besonders stark. Trotzdem: Die Stille und das Alleinsein in der Nacht haben schon etwas Besonderes an sich.

Heute habe ich noch keinen einzigen Kilometer in den Beinen. Während des Tages war Entspannung angesagt. Statt des Highways war heute das öffentliche Schwimmbad mein Revier. Eine willkommene Abwechslung zum monotonen Pedaltreten und eine optimale Möglichkeit, die Beine wieder ein wenig zu lockern. Die Entscheidung für einen Badetag, gefolgt von der ersten Nachtfahrt auf dieser Reise, habe ich erst am Morgen nach dem Frühstück getroffen. Jetzt bin ich fit, meine Beine fühlen sich gut an. Und ich freue mich auf die Strecke nach Thedford. Viel davon werde ich in der Dunkelheit zwar nicht erkennen können, dafür werde ich heute einmal ganz besonders intensiv in mich hineinhören.

Noch ist es hell, und ich benötige keine Beleuchtung. Diese befindet sich fertig vorbereitet in der vorderen rechten Gepäcktasche. Zu meiner Nachtausrüstung gehören eine besonders starke Stirnlampe, die am Helm angebracht werden kann, und eine Lampe zum Befestigen an der Lenkstange. Unbedingt notwendig: ein starkes, von Weitem erkennbares rotes Rücklicht. Und natürlich eine rückstrahlende Sicherheitsjacke. Alles zusammen bildet meine nächtliche Lebensversicherung. Alles ist gecheckt. Es kann losgehen.

Nach zwei Stunden Radeln wird es langsam dunkel. Ich stoppe und rüste mich für die Nacht. Bei der Anschaffung meiner Beleuchtung habe ich auf besonders hohe Qualität gesetzt. Vor allem die Stärke des Lichtkegels war mir wichtig. Die Intensität meiner Stirnlampe überrascht mich dann aber doch ein wenig. Vor mir sind mindestens 30 Meter Straße derart gut ausgeleuchtet, dass ich jede Unebenheit auf der Fahrbahn erkennen kann. Wenn ich meinen Kopf seitlich drehe und mit der Stirnlampe in das Nichts hinaus leuchte, kann ich auch in der näheren Umgebung alles Notwendige gut erkennen. Beide Lampen lassen sich hinsichtlich ihrer Leuchtkraft einstellen. In dieser mondlosen Nacht wähle ich die höchste Stufe. Anfangs habe ich trotz meiner Lichtquellen ein etwas unsicheres Gefühl. Aber schon nach einer halben Stunde radle ich so, als ob es Tag wäre. Die Strecke verläuft nur geradeaus, direkt hinein in das dunkle Nichts. Es gibt keinerlei Abwechslungen durch Steigungen oder Abfahrten. Also kann ich so richtig Gas geben. Nach einiger Zeit vergesse ich fast, dass ich eine Nachtfahrt mache und von daher deutlich mehr Risiko eingehe als am Tag. Ich werde unvorsichtig.

Plötzlich taucht direkt vor mir ein kaputter Lkw-Reifen auf. Im

Reflex kann ich gerade noch ausweichen, komme aber beinahe zum Sturz. Dann folgt weiterer Müll auf der Straße. Und wieder reiße ich mein Bike herum. Dieses Mal muss ich komplett auf die Gegenfahrbahn wechseln. Durch die beiden abrupt durchgeführten Lenkmanöver beginnt mein Fahrrad gefährlich zu schlingern. Das schwere Gepäck verstärkt diese seitlichen Bewegungen noch. Sofort klicke ich meine Schuhe aus den Pedalen, um nicht mehr fest mit meinem Fahrrad verbunden zu sein. So kann ich besser balancieren. Ich muss eine artistische Meisterleistung vollbringen, bis es wieder halbwegs geradeaus geht. Aber noch bevor ich wieder zurück auf meinem Fahrstreifen bin, rumple ich über ein weiteres Reifenteil. Durch den Holperer verliere ich alle Trinkflaschen und auch mein Bärenspray. Ich bremse ab und komme zum zweiten Mal einem Sturz sehr nahe. Erst als ich mit meinem Fahrrad zwischen den Beinen sicher auf der Straße stehe, kann ich so richtig durchatmen.

Ich nehme mir fest vor, ab jetzt deutlich langsamer und vor allem vorausschauender zu fahren. Eine gute Entscheidung, denn auf den nächsten Meilen liegt ständig Müll auf der Fahrbahn. Vor allem auf Reifenteile muss ich achten. Sie sind oft mit kleinen Drähten durchzogen, deren Enden beim Drüberfahren jeden noch so guten Reifen durchstechen. Aber genauso plötzlich, wie die Hindernisse auf der Fahrbahn aufgetaucht sind, ist diese irgendwann wieder frei davon. Das Radeln wird nun immer eintöniger. Die Dunkelheit und das langsame Tempo setzen mir zu. Zwar habe ich körperlich keine Probleme, dafür wird meine Psyche auf eine harte Probe gestellt. Ich versuche mich so gut als möglich zu konzentrieren, aber die Müdigkeit wird größer. Zur Abwechslung trete ich nun streckenweise auch im Stehen. Ich beginne, mit mir selbst zu reden. Noch während ich überlege, wo und wie lange ich eventuell Pause machen könnte, passiert mir der nächste gefährliche Ausrutscher: Mir fallen die Augen gänzlich zu, und für einige Sekunden befinde ich mich im »Blindflug«. Erst ein ungewöhnliches Rütteln lässt mich zusammenfahren. Als ich die Augen öffne, befindet sich mein Fahrrad bereits komplett neben der Fahrbahn auf einem Schotterstreifen. Sofort bin ich wieder hellwach.

Jetzt steht fest: Ich brauche eine Pause. Sonst wird es wirklich gefährlich. Und ich kann auch nicht so lange weiter fahren, bis ich einen Parkplatz finde. Genau dort, wo ich jetzt bin, werde ich absteigen. Mitten im Nirgendwo bleibe ich also einfach am Straßenrand stehen und setze mich direkt auf die Fahrbahn. Mein Fahrrad steht neben mir. Absichtlich bleiben alle Lichter eingeschaltet. Eventuell herannahender Verkehr soll mich früh genug bemerken. Ich ziehe die Beine an und lege meinen Kopf auf die Knie. Dann schließe ich die Augen. Die letzten Meilen laufen noch einmal vor meinem geistigen Auge ab. Es ist mir bewusst, dass ich viel Glück hatte.

Ein lautes Hupen lässt mich hochschrecken. Ohne anzuhalten oder auch nur zu fragen, ob alles in Ordnung ist, gibt der Lenker eines protzigen Sportwagens weiter Vollgas. Ich schaue auf meine Uhr. Verwundert blicke ich noch ein weiteres Mal hin. Ich habe tatsächlich drei Stunden geschlafen! Auf der Fahrbahn sitzend. Aber es hat mir geholfen. Jetzt fühle ich mich wieder halbwegs fit und möchte weiter. Beim Wegfahren bemerke ich, dass die Sicht nach vorn deutlich schlechter geworden ist. Ein Check bestätigt: Die Lampe am Lenkrad hat nur noch wenig Akkukapazität. Ich bekomme ein flaues Gefühl in der Magengegend. Eine deutliche Warnung.

Nur wenige Meilen später fällt meine sonst so verlässlich funktionierende Stirnlampe aus. Von einem Moment zum anderen. Normalerweise werden diese Lampen langsam immer schwächer. Aber meine Stirnlampe gibt innerhalb des Bruchteils einer Sekunde komplett ihren Geist auf. Adrenalin rauscht in mein Blut. Urplötzlich ist es fast schwarz vor meinen Augen. Ich bremse sofort ab und bleibe stehen. Meine Augen müssen sich erst an das plötzliche Dunkel gewöhnen. Nach einigen Minuten tauchen schemenhafte Geländekonturen auf, und ich erkenne das Weiß der Mittelmarkierung. Mir fehlen immer noch 25 Meilen bis Thedford. Diese Strecke in völliger Dunkelheit zu radeln, ist mehr als riskant. Es gibt auf Radreisen nicht viel Gefährlicheres, als in der Nacht ohne Licht zu fahren. Eine solche Fahrt ist lupenreines »russisches Roulette«. Ich checke noch einmal die Akkus. Das ernüchternde Ergebnis: Eine Lampe ist komplett ausgefallen, die andere steht mir noch maximal eine halbe Stunde zur Verfügung. Und das auch nur mit schwacher Leuchtkraft. Zum Glück funktioniert das so wichtige Rücklicht noch einwandfrei.

Ich will in jedem Fall bis Thedford kommen, notfalls schiebend. Die nächsten Meilen habe ich zumindest noch ein wenig Restlicht zur Verfügung. Es reicht gerade noch aus, um halbwegs den Straßenverlauf zu erkennen. Aber mit jeder weiteren Meile wird auch dieses Licht schwächer. Und je weniger Licht leuchtet, desto niedriger wird auch mein Tempo. Dann fällt innerhalb weniger Minuten auch dieses Restlicht aus. Um mich herum ist es nun endgültig dunkel. Das flaue Gefühl in meinem Magen wird stärker. Leichte Panik macht sich in mir breit, und Panik ist ein schlechter Ratgeber. So kommt es auch jetzt. Mein Entschluss, ohne Licht weiterzufahren, ist eine krasse Fehlentscheidung. Langsam taste ich mich vorwärts. Dabei halte ich den Lenker derart verkrampft fest, dass meine Finger zu schmerzen beginnen. Mein Tempo liegt bei Schrittgeschwindigkeit. Ich muss mir eingestehen, dass ich tatsächlich im Blindflug unterwegs bin. Irgendwie schaffe ich es, halbwegs der Mittelmarkierung zu folgen. Die gelben Streifen sind mein einziger Anhaltspunkt. Ich bin aufs Äußerste angespannt und fahre so langsam und vorsichtig wie nur möglich. Aber auch dieses Tempo ist noch zu schnell. Das große Loch im Straßenbelag sehe ich viel zu spät. Ein Ausweichen ist nicht mehr möglich. Augenblicke später liege ich auf der Fahrbahn.

Wieder habe ich mehr Glück als Verstand. Weil ich in weiser Voraussicht mit meinen Schuhen nicht in die Pedale eingeklickt bin, kann ich den Sturz recht gut abfangen. Zudem verhindert das geringe Tempo einen schlimmeren Ausgang. Ich bleibe unverletzt. Immerhin habe ich jetzt endlich genug. Meine Fehlentscheidung hat schon innerhalb kürzester Zeit zu einem Sturz geführt. Ich muss die Notbremse ziehen. Noch 10 Meilen bis zu meinem Etappenziel. Ab jetzt heißt es schieben. Ein schwer beladenes Fahrrad zu schieben ist nicht besonders angenehm. Aber ich komme auf diese Weise wenigstens sicher vorwärts. Es ist still um mich herum. Die Panik ist verschwunden, aber ich fühle mich nun doch ein wenig einsam. 5 Meilen vor Thedford höre ich etwas: Das erste Auto seit meinem Schlaf auf der Fahrbahn. Es kommt direkt auf mich zu. Kurzzeitig ist die Straße vor mir taghell ausgeleuchtet. Nachdem mich das Auto passiert hat, bremst der Fahrer plötzlich ab, dreht um und schließt langsam zu mir auf. Das Auto bleibt aber immer im gleichbleibenden Abstand hinter mir. Es überholt mich nicht. Die Scheinwerfer sorgen dafür, dass die Straße vor mir auf mindestens 100 Meter Strecke voll ausgeleuchtet ist. Ich gehe ein wenig auf die Seite, damit mich das Auto überholen kann. Trotz meiner eindeutigen Handzeichen fährt es jedoch weiterhin langsam hinter mir her. Es folgen einige Blinkzeichen. Jetzt verstehe ich: Der Fahrzeuglenker will mir mit dem Ausleuchten der Straße helfen. Ich bedanke mich mit einem »Daumen hoch«. Dann steige ich auf mein Rad. Diese Hilfe nehme ich gern an. 10 Minuten später bin ich am Ziel. Das Auto ist die gesamte restliche Strecke hinter mir geblieben. Am Ortsschild wendet es und braust in die Gegenrichtung davon. Ich kann mich nicht mehr bedanken und weiß nicht einmal, wer mir hier so toll geholfen hat.

Meine Fahrt durch die Nacht ist zu Ende. Ich bin heilfroh, gesund in Thedford angekommen zu sein. Die Welt der Dunkelheit ist etwas Besonderes. Man erlebt Dinge, die man auf einer Tagfahrt nicht erlebt. Aber die letzten 25 Meilen waren sehr riskant. Zu riskant, wie ich mir eingestehen muss. Dass mir während dieses Blindflugs nichts passiert ist, gehört in die Kategorie »Schwein gehabt«. Vielleicht hat mir aber auch ein Schutzengel geholfen.

WERKSTATTDRAMA MIT FOLGEN

Die Fahrradfirm ROSE Bikes mit Sitz im münsterländischen Bocholt stellte mir für diese Reise ein ganz spezielles Fahrrad zur Verfügung. Kleine Einkaufsfahrten kann man mit nahezu jedem Rad machen, aber mehrwöchige Radreisen verlangen doch nach einem Qualitätsprodukt. Mein »Team DX Cross« hat einen besonders leichten Aluminiumrahmen und kann ebenso gut als Rennmaschine verwendet werden wie als Reisefahrrad. Der Rahmen ist mit allen notwendigen Bohrungen zur Befestigung von Gepäckträgern versehen. Durch seine weit gefächerten Übersetzungen ist das Rad besonders bergtauglich, andererseits kann ich auch im Flachen so richtig Gas geben. Aber auch die pannensichere Bereifung, ein Triathlonaufsatz am Lenker, der speziell angepasste Sattel und weitere Sonderausstattungen sorgen dafür, dass mir das Rad im Lauf der Reise richtig ans Herz wächst. Das ist keineswegs selbstverständlich. Auf früheren Reisen musste ich mich immer wieder über langwierige und nervenaufreibende Reparaturarbeiten ärgern. Wiederholte Reifenpannen, ein gebrochener Gepäckträger oder lockere Schrauben können sich zu einer echten Herausforderung entwickeln. Nach jedem derartigen Abenteuer schwor ich mir, zukünftig nur noch das Beste vom Besten zu verwenden. Jetzt darf ich endlich auf einem solchen Traumfahrrad unterwegs sein.

Hinsichtlich Fahrbahnbeschaffenheit gab es auf der bisher bewältigten Strecke einige besonders anspruchsvolle Abschnitte, auf denen nicht nur ich selbst, sondern auch das Rad auf eine harte Probe gestellt wurde. Schon entlang des Alaska Highway mussten wir einiges aushalten. Nach den ersten 4.000 Kilometer benötigt das Rad deshalb einen Gesamtcheck und vor allem eine neue Kette. Die Kleinstadt Hastings im südöstlichen Nebraska scheint mir dafür geeignet. Ich frage einen Radler nach dem nächsten Sportgeschäft mit Fahrradwerkstatt. Kurze Zeit später stehe ich mit meinem voll bepackten Arbeitsgerät mitten im Laden. Im hinteren Bereich befindet sich die Fahrradwerkstatt. Alles ist sehr sauber aufgeräumt und mehrere Personen sind mit diversen Arbeiten an verschiedenen Fahrrädern beschäftigt. Einer der Mechaniker kommt auf mich zu und streckt mir freundlich seine Hand entgegen. »Hi, I'm Mike. Do you have problems with your bike?«, lautet seine erste Frage. »I need a new chain and a check of my bicycle«, antworte ich. Hätte ich zu diesem Zeitpunkt gewusst, welche Folgen mein Besuch in dieser Fahrradwerkstatt haben sollte, ich wäre fluchtartig aus dem Geschäft gerannt.

Mike sagt mir zu, den Fahrradcheck gleich zu erledigen. Eine coole Sache, denn so kann ich am gleichen Tag noch einige Kilometer abspulen. Und dies mit einem runderneuerten Arbeitsgerät. Um mir die Wartezeit zu verkürzen, helfe ich mit. Das Hinterrad ist rasch ausgebaut und die abgenützte Kette schnell entfernt. Mike arbeitet rasch und ist zudem auch noch sehr freundlich. Gemeinsam reinigen wir die Ritzel und die Schaltung. Erst jetzt fällt mir auf, wie viel Schmutz sich zwischen den einzelnen Teilen angesammelt hat. Auch die neue Kette ist rasch eingehängt. Sie ist blitzsauber und glänzt mit meinen leuchtenden Augen um die Wette. Nach dem Wechsel der Kette reiche ich Mike das Hinterrad und den speziellen Schnellspannverschluss. Der Mechaniker hebt die Kette über das mittlere Ritzel und positioniert das Hinterrad so zwischen den Ausfallenden, dass nur noch der Schnellspanner durch die Löcher gesteckt werden muss. Gekonnt setzt Mike den Schnellspanner an und schiebt ihn hindurch. Besser gesagt, er versucht es. Nach einigen Zentimetern ist Schluss. Der Spanner lässt sich nicht weiter hineinschieben. Mike versucht es ein weiteres Mal, gleichfalls ohne Erfolg. Mir selbst ist so etwas noch nie passiert, und auf meinen Reisen muss ich für Reinigungsarbeiten oder zum Wechseln eines defekten Schlauches ständig Laufräder aus- und einbauen. Schnellspanner erleichtern diese Arbeiten enorm. Mike verzieht das Gesicht, und seine bisherige Gelassenheit verwandelt sich in Ungeduld. Nach dem nächsten erfolglosen Versuch dreht er sich genervt um und greift zu einem Hammer. Noch bevor ich protestieren kann, schlägt er damit auf den Schnellspanner. Es macht »klick«, laut und deutlich. Das Geräusch fährt mir durch Mark und Bein.

Mike schaut mich fragend an. Mit einer Hand hält er das Hinterrad, mit der anderen den Schnellspanner. Der Hammer liegt am Boden. Mike hat ihn vor Schreck fallen lassen. Gleichzeitig ist aber auch noch etwas anderes hinuntergefallen: ein kleiner silberner Ring. In zwei Teile zerbrochen liegt er auf dem Boden. Ich weiß nicht, um was es sich dabei handelt. Was ich jedoch genau weiß: Etwas ist kaputtgegangen.

Mit dem Hinterrad in der Hand stehe ich in einer Fahrradwerkstatt mitten in Nebraska und bin sprachlos. Mit klopfendem Herzen blicke ich in die Öffnung der Nabe. Sofort kann ich erkennen, dass das Innenleben komplett zerstört ist. Der Schlag mit dem Hammer hatte katastrophale Auswirkungen. Nun drehen sich auch die anderen Mitarbeiter um und schauen mitleidig in unsere Richtung. Mit beiden Händen bedecke ich mein Gesicht und wünsche mir, dass ich nur träume.

Aber nein, ich träume keineswegs. Fragend blicke ich Mike an. Wir wissen beide, dass es jetzt nur zwei Möglichkeiten gibt: Entweder ist es möglich, die defekte Nabe auszubauen und gegen eine neue zu tauschen, oder wir brauchen ein komplett neues Hinterrad. Mike, zwei weitere Angestellte und ich schauen uns abwechselnd den Schaden genau an. Jeder hat eine andere Idee. Das Hinterrad wird hin und her gereicht, begutachtet und wieder weitergegeben. Verschiedene Werkzeuge wechseln die Hände. Aber weder einem der Mechaniker noch mir gelingt es, die Nabe auszubauen. Im Inneren haben sich kleine abgebrochene Teile so verkeilt, dass wir das passende Werkzeug nicht richtig ansetzen können. Erst nach zwei Stunden und vielen erfolglosen Versuchen ist sie demontiert. Nicht nur ich bin entsetzt darüber, welche Folgen ein einziger unbedachter Hammerschlag hatte. Nun benötigen wir eine neue Nabe. Mike ist ganz sicher, das gute Stück bald in den Händen zu halten. Er checkt sein Lager, kommt aber mit leeren Händen zurück. Einige Telefonate mit anderen Radsportgeschäften bringen uns auch nicht weiter. Mein Supermechaniker wirkt zunehmend genervter. Sein nächster Versuch findet im Internet statt. Die Zeit vergeht.

Weitere zwei Stunden später und ohne Aussicht auf unser so dringend benötigtes Ersatzteil steht fest: Ich muss mir eine Übernachtungsmöglichkeit suchen. Mike erklärt sich bereit, mir dabei zu helfen. Ich setze mich zu ihm ins Auto, und wir halten Ausschau nach einem Hotel, möglichst in der Nähe der Werkstatt. Wir schweigen uns an. Ich bin verärgert. Schon beim ersten Motel, das ich entdecke, gebe ich Mike zu verstehen, dass er dorthin fahren soll. Ich habe keine Lust mehr, weiter in der Gegend herumzufahren. Missmutig lade ich das Gepäck aus und erkläre, dass ich morgen am späten Vormittag vorbeikommen werde. Mike verspricht mir, das Problem bis dahin gelöst zu haben. Ich checke ein – für eine Nacht.

Die Nacht verläuft nahezu schlaflos. Meine pessimistische Seite meldet sich. Was mache ich, wenn mein Rad überhaupt nicht mehr zu reparieren ist? Mit einem Ersatzfahrrad weiterfahren? Solche und ähnliche Fragen spuken mir bis weit nach Mitternacht im Kopf herum. Erst dann gleite ich ein wenig in das Land der Träume.

Auf das Frühstück verzichte ich. Zu groß ist meine Aufregung. Ich habe keinen Appetit. Am späten Vormittag stehe ich in der Werkstatt. Mike schüttelt den Kopf: Er konnte das Fahrrad vorerst nicht »wiederbeleben«. In der Werkstatt entdecke ich dann auf einem Fahrradständer den Rahmen meines Arbeitsgerätes. Davor stapeln sich verschiedene Hinterräder. In knappen Worten erklärt Mike, dass er weder eine passende Nabe noch ein Ersatzrad auftreiben konnte. Er hätte bis spät in die Nacht hinein alles versucht. Jetzt bleibt nur noch eine Möglichkeit: Luftpost aus Deutschland. Ich benötige ein neues Original-Hinterrad mit passendem Schnellspanner. Es gelingt mir kaum, meine Gedanken zu ordnen: Kontakt mit dem Ausrüster aufnehmen, dabei die Zeitverschiebung berücksichtigen, Paketzusteller auswählen und organisieren, bevorstehendes Wochenende einplanen und noch einiges mehr. Ich fühle mich etwas überfordert. Aber es nützt nichts. Ich muss mich nun um die Lösung des Problems kümmern.

Mein Hotel stellt seinen Gästen einen frei zugänglichen Computer zur Verfügung. Per Mail berichte ich Julia, meiner Ansprechpartnerin bei ROSE Bikes, von meinem Desaster. Julia hat mir schon mehrfach weitergeholfen. Bereits bei unserem ersten Gespräch war ich von ihrer freundlichen und offenen Art beeindruckt. Wir haben, wie man so sagt, einen guten Draht zueinander. Aufgrund des Zeitunterschiedes zwischen den USA und Deutschland erreicht meine Mail ihr Postfach außerhalb der Bürozeit. Antwort werde ich daher frühestens morgen erhalten. Gegen 2 Uhr in der Früh sitze ich schon wieder in der Lobby und checke meine Mails. Und tatsächlich, Julia hat bereits geantwortet. Schon aus den ersten Zeilen kann ich erkennen, dass eine Lösung in Sicht ist. Julia hat meine Mail sofort an einen Techniker und an das Lager weitergeleitet. Kurz und bündig antwortet sie: »Problem gelöst – das Paket mit den passenden Ersatzteilen ist bereits auf dem Weg zu dir!« Mir fällt ein Stein vom Herzen.

Heute ist Donnerstag. Normalerweise würde ich schon wieder auf meinem Fahrrad Richtung Süden strampeln. Das Wechseln der Kette und ein Rundumcheck sind grundsätzlich keine große Sache. Eigentlich reine Basisarbeit. Aber in diesem Fall ist es leider nicht dabei geblieben. Jetzt beginnt das Rechnen: Wie lange wird meine Zwangspause dauern? Wie kann ich die verlorene Zeit wieder aufholen? Besteht die Möglichkeit, die geplante Strecke zu verkürzen? Für die knapp 8.000 Kilometer zwischen Whitehorse und Miami habe ich 70 Tage eingeplant. Mit eingerechnet sind dabei auch die Pausentage. Zwar habe ich aus meinen bisherigen Reisen gelernt und ein wenig mehr Spielraum berücksichtigt, aber der Zeitrahmen ist trotzdem nicht eben reichlich.

Den Großteil des Tages verbringe ich in meinem Zimmer. Vor mir liegen mein Roadbook und die Straßenkarten jener US-Staaten, die noch vor mir liegen. Sollte ich tatsächlich bis Montag auf die Ersatzteile warten müssen, so wären dies seit meiner Ankunft in Hastings insgesamt sechs Tage. Wenn ich davon einen Tag »normale« Ruhepause abziehe, bleiben immer noch fünf volle Tage oder umgerechnet 700 bis 800 Kilometer, die ich aufholen muss. Das ist zwar machbar, aber der Gedanke daran stresst mich sehr.

Je mehr ich darüber grübele, wie ich die verlorene Zeit wieder aufholen kann, desto angefressener bin ich im Hinblick auf die Werkstatt. Mein Fahrrad hat alle bisherigen Schwierigkeiten problemlos gemeistert. Es ist mir seit meinem Start in Whitehorse ein treuer Begleiter – und nun wurde es von Mike umgebracht. Während eines kurzen Spazierganges trete ich wütend gegen einen Mülleimer. Eine halbe Stunde später ist mein rechter großer Zeh auf die doppelte Größe angeschwollen und tut höllisch weh. Aber es sollte noch schlimmer kommen.

LIFEGUARDS

Ich sitze am Beckenrand des heillos überfüllten Freibades von Hastings. Mit 38 °C ist es brütend heiß. Auf meinem Kopf liegt ein nasses Handtuch, meine Beine baumeln im Wasser. Mein Zeh tut immer noch weh und ist sogar weiter angeschwollen. Gestern habe ich probiert, ob mein Fuß trotz dieser Schwellung noch in den Radschuh passt. Es hat nicht funktioniert. Selbst schuld! Es ist Samstag und bereits mein zweiter Tag in diesem Schwimmbad. Eine Reinigungskraft des Hotels, der ich einiges über meine Reise und mein Malheur erzählt habe, hat mir den Tipp mit dem öffentlichen Schwimmbad gegeben.

Aus vorerst nur einer geplanten Nacht im Motel sind mittlerweile vier geworden. Mein Ersatzteil wurde an einem Donnerstag auf den Weg gebracht. In Hastings werden Pakete jedoch nur bis Samstagmittag ausgeliefert, anschließend erst wieder am Montag. Expresspakete aus Deutschland können innerhalb von zwei Tagen die USA erreichen. Zumindest bis zum Verteilerzentrum des jeweiligen Bundesstaates. Mein Fahrradgeschäft hatte mittlerweile die Telefonnummer dieses Zentrums herausgefunden. Dort saß eine freundliche Angestellte, die versprach, auf das wichtige Paket aus Deutschland zu achten und Mike sofort zu verständigen. Ich humpelte am Freitag mit meinem schmerzenden Zeh kurz vor Feierabend zum Fahrradgeschäft und erkundigte mich nach meinem Hinterrad. Natürlich war noch kein Paket angekommen. Wie konnte ich auch so naiv sein und hoffen, dass innerhalb von 24 Stunden alles erledigt sei? Samstagmorgen betrat ich noch einmal den Laden und erhielt abermals eine Absage. Das bedeutete weitere 48 Stunden Wartezeit, mindestens.

Während die Sonne auf mich herunterbrennt, blicke ich mich im Schwimmbad um. Es gibt mehrere Becken, eine Kinderlandschaft und zwei große Rutschanlagen. Alles macht einen sehr sauberen Eindruck. Auffällig ist die große Anzahl von »Lifeguards« – Wasserrettungskräfte, die auch eine gewisse Bademeisterfunktion ausüben. An jedem Becken und jeder Anlage stehen mindestens zwei von ihnen. Sie sind nicht nur an ihren knallroten, ärmellosen Shirts und Shorts zu erkennen, sondern auch an ihren Trillerpfeifen, die sie ständig im Mund haben. Außerdem an ihrem strengen Blick und an den klaren, oft lautstarken Anweisungen in Richtung Badegäste. Lifeguards genießen in den USA ein hohes Ansehen. Sie sind vor allem im Bereich der Ersten Hilfe sehr gut ausgebildet.

Heute möchte ich einige Fotos von mir machen. Auf Facebook berichte ich laufend über meine Reise. Ein kurzer Bericht, wie ich die Zwangspause in Hastings verbringe, würde da gut hineinpassen. Die Aufnahme von meinem zerstörten Hinterrad habe ich bereits gepostet. Als Hintergrund für die heutigen Fotos wähle ich eine mit Luft gefüllte Riesenkrake, die mitten in einem Kinderbecken schwimmt und auf der die Kinder herumtollen. Ich fotografiere auf meinen Reisen meist mit Selbstauslöser. Dies ist etwas kompliziert und auch zeitaufwendig. Ich muss zuerst meine Position festlegen, dann alle notwendigen Einstellungen an der Kamera machen und anschließend rasch wieder zurück auf meinen Platz gelangen. Ich positioniere meine Kamera direkt am Rand des Kinderbeckens. Dann mache ich einige Probeaufnahmen. Dazu wechsle ich immer zwischen Krake und Kamera hin und her. Meine vermutlich seltsam wirkendes Vorgehen bleibt nicht unentdeckt. Während ich mich bei der Krake positioniere, um auf das Auslösen der Kamera zu warten, schneiden die Kinder im Hintergrund die wildesten Grimassen. Sie machen sich einen Spaß daraus, mir beim Fotografieren zu »helfen«. Auch egal. Lustige Fotos sind immer gefragt. Ich spiele mit und versuche mich bei einigen Aufnahmen ebenfalls als wilder Grimassenschneider. Das hätte ich vielleicht besser nicht tun sollen.

Als ich ein weiteres Mal den Sucher meiner Kamera einstelle, tippt mir jemand auf die Schulter. »What are you doing here?« Die Stimme des Lifeguards ist laut und bestimmend, er schaut mich mit weit aufgerissenen Augen an. Seine Arme sind vor der Brust verschränkt. »Give me your camera!« herrscht mich er mich dann an und streckt mir seine Hand entgegen. Kurzzeitig bin ich ein wenig irritiert. Der Mann ist groß und wirkt im ersten Moment etwas bedrohlich. Meine Kamera will ich ihm nicht geben. Stattdessen versuche ich zu erklären, warum ich hier Fotos mache. Aber es gelingt mir nicht. Der Mann fällt mir ständig ins Wort. Ich kann keinen Satz zu Ende sprechen. Erst nach einiger Zeit wird mir klar, wo das Problem liegt: Er möchte nicht, dass ich Fotos von den Kindern mache. Mittlerweile haben sich einige Badegäste zu uns gesellt und beobachten mich. Jetzt wird mir doch ein wenig mulmig. Abermals deutet der Mann dorthin, wo meine Kamera steht.

Um Gewicht zu sparen, verzichte ich während meiner Radreisen auf ein großes Stativ. Stattdessen verwende ich eine sehr kleine und leichte Ausführung. Solche Dreibeine sind nicht besonders stabil, und mit schwereren Kameras darauf fallen sie gern mal um. Auch heute steht mein Stativ nicht besonders sicher. Der Untergrund ist zwar eben, aber dafür ist der Rand des Schwimmbeckens sehr schmal. Darauf haben die drei Beine wenig Platz und alles wirkt noch ein wenig wackeliger. Zudem laufen ständig Kinder herum. Ich beuge mich hinunter, um meine Kamera aufzuheben. Nicht um sie dem Lifeguard zu geben, sondern um sie in Sicherheit zu bringen. Dabei macht der Lifeguard einen weiteren Schritt in meine Richtung. Gleichzeitig will eines der herumtollenden Kinder zwischen uns hindurchlaufen. Es stolpert und fällt geradewegs gegen mich, während ich in gebückter Haltung Richtung Stativ greife. Ich bekomme Übergewicht, kippe nach vorn und stolpere auch noch über den kleinen Beckenrand, auf dem sich meine Kamera befindet. Mit einer Hand kann ich diese gerade noch greifen, bevor sie ins Wasser fällt. Mit meiner anderen Hand stütze ich mich am Boden des Kinderbeckens ab. Es gelingt mir gerade noch, meine Fotoausrüstung vor dem Nass zu retten.

Einige der Schaulustigen biegen sich vor Lachen. Die Gruppe wird jetzt immer größer. Immer größer wird aber auch jener Teil der Beobachter, die das alles offensichtlich überhaupt nicht lustig finden. Eigentlich hätte ich es wissen müssen: Das Fotografieren in einem Schwimmbad ist doch keine so gute Idee. Nun kommt ein weiterer Lifeguard seinem Kollegen zu Hilfe. Er stellt sich ebenfalls vor mir auf. Das ist nicht fair. Zwei gegen einen. Auch dieser Mann lässt nicht mit sich reden. Wie sein Kollege, fällt er mir sofort ins Wort. Nach einem kurzen Wortwechsel erklärt er mir, dass ich mitkommen müsse. Zu dritt gehen wir in ein Büro direkt neben dem Eingang.

Beide Lifeguards zeigen mir im Büro erst einmal, wer hier das Sagen hat. Wie schon zuvor am Kinderbecken, bauen sie sich vor mir auf. Und wieder reden nur die beiden. Ihre Stimmen sind laut und fordernd. Ich bin 36 Jahre lang als Polizeibeamter Streife gefahren und hatte es dabei mit vielen kleineren und größeren Gaunern zu tun. Dabei war es immer mein Prinzip, mein Gegenüber ausreden und es die Dinge aus seiner Sicht erklären zu lassen. Nun passiert mir hier genau das Gegenteil. Also gut. Jetzt schalte ich auf stur. Ich sage kein Wort mehr. Die Lifeguards wollen weiterhin meine Fotoausrüstung beschlagnahmen. Sicher wollen sie die Fotos durchsehen und jene von den Kindern löschen. Ich werde aber nicht zulassen, dass sie an meiner Kamera herumhantieren. Auf der Speicherkarte sind viele Aufnahmen meiner bisherigen Reise. Einige falsche Tastenkombinationen, und alle Fotos lösen sich in Luft auf. Ich kann mir nicht vorstellen, dass ein Bademeister aus Hastings meine teure Kamera bedienen kann.

Nun eskaliert die Situation. Einer der Lifeguards greift tatsächlich nach meinem Arm und zieht mich zu sich heran. Dies will ich mir aber nicht gefallen lassen. Ich schreie ihn an, ohne jedoch selbst handgreiflich zu werden. Die Kamera halte ich dabei hinter meinen Rücken. Das Gesicht des Lifeguards läuft rot an. Ich kann deutlich erkennen, wie wütend er nun ist. Während ich mir fieberhaft überlege, wie ich aus dieser unguten Situation wieder herauskomme, greift sein Kollege zum Handy. Dann vernehme ich das Wort »Police«.

Ich habe mich nicht verhört. Der Lifeguard erklärt mir, dass er die Polizei verständigt habe. Gleichzeitig macht er einen Schritt zur Bürotür und stellt sich mit verschränkten Armen davor. Damit gibt er mir zu verstehen, dass ich den Raum bis zum Eintreffen der Polizei nicht verlassen darf. Ich setze mich auf einen Stuhl und glaube, im falschen Film zu sein.

Es dauert keine 10 Minuten, dann klopft es an der Tür. Herein kommt tatsächlich ein Police Officer. Es handelt sich um eine Polizistin. Sie ist allein. Ich komme mir wie ein kleiner Gauner vor und bin auf alles gefasst. Auf meinen bisherigen Reisen habe ich allerdings nur gute Erfahrungen mit der amerikanischen und kanadischen Polizei gemacht. Und auch heute ist es so. Die Ordnungshüterin ist sehr freundlich. Sie wendet sich zuerst an die beiden Lifeguards und möchte wissen, was vorgefallen ist. Als jener, der mich körperlich angegriffen hat, laut zu schreien beginnt und dabei auf mich zeigt, unterbricht ihn die Polizistin sofort. Sie ermahnt ihn, normal zu sprechen. Der Lifeguard erzählt nun, was ihm aufgefallen ist. Er erwähnt dabei, dass er glaube, ich habe Fotos von Kindern gemacht. Und dass er das in »seinem« Schwimmbad nicht zulassen werde. Dann wendet sich die Polizistin an mich. Endlich kann auch ich etwas dazu sagen. Vorerst zeige ich ihr meinen Internationalen Polizeiausweis. Damit prahle ich normalerweise nicht. Aber heute verwende ich ihn als mögliche Untermauerung, dass ich glaubwürdig bin. Anschließend erzähle ich ihr von meiner Radreise und dem Grund, warum ich heute Fotos im Schwimmbad gemacht habe. Der Officer hört aufmerksam zu und lässt mich ausreden. Die beiden Lifeguards stehen in der Zwischenzeit wortlos neben meinem Stuhl.

Die Polizistin bittet mich um die Speicherkarte meiner Kamera. Sie möchte sich alle Fotos anschauen. Nicht nur jene, die ich heute im Schwimmbad gemacht habe, sondern auch alle anderen, die noch gespeichert sind. Sie würde mir zwar glauben, wolle sich aber trotzdem vergewissern. Den beiden Lifeguards hätte ich meine Kamera nicht ausgehändigt, aber ich habe kein Problem damit, sie dem Police Officer zu übergeben. Kurze Zeit später steckt die Speicherkarte in einem Laptop, der im Büro steht. Die Polizistin sieht sich einige meiner Fotos an. Neben den aktuellen Aufnahmen öffnet sie nur einige wenige der letzten Tage. Dann gibt sie mir die kleine Karte zurück. »I believe you. No problem.« Sie wendet sich an die beiden Lifeguards und erklärt ihnen, dass hier keine Hinweise auf einen verbotenen Sachverhalt vorliegen würden. Mir gibt sie jedoch zu verstehen, dass ich keine Fotos im Schwimmbad machen dürfe, wenn die dortigen Aufsichtspersonen dies nicht gestatten würden. Ich bin erleichtert. Kurze Zeit später ist das »Verhör« im Büro beendet.

Eine halbe Stunde später verlasse ich das Schwimmbad. Auf meinem Fußweg zurück zum Hotel treffe ich in der Nähe des Fahrradgeschäftes wieder auf die Polizistin. Sie steht neben einem Kleinwagen und notiert sich etwas. Vermutlich handelt es sich um einen Strafzettel, denn das Fahrzeug steht auf einem Gehsteig. Als sie mich sieht, hört sie unverzüglich auf zu schreiben und kommt auf mich zu. »Some lifeguards think they are police officers«, sagt sie mit einem Lächeln. Wir kommen ein wenig ins Gespräch. Sie interessiert sich für meine Radreise. Fast eine halbe Stunde stehen wir zusammen, und ich erzähle ihr von meinem Fahrradabenteuer.

ANGRIFF DER SKUNKS

Die sehnsüchtig erwartete Sendung aus Deutschland ist da. Das große Paket mit der Aufschrift »ROSE Bikes« steht mitten in der Fahrradwerkstatt. Mike ist gerade dabei, es zu öffnen. Zum Vorschein kommt ein nagelneues Hinterrad. Der Mechaniker freut sich ebenso wie ich. Man sieht es ihm direkt an, wie erleichtert er ist. Gemeinsam rüsten wir mein Fahrrad wieder auf. Eine halbe Stunde später sind wir fertig. Endlich ist mein Arbeitsgerät wieder voll einsatzfähig. Wir machen ein gemeinsames Erinnerungsfoto. Zufrieden und mit einem Lächeln im Gesicht schiebe ich mein Fahrrad ins Freie. Die Zwangspause hat ein Ende.

Meine Radtaschen stehen bereits in der Hotellobby. Schon gestern am Abend habe ich sämtliches Material noch einmal gecheckt und anschließend sauber sortiert eingepackt. Dabei habe ich auch einige mir nicht mehr wichtig erscheinende Dinge entsorgt. Anfangs schleppe ich meist zu viel Ausrüstung mit, die sich mit Fortdauer der Reise aber immer mehr verflüchtigt. Je weniger Gewicht, desto mehr freuen sich meine Oberschenkel. Apropos Oberschenkel: Je länger die Reise dauert, desto knackiger sehen sie aus. Anfangs vielleicht noch ein wenig blass und nicht voll austrainiert, scheinen sie von Woche zu Woche mehr aufzublühen, bis sie am Ende sonnengebräunt sind und vor Kraft richtig strotzen. Über die ersten Pedaltritte weiter in Richtung Florida freuen sich meine Beine jetzt genauso wie mein Kopf.

Das Fahrrad läuft wie ein Uhrwerk. Das ausgetauschte Hinterrad, die neue Kette und die gereinigten Ritzel machen sich deutlich bemerkbar. Ich komme gut voran. Über den umtriebig wirkenden Ort Council Grove geht es hinein in den *Tallgrass Prairie National Park*. In der prärieähnlichen Landschaft ist eine größere Bisonherde zuhause, die sich, ihrer Vermehrung nach zu schließen, dort sehr wohlfühlt. Ich habe Glück und bekomme die eindrucksvollen Tiere zu Gesicht. Sie grasen nur wenige Meter neben dem Highway und lassen sich vom bunten Radfahrer nicht aus der Ruhe bringen.

Mein heutiges Etappenziel ist ein Campingplatz, direkt in der Nähe eines Sees. Der *Toronto Lake* ist ein Stausee, der vom Wasser des *Verdigris River* gespeist wird. Der dortige Campground wirkt sehr sauber und kann mit einem zusätzlichen großen Plus punkten: Die Verwalterin ist nicht nur sehr hübsch, sondern auch besonders freundlich und zuvorkommend. Sie bringt mich persönlich zu einem netten, schattigen Zeltplatz. Außerdem bietet sie mir an, meine komplette Radbekleidung zu waschen. Ohne etwas zu zahlen, erwähnt sie. Ich nehme dankend an. Sowohl den netten Zeltplatz als auch das Reinigungsangebot. Während ich mein Zelt aufbaue, bleibt sie bei mir stehen. Sie stellt Fragen über meine Reise und erzählt mir einiges über sich. Mit der Zeit habe ich das Gefühl, sie flirtet mit mir. Mir soll es recht sein. Ich flirte gern. Bevor sie zurück zu ihrer Lobby geht, gibt sie mir noch einen Tipp: »Be careful of the little animals.«

Während meines Abendessens vor dem Zelt erlebe ich einen der eindrucksvollsten Sonnenuntergänge, die ich jemals gesehen habe. Die Sonne verschwindet in einem immer dunkler werdenden Rot hinter dem Hügel. Ich bin völlig fasziniert. Zufrieden sitze ich auf meiner Unterlegmatte und genieße die Umgebung. Es sind nur wenige Camper auf dem Platz. Was mir aber auffällt, sind die vielen Eichhörnchen, die überall herumlaufen, offensichtlich Futter sammeln und immer wieder auf den Bäumen verschwinden. Ihre Scheu vor den Menschen haben sie hier vermutlich schon lange verloren. Einige von ihnen kommen mir sehr nahe, flitzen dann aber pfeilschnell wieder davon. Nahe dem Seeufer bemerke ich noch zwei andere Tiere. Sie sind deutlich größer als die Eichhörnchen, haben aber einen ähnlich buschigen Schwanz. Mehr kann ich aufgrund der Entfernung nicht erkennen.

Im Zelt liegend, lasse ich den Tag noch einmal Revue passieren. Ich bin gut weitergekommen. Mein Erlebnis mit den unfreundlichen Lifeguards und der freundlichen Polizistin habe ich abgehakt. Ich bin froh, wieder unterwegs zu sein.

Gegen Mitternacht wache ich auf. Ein Geräusch hat mich geweckt. Irgendetwas oder irgendwer schleicht vor meinem Zelt herum. Sofort fallen mir die Eichhörnchen ein. Würde ich mich noch im hohen Norden befinden, wäre mir mein Herz vermutlich in die Hose gerutscht. Aber hier im heißen Kansas muss ich nicht mit einem Grizzly rechnen. Ich weiß zwar nicht, ob Eichhörnchen nachtaktiv sind, aber ein anderes Tier kommt mir nicht in den Sinn. Die Bewegungen vor meinem Zelt beunruhigen mich nicht weiter. Irgendwann schlafe ich wieder ein.

Wieder raschelt es. Ich habe das Gefühl, die Eichhörnchen sind jetzt ganz nahe. Ich höre aufmerksamer hin. Und tatsächlich: Deutlich höre ich, dass sie wiederholt die Außenhaut meines Zeltes streifen. Das geht mir zu weit. Ich möchte nicht, dass mein Zelt durch die Krallen der Hörnchen beschädigt wird. Beim nächsten Geräusch richte ich mich auf, öffne langsam den Reißverschluss meines Zeltes und stecke vorsichtig den Kopf ins Freie. Durch die in der Nähe stehenden Laternen ist es vor meinem Zelt relativ hell. Und schon sehe ich die Ruhestörer. Es sind gar keine Eichhörnchen. Klein, schwarzes Fell mit weißen Streifen, auffallend buschiger Schwanz: Hilfe, Skunks!

Diese Tiere kenne ich. Zwar bin ich ihnen bis jetzt nie direkt begegnet, aber in verschiedenen Zoos habe ich sie schon bewundert. Sie gefallen mir sehr gut. Aber das betrifft nur ihr Aussehen. Vor allem ihr buschiger Schwanz und die charakteristischen weißen Streifen auf dem sonst schwarzen Körper sind sehr hübsch. Auf ein direktes Aufeinandertreffen würde ich trotzdem gern verzichten. Nicht viel größer als eine Hauskatze, gehören Skunks zur Familie der Raubtiere. Von wenigen Arten abgesehen, ist der amerikanische Kontinent die Heimat dieser Tiere. Ihr deutscher Name »Stinktier« kommt nicht von ungefähr: Die Tiere haben sehr stark ausgebildete Analdrüsen und können damit ein streng riechendes Sekret bis zu 6 Meter weit verspritzen. Dieses Sekret ist nicht nur extrem übel riechend, sondern reizt auch die Schleimhäute. Vor dem Versprühen gibt der Skunk jedoch ein eindeutiges Zeichen, das man besser nicht übersieht: Er hebt den buschigen Schwanz steil in die Höhe. Dann heißt es Abstand halten.

Ich will keine Stinktiere in meiner Nähe. So laut ich kann, schreie ich die drei Störenfriede an. Keine besondere Reaktion. Nach einem kurzen Aufrichten schnüffeln sie weiter an meinem Zelt und meinem Fahrrad herum. Nun schlage ich mit den Händen mehrmals fest auf den Boden. Jetzt tut sich etwas. Die Tiere reagieren, aber leider nicht so, wie ich es mir erhofft habe. Alle drei heben ihren Schwanz in die Höhe. Das gefällt mir nicht. Ich weiß, was das bedeutet. Ich möchte diese Skunks aber unbedingt loswerden. Da habe ich eine Idee. Direkt vor den Zelteingang stehen meine Radschuhe. Ich nehme beide in die Hände und bereite mich vor. Die Skunks werden immer frecher. Trotz meiner Anwesenheit kommen sie bis auf einen Meter an mein Zelt heran. Eines der Exemplare ist nun direkt bei meinem Fahrrad. Jetzt reißt mir der Geduldsfaden. Blitzschnell springe ich auf. Einen Schuh schleudere ich in Richtung Skunk bei meinem Fahrrad, den anderen auf jenes Exemplar, das nur einen Meter vor mir herumschnüffelt. Gleichzeitig brülle ich wie wild …

Ein großer Fehler mit weitreichenden Folgen. Wie auf Kommando drehen sich alle drei Stinktiere um und halten mir ihr Hinterteil entgegen. Die Schwänze sind steil in die Höhe gerichtet. Noch bevor ich davonlaufen kann, beginnt das große Sprühen. Ein Strahl erwischt mich voll am Oberkörper. Ich kann gerade noch meinen Kopf auf die Seite drehen. Der zweite Strahl trifft den Bereich des Zelteinganges. Wohin der dritte Strahl gegangen ist, weiß ich nicht. Ich erschrecke fürchterlich. Sofort steigt mir ein derart unangenehmer Geruch in die Nase, dass ich husten muss. Wütend schreie ich in die Dunkelheit hinaus. Die drei Skunks berührt auch das nicht. Seelenruhig schleichen sie davon. In einer Duftwolke stehend, blicke ich den Tieren verdutzt nach. Diese Auseinandersetzung habe ich eindeutig verloren.

Es ist kurz nach Mitternacht. Ich bin ziemlich verzweifelt. Von vielen Erzählungen her weiß ich, dass der Geruch des Skunk-Sekrets nur schwer aus der Bekleidung zu entfernen ist. Jetzt in der Nacht trage ich zwar nicht viel am Körper, aber eine Menge anderer Bekleidungsstücke, die ich direkt beim Zelteingang platziert habe, ist ebenfalls betroffen. Mein erster klarer Gedanke gilt dem kleinen Waschsalon, der im Gebäude der Rezeption allen Campern zur Verfügung steht. Ich baue mein Zelt ab und packe alles zusammen. Kurze Zeit später laufen zwei Waschmaschinen, während ich nur mit einer Shorts bekleidet warte. Das Ergebnis des Waschgangs ist allerdings mehr als ernüchternd. Die Bekleidung ist zwar sauber, aber sie stinkt nach wie vor penetrant. Es folgt ein weiterer Versuch. Dieses Mal stelle ich die Temperatur auf Kochwäsche ein. Beim Ausräumen der Maschinen bemerke ich sofort, dass ich einen Fehler gemacht habe. Drei meiner speziellen Transtex-Untershirts sind durch die Hitze völlig zerstört. Das hätte ich natürlich wissen müssen. Der Geruch ist leider geblieben. Ich lege sämtliches übel riechendes Material ins Freie und warte schlecht gelaunt in der Laundry auf den Tagesanbruch und das Öffnen der Rezeption.

Die freundliche Pächterin weiß sofort, was passiert ist. Vermutlich bin ich nicht der einzige Gast, dem dieses Missgeschick wiederfahren ist. Hoffnungsvoll warte ich auf ihren Lösungsvorschlag. Aber sie hat leider keinen. Zumindest keinen, mit dem ich zufrieden bin. Sie erklärt mir, dass mehrere Waschvorgänge notwendig seien und die Bekleidung dazwischen jeweils mehrere Stunden im Freien trocknen und auslüften müsse. Meine Laune geht schlagartig weiter nach unten. Aber es bleibt mir nichts anderes übrig. Es folgt ein dritter Waschgang mit anschließendem zweistündigen Auslüften an frischer Luft. In der Zwischenzeit lege ich mich in einiger Entfernung ins Gras und warte. Als ich nach zwei Stunden alles zusammenpacke, erkenne ich zumindest einen ersten kleinen Erfolg. Aber weiterhin riecht man mich sicher schon von Weitem.

35 Meilen weiter südlich betrete ich trotz meines noch immer üblen Geruchs die Polizeistation von Independence. Mein Parfüm ist mir peinlich, aber es bleibt mir nichts anderes übrig, denn ich benötige eine wichtige Auskunft und muss zudem ein Fax in meine Heimat schicken. Schon als ich die Tür öffne, sehe ich, wie der Police Officer hinter der Glaswand seine Nase rümpft. »Skunk?«, fragt er in meine Richtung, und ich nicke. Mittleidig blickt er mich an. Der Officer steht hinter einer Glaswand mit einer kleinen Öffnung. Sofort klappt er diese zu und tritt zwei Schritte zurück. Ich erkläre kurz meine Situation. Mit einem Schmunzeln geht er in einen Nebenraum. Ich höre, wie er mit anderen Kollegen spricht. Augenblicke später stecken zwei weitere Officers ihre Köpfe aus dem Büro. Sie schauen mich mitleidig an. Vielleicht ist es aber auch ein wenig Schadenfreude. Einer hält sich sogar die Nase zu. Der Polizist, der mich empfangen hat, führt mich nun in ein kleines Büro mit spartanischer Einrichtung. Aus langjähriger beruflicher Erfahrung weiß ich natürlich, um welche Art Raum es sich hier handelt. Man hat mich in ein Vernehmungszimmer gebracht. Für ein normales Büro ist meine Ausdünstung vermutlich doch zu stark. Der Officer zeigt auf das Telefon und gibt mir zu verstehen, dass ich es benützen dürfe. Ein Fax könne ich aber leider nicht versenden. Anschließend verlässt er den Raum. Während ich wähle, höre ich die Polizisten in ihren Büros lachen. Ich bin sicher: Sie lachen über mich.

Mein erster Anruf gilt Simone, meiner Lebensgefährtin. Sie biegt sich vor Lachen, als ich ihr die Story von den Skunks erzähle. Am meisten lacht sie bei der Vorstellung, dass ich übel riechend im Büro einer Polizeistation sitze, während sich meine »Kollegen« über mich lustig machen. Simone gibt mir noch einige Tipps zur möglichen Geruchsentfernung. Nachdem ich meine Auskünfte erhalten habe und mich mindestens drei weitere Police Officers von oben bis unten gemustert haben, fahre ich weiter.

Zwei lange Tage und Nächte rieche ich nicht besonders gut. Erst nach dem sechsten oder siebten Waschgang und dem Einsatz eines speziellen Mittels sind die Düfte verschwunden. Die Blicke der Menschen, mit denen ich in diesen beiden Tagen zu tun hatte, werde ich nie vergessen. Und natürlich auch nicht die Begegnung mit den Stinktieren.

DIE AMISH PEOPLE UND IHR GESCHENK

Schon von Weitem sehe ich das große blaue Schild mit der Aufschrift »Welcome to Miami – You are on Route 66!« Ich bin in Miami, im Nordosten des *Sooner State* Oklahoma.

Ich mag Oklahoma mit seinen freundlichen Bewohnern. Schon einmal bin ich quer durch diesen Staat geradelt und habe dabei viel erlebt. Im Sommer 2006 hatte ich New York als Ausgangspunkt für eine USA-Durchquerung gewählt, um zwei Monate später in San Francisco über die berühmte Golden Gate Bridge zu radeln. Dabei fuhr ich auch durch Oklahoma. Dort folgte ich der *Route 66*, dem geschichtsträchtigen alten Highway, auf dem mir damals Dinge passiert sind, über die ich heute nur herzhaft lachen kann. In der Kleinstadt Miami treffe ich nun wieder auf diese berühmte Straße. Während ich direkt vor dem Schild ein Foto mit Selbstauslöser mache, spüre ich wieder das besondere Flair, das ich schon damals wahrgenommen habe.

Gleich neben der »66«-Tafel liegt ein kleiner Lebensmittelladen. Er kommt mir gerade recht. Ich benötige flüssigen Nachschub. Und zwar jene Sorte, die auf dem amerikanischen Kontinent mehr oder weniger schwarz, aber meist sehr dünnflüssig ist: Kaffee. Beim Einbiegen fällt mein Blick auf einen Mann und eine Frau. Beide haben ein ganz besonderes Fortbewegungsmittel bei sich: einen Tretroller. Der Mann trägt eine weite, schwarze Hose mit Hosenträgern, ein dickes Hemd und einen hellen Strohhut mit großer Krempe. Außerdem hat er einen auffällig langen, schneeweißen Bart. Die Frau ist mit einem langen blauen Rock bekleidet, über dem sie eine weiße Schürze trägt. Beide sind gerade dabei, einige Dinge in einen Korb zu geben. Da ich vor wenigen Tagen im Fernsehen einen Bericht über eine Glaubensgemeinschaft gesehen habe, deren Mitglieder neben Kutschen auch Tretroller verwenden, ahne ich, um wen es sich hier handelt: um Amish People.

Die Amish, die zur täuferisch-protestantischen Glaubensgemeinschaft gehören, haben ihre historischen Wurzeln in Mitteleuropa und sind heute in fast allen Staaten der USA anzutreffen. Sie führen ein einfaches Leben, in dem Familie und Zusammenhalt das höchste Gut sind. Moderne Technik wird grundsätzlich als nicht wichtig erachtet und nur in unbedingt notwendigem Ausmaß und nach genauer Überprüfung zugelassen. Amish People suchen ein Leben im Einklang mit der Natur, insbesondere nutzen sie alle Möglichkeiten, die sich aus der Landwirtschaft ergeben. Motorisierte Fahrzeuge sind zwar im Gegensatz zu früher nicht mehr gänzlich verboten, aber als Hauptfortbewegungsmittel gelten immer noch Pferdekutschen, Fahrräder und eben auch Tretroller. Innerhalb der Gemeinschaft gelten einige strenge Regeln, die außerhalb nicht immer auf Verständnis stoßen. So gibt es klar vorgegebene Geschlechterrollen, Bekleidungsvorschriften und Rangordnungen. Ich habe schon einige Berichte über Amish People gesehen und finde sie sehr interessant.

Mein Fahrrad stelle ich direkt neben der Eingangstür des Ladens ab. Aus einer der Gepäcktaschen nehme ich ein trockenes Unterhemd. Als ich meinen Oberkörper komplett frei mache und den Schweiß abtrockne, schaut mich die Frau mit großen Augen an. Dann stupst sie ihren Begleiter an und dreht sich verlegen zur Seite. Nachdem ich mein neues Shirt übergestreift habe, kommt er auf mich zu. Die Frau folgt ihm mit etwas Abstand. Beide begrüßen mich freundlich. Sie sprechen zwar Englisch, aber ich verstehe sie kaum. Sie begutachten mein voll bepacktes Fahrrad von allen Seiten. Augenscheinlich interessieren sie sich ganz besonders für die Gangschaltung mit den dreißig verschiedenen Abstufungen. Wir kommen ins Gespräch. Der Mann erkundigt sich, von wo in Oklahoma ich denn stammen würde. Als ich ihm erkläre, dass ich nicht aus den USA bin und welche Strecke ich bereits hinter mir habe, fällt ihm seine Kinnlade herunter.

Ich nehme kein Blatt vor den Mund und frage die beiden direkt, ob sie zu den Amish People gehören würden. Und tatsächlich ist es so. Sie stellen sich als Fanni und Adam vor. Ihr Englisch hat einen etwas eigenartigen Dialekt. Ich verstehe sie kaum und bitte beide darum, etwas langsamer zu sprechen. Während Adam und ich uns weiter über meine Reise unterhalten und dabei der eine den anderen nicht richtig versteht, schleicht Fanni ständig um mein Fahrrad herum. Vermutlich hat sie ein solches Modell noch nie gesehen. Fast liebevoll streicht sie mit ihren Händen über die roten, wasserdichten Taschen und beugt sich zu diesen hinunter. Ich beobachte sie aus den Augenwinkeln heraus und muss schmunzeln, als ihre Blicke zwischen meinen hochmodernen Packtaschen und ihrem alten Einkaufskorb hin- und herwechseln. Nach einiger Zeit zieht Fanni Adam am Hemd und deutet in Richtung Straße. Vermutlich müssen sie nun aufbrechen. Noch während ich denke, dass ich mich gern weiter mit den beiden unterhalten hätte, überrascht mich Adam mit der Frage, ob ich nicht mit ihnen mitkommen möchte. Und ob ich möchte!

Ohne weiter zu fragen, wohin es geht, folge ich den beiden. Wir sind ein sonderbares Team und müssen ein bemerkenswertes Bild abgeben. Voraus fährt – oder besser gesagt rollt – Adam. Mit einer Hand hält er seinen Strohhut fest, mit der anderen den Lenker seines Rollers. Hinter ihm folgt Fanni. Ihr Rock flattert im Wind, der Einkaufskorb hängt über der Lenkstange. Beide geben richtig Gas, indem sie ihre Tretroller mit kräftigen Beinschwüngen in Fahrt bringen. Und dahinter komme ich mit meiner Ausrüstung, wie von einem anderen Stern. Vornweg zwei Amish People mit klapprigen Tretrollern, dahinter ein Tiroler mit Karbonfahrrad. Wir nehmen den Highway und fahren in Richtung Westen, also genau entgegen meiner weiteren geplanten Strecke. Nach etwa 3 Meilen biegen wir auf einen Feldweg ein. Er ist nicht asphaltiert, auf dem sehr feinen Schotter lässt es sich aber trotzdem gut fahren. Als der Weg an einem Hügel steiler wird, steigen Fanni und Adam ab. Aus Solidarität mache ich es ihnen nach, obwohl ich schon sehr viel steilere Anstiege hinaufgetreten bin. Nach wie vor weiß ich nicht, wohin es geht. Ich frage auch nicht. Oben angekommen, zeigt Adam in die Ferne. Ich kann ein Dorf erkennen und erinnere mich sofort an eine ähnliche Situation auf dieser Reise. Vor zwei Wochen habe ich ebenfalls von einem Hügel auf ein Dorf geblickt. Damals war es ein Indianerdorf.

Wieder habe ich ein eigenartiges Gefühl, als ich mich dem Dorf nähere. Ich bin aufgeregt. Bei den Indianern wurde ich von vielen Kindern begrüßt, die lautstark schreiend um mich herumgelaufen sind. Jetzt bietet sich ein völlig anderes Bild. Die Menschen schauen eher skeptisch in meine Richtung. Niemand redet, einigen steht der Mund weit offen, sie staunen stumm. Ich bin der einzige Farbklecks in einer Menge von ausnahmslos in Weiß, Blau, Grau oder Schwarz gekleideten Dorfbewohnern. Wir bleiben genau in der Mitte eines großen Platzes stehen. Nach und nach kommen die Bewohner aus allen Richtungen auf uns zu. Alle halten jedoch Abstand; in einer Entfernung von etwa 5 Metern bildet sich mit der Zeit ein Kreis. Nach wie vor redet niemand, nur einige wenige Kinder kichern. Obwohl ich mittlerweile komplett von den Dorfbewohnern eingekreist bin, fühle ich mich nicht unwohl.

Adam winkt auch noch die restlichen Leute herbei. Er beginnt zu den Umstehenden zu sprechen. Dabei dreht er sich immer wieder in eine andere Richtung. Er redet derart schnell und mundartlich eingefärbt, dass ich kein einziges Wort mehr verstehe. Er zeigt immer wieder auf mein Fahrrad und dann wieder in die Ferne. Von Satz zu Satz entsteht mehr Bewegung in der Menge, und die Leute beginnen miteinander zu reden. Je länger Adam erzählt, desto mehr Diskussion entsteht. Einige der Bewohner verlassen nun den Platz, um kurze Zeit später mit Tischen und Stühlen und sogar verschiedenen Speisen wieder zurückzukommen. Innerhalb einer halben Stunde sieht es auf dem Dorfplatz aus wie bei einem Grillfest. Auffällig dabei ist, dass niemand laut redet, keine Kinder herumtoben. Alles macht einen ruhigen, geordneten Eindruck. Mein Fahrrad und ich befinden sich genau im Zentrum des Festes. Es ist mir bewusst, dass meine Gastgeber nun einige Geschichten über meine Reise hören möchten. Das können sie haben. Aber zuvor möchte ich mich jenen Dorfbewohnern anschließen, die bereits mit dem Essen begonnen haben.

Ich will mich gerade an einen der Tische setzen, da teilt Fanni mir mit, dass ich mich umkleiden müsse. Zuerst glaube ich, nicht richtig gehört zu haben. Aber dann folge ich ihr. Wir betreten ein Haus mit großer Scheune, ähnlich einem Bauernhof. Fanni führt mich in ein Zimmer und bringt mir Hose, Hemd und Strohhut. Während ich mich umziehe, stellt sie sich vor die Tür, lässt diese aber offen, um weiter mit mir reden zu können. Sie erzählt mir, dass meine bunte Bekleidung hier im Dorf zwar nicht verboten sei, aber die Bewohner sie als etwas respektlos empfinden würden. Ich habe kein Problem mit dem Kleiderwechsel, möchte von Fanni jedoch einiges über die Tradition der Amish-Bekleidung wissen. Fanni klärt mich auf. Die Hose, die sie mir gibt, ist schwarz, weit geschnitten und hat keinerlei Falten. Gürtel sind verboten, daher muss ich wie alle anderen Männer Hosenträger verwenden. Als Oberteil bekomme ich ein graues Hemd und eine Art Jackett mit Stehkragen. Knöpfe sind wie Gürtel verboten, dafür gibt es kleine Haken. Statt meines Radhelmes trage ich nun einen Strohhut. Schuhe bekomme ich keine. Ich schlüpfe daher wieder in meine modernen Radschuhe. Als Fanni mich sieht, muss sie lachen. Ich bin seit mehreren Tagen unrasiert und würde dies gern nachholen. Aber Fanni sagt mir, dass dies genau so passen würde. Nur junge, unverheiratete Männer im Dorf sind rasiert, von den älteren, verheirateten Männern wird verlangt, dass sie einen Bart tragen. Je älter, desto länger. Also bin ich nun schon fast ein richtiger Amish-Mann. Zumindest vom äußeren Erscheinungsbild her. Abgesehen von meinen Radschuhen.

Als ich mit Fanni zurückkehre, nicken die meisten Anwesenden anerkennend. In einigen Gesichtern kann ich jedoch auch ein Schmunzeln erkennen. Wir speisen ausgezeichnet. An meinem Tisch bemerke ich einen Mann, auf dessen Schoß eine junge Frau sitzt. Obwohl sie keinerlei Zärtlichkeiten austauschen, sieht es so aus, als ob sie ein Paar wären. Als ich mich umblicke, sehe ich noch weitere derartige Paare. Zwei davon sitzen auch in einer Art Schaukel. Adam bemerkt meine fragenden Blicke und klärt mich auf: Wenn sich innerhalb der Dorfgemeinschaft ein Mann und eine Frau zueinander hingezogen fühlen und heiraten wollen, lässt der Mann die Auserwählte in der Öffentlichkeit auf seinem Schoß sitzen. So zeigt man den anderen, dass man zusammengehört. Sex vor der Ehe ist verpönt. Man darf gemeinsam in einem Bett schlafen, muss dabei jedoch den Großteil seiner Bekleidung anbehalten. Ich schmunzle und frage mich insgeheim, ob sich wohl alle Verliebten immer an diese Gebote halten.

Nach dem Essen beginnen Fragen auf mich einzuprasseln. Es bildet sich abermals ein Kreis um mein Fahrrad, denn alle wollen so genau wie möglich wissen, was ich alles auf meiner Reise mitführe. Es wird gestaunt, als ich meine umfangreiche Erste-Hilfe-Ausrüstung und meine Notfallmedikamente präsentiere. Einen Triathlonaufsatz wie auf meinem Fahrrad hat vermutlich noch keiner der Amish People gesehen. Ich führe daher vor, welchen Zweck das eigenartige Ding am Lenkrad hat. Alle nicken zustimmend. Noch mehr Aufmerksamkeit erringe ich mit meinem Notsender. An ihm und den verschiedenen Funktionen können sie sich gar nicht satt sehen. Einige nehmen das Gerät in die Hand und begutachten es staunend von allen Seiten. Ich zeige ihnen noch mein großes Bärenspray und erzähle dann die Geschichte vom Schwarzbär vor meinem Zelt und wie ich diesen durch den Einsatz des Sprays vertrieben habe. Von meiner Angst und darüber, dass ich den Bären überhaupt nicht getroffen habe, erzähle ich aber nichts.

Plötzlich öffnet sich vor mir die Menschenmenge ein wenig, und ich erblicke einen kleinen Esel. Ich bin überrascht. Fanni lächelt und hält ihre ausgestreckte Hand in Richtung des Tieres. Sofort kommt der Esel auf Fanni zu. Sie streichelt liebevoll seinen Kopf, und das Tier stellt sich genau neben mein Fahrrad. Der Esel lässt den Kopf hängen, die Ohren sind steil aufgestellt. So als ob er nun ebenfalls meinen Erzählungen lauschen möchte. Während ich so einiges über meine Reise erzähle, bin ich mir nicht sicher, ob mich alle Anwesenden tatsächlich verstehen. Viele nicken zwar zustimmend, vielleicht aber auch nur aus Respekt. Der kleine Esel kommt mir nun näher. Er reibt seinen Kopf immer wieder an meinem Oberschenkel. Während ich rede, kraule ich ihn. Ich fühle mich wohl. Der Esel sich vermutlich auch.

Mit der Zeit werde ich müde. Es fällt mir immer schwerer, langsam und deutlich zu sprechen. Ich bin froh, als Adam und Fanni den Abend beenden und mich mit in ihr Haus nehmen. Dort sitzen wir zu dritt für eine kleine Weile zusammen, und ich erfahre noch einiges über die Dorfgemeinschaft. Bei der etwas eigenartigen Sprache handelt es sich um eine Vermischung von Englisch und Schwyzerdütsch (Schweizerdeutsch). Interessant finde ich auch, dass die Siedlungen der Amish People nicht an das öffentliche Elektrizitätsnetz angeschlossen sind, sondern dass sie Lampen mit Gas verwenden oder eigene Generatoren betreiben. Der Besitz von Autos ist nicht erlaubt, das Ausleihen für wichtige Fahrten jedoch schon. Wichtigstes Fortbewegungsmittel ist die überdachte, meist in schwarz gehaltene Pferdekutsche. Amish People sind sehr gläubig, Gottesdienste finden dennoch nicht wöchentlich statt, sondern meist vierzehntägig. Dafür jeweils über mehrere Stunden und in den schön geschmückten Häusern der Bewohner. Ich hätte gern noch mehr erfahren, aber irgendwann fallen mir die Augen zu. Ich darf mich in ein besonders feines Bett legen und schlafe, übermannt von den vielen neuen Eindrücken, bereits nach wenigen Minuten ein.

Ich habe ausgezeichnet geschlafen und möchte früh aufbrechen. Während ich mich vor dem Haus für meine Weiterfahrt bereit mache, gesellen sich immer mehr Menschen zu mir. Viele von ihnen erkenne ich vom gestrigen Abend wieder. Dann kommt auch noch Fanni hinzu, und sie ist nicht allein. Hinter ihr trottet der kleine Esel. Fanni winkt mich und die anderen zu sich her. Sie reicht mir die Leine des Esels. Ich verstehe zuerst nicht, was sie damit meint. Meine Freunde offensichtlich schon. Fragend blicke ich in Richtung Fanni. »It's for you«, sagt sie und deutet auf den Esel, »a present.« Mir verschlägt es die Sprache. Alle schauen zu mir. Es ist mucksmäuschenstill. Fanni deutet noch einmal auf das liebe Tier. Eine ganze Weile weiß ich nicht, wie ich mich verhalten soll. Ich werde immer verlegener. Dann bedanke ich mich bei Fanni und versuche, ihr so einfühlsam wie möglich zu erklären, warum ich das Geschenk nicht annehmen kann. Traurig lässt Fanni ihren Kopf hängen und einige der anderen Leute ebenfalls. Ich habe das Gefühl, sogar der Esel schaut ein wenig traurig drein. Dann kommt mir Adam zu Hilfe. Als er den enttäuschten Dorfbewohnern erklärt, warum ich das Tier nicht mitnehmen könne, nicken sie zustimmend. Und auch Fanni hebt wieder ihren Kopf und lächelt ein wenig. Ich mache ein Foto von meinem Geschenk und sage dabei, dass ich so immer an den kleinen Esel denken könne. Nun habe ich das Gefühl, dass alle zufrieden sind. Ich verabschiede mich, steige auf mein Fahrrad und strample auf der Schotterstraße zurück in Richtung Highway.

Noch einmal drehe ich mich um. Fast alle Dorfbewohner winken mir nach, einige halten Tücher in den Händen. Inmitten der Leute steht auch der kleine Esel. Während mich jeder Pedaltritt wieder näher an die Route 66 bringt, fühle ich mich seltsam traurig. Ich wäre gern noch ein paar Tage geblieben.

IM RADFAHRER-HIMMEL

Jeder Radreisende weiß: Es gibt einen »Radfahrerhimmel« und eine »Radfahrerhölle«. Der Großteil von ihnen besucht beides mehr als einmal, fühlt sich aber zu Ersterem deutlich stärker hingezogen. Auch ich hatte schon mehrfach das Glück, in dieser ganz besonderen Art von Himmel radeln zu dürfen. Leider war aber auch das Gegenteil der Fall. Es ist noch gar nicht so lange her, dass ich in der Radfahrerhölle geschmort habe. Da quälte ich mich im nordwestlichen Montana durch einen besonders harten und frustrierenden Tag.

Als ich heute in einem Motel in Miami an der Route 66 erwache, geht es mir ausgezeichnet. Ich bin gut gelaunt und freue mich auf den kommenden Tag, unterwegs nach Missouri, meinem bereits sechsten Bundesstaat der USA auf dieser Reise. Die ersten Schritte am Morgen führen mich immer nach draußen, um drei Dinge abzuklären: erstens die Luftfeuchtigkeit, zweitens die Temperatur und drittens Windstärke und -richtung. Dabei ist mir schon fast alles untergekommen, von 40 °C um 7 Uhr in der Früh mit völliger Windstille bis hin zu strömendem Regen mit Wind aus allen Richtungen. Heute habe ich Glück. Als ich um 7:30 Uhr ins Freie trete, knallt mir bereits die Sonne auf den Bauch.

Eine halbe Stunde später ist alles gepackt, und ich schiebe mein Fahrrad zur Rezeption. In diesem Motel wird ein Frühstück angeboten. Mit dem Frühstück in den Mittelklassehotels in Kanada und

Nordamerika ist es so eine Sache. Nur selten gibt es mehr als dünnen Kaffee, Donuts oder schwammiges Toastbrot, Butter und etwas Marmelade. Meine Erwartung hält sich daher in Grenzen, als ich den kleinen Raum neben der Rezeption betrete. Aber ich werde eines Besseren belehrt: Das Buffet, vor dem ich nun stehe, erstreckt sich über mehrere Tische und bietet viel Auswahl. Ich starte meinen Tag also mit Sonnenschein im Gemüt und Ham and Eggs im Magen. Zudem schmeckt der Kaffee auch tatsächlich nach Kaffee. Ich sitze noch nicht einmal auf meinem Fahrrad, bin aber bereits deutlich in die richtige Richtung unterwegs: aufwärts zum Radfahrerhimmel ...

Schon die ersten Kilometer im Sattel sind das reine Vergnügen. Es ist warm, ich radle in kurzer Hose und kurzem Shirt. Das Beste: Der Wind kommt von links hinten. Schon leichter Rückenwind bedeutet beim Radfahren eine deutliche Kraftersparnis. Heute bläst er besonders stark, als ob mich ständig jemand schieben würde. Wenige Kilometer weiter ändert sich die Straßenführung. Auf der Karte checke ich den weiteren Verlauf. Hinein in den Ort Noel geht es nach einer leichten, langgezogenen Rechtskurve und dann auf den folgenden Meilen nur noch geradeaus. Also noch besseren Wind von hinten – wie Weihnachten und Ostern zusammen. Ich habe auch schon das genaue Gegenteil davon erlebt: Als ich auf meiner ersten Radreise durch die Mojave-Wüste in Nevada fuhr, blies mir der Wind derart stark ins Gesicht, dass ich schlussendlich nur noch im Stehen fahren konnte. Heute dagegen nutze ich meine Triathlon-Armauflagen, schalte auf die größte Übersetzung und gebe so richtig Gas.

»Welcome to Arkansas – The natural state« begrüßt mich bei strahlendem Sonnenschein das Schild neben der Straße. Wieder einen Staat weiter im Süden. »Natural state« heißt so viel wie »Der Staat, der sich noch im ursprünglichen Zustand befindet«. Ich blicke derart lange auf den Willkommensgruß, dass ich fast ein Auto übersehe, das unmittelbar vor mir auf meinem Seitenstreifen hält. Aber wieder einmal ist mir mein Schutzengel gnädig und ich kann noch rechtzeitig reagieren. Eine ältere Frau steigt gerade aus. Sie bedeutet mir anzuhalten und spricht mich sofort an. »I have something for you, please wait a moment.« Sie geht zum Kofferraum, holt eine Art Kiste heraus und stellt mir diese vor die Füße. Es ist eine Plastikbox mit großen Wasserflaschen. Ich zähle zwölf Flaschen mit jeweils 1½ Litern Mineralwasser. Die Frau lächelt mich an. »It's hot, you must drink«, strahlt sie und reicht mir eine der Flaschen. »That's all for you«. Ich greife nach der Flasche. Ansonsten bin einen Moment sprachlos.

Natürlich ist es mir nicht möglich, zwölf Wasserflaschen mitzunehmen. Abgesehen von der Schwierigkeit, alle Flaschen am Rad sicher unterzubringen, würde dies 18 Kilogramm zusätzliches Gewicht bedeuten. Die Frau meint es gut mit mir, aber vermutlich hat sie selbst noch nie eine längere Radtour unternommen. Ich nutze den Stopp, um mein Flüssigkeitsdefizit auszugleichen und meine Wasservorräte aufzufüllen. Zwei der großen Flaschen befestige ich dann doch hinten am Gepäckträger. Wir unterhalten uns noch ein wenig, und aus dem ungeplanten Kurzstopp wird eine volle Stunde. Meine gute Fee »zwingt« mich auch zum Verzehr einer Tafel Schokolade. Eine weitere steckt sie mir noch als Notration in die Trikottasche. Radfahrer brauchen Schokolade, meint sie. Mit aufgefülltem Wasservorrat und einer Schokolade im Bauch radle ich zufrieden weiter. Und wieder schiebt der Wind von hinten.

Etwa 40 Kilometer sind es bis zur kleinen Stadt Siloam Springs. Ohne jegliche Anstrengung ziehen sie an mir vorbei, denn auch der Straßenbelag ist vom Feinsten. Er könnte zum Radfahren nicht besser sein. Ich habe schon nahezu jede Art von Fahrbahn erlebt und teile den Straßen immer eine Zahl zwischen eins und zehn zu. Diese Bewertung bezieht sich nicht auf den Streckenverlauf, sondern nur auf den Zustand des Belages. »Eins« bedeutet dabei die schlechteste Bewertung, eine »Zehn« die Höchstnote. Die Eins ist gleichzusetzen mit Schieben. Da geht es nur durch knöcheltiefen Matsch, es liegt Schnee, oder die vielen tiefen Löcher lassen ein Fahren nicht zu. Zehn hingegen bedeutet Radeln vom Feinsten. Glatter Asphalt ohne jegliche Löcher, keine nervigen Querrillen und keinerlei Müll, dem man ausweichen muss. Jetzt gerade radle ich auf einer solchen Zehn. Die Reifen unter mir surren, als freuten sie sich ebenso wie ich. Wind von hinten, das super Wetter und ein Straßenbelag der Kategorie Zehn – das Tor zum Radfahrerhimmel öffnet sich.

In Siloam Springs verspüre ich plötzlich unbändige Lust auf Eis. Mein Eiskonsum in den letzten zwei Wochen hat sich sehr in Grenzen gehalten. Ich erkundige mich nach einem Eissalon oder etwas Ähnlichem. Schon kurze Zeit später sitze ich vor dem Lokal unter einem Sonnenschirm. Vor mir steht ein Becher in XXL: acht Kugeln Fruchteis, eine große Portion Schlagsahne, Erdbeerstücke und Zuckerstreusel. Neben mir sitzt ein älteres Paar, davor eine Frau mit zwei kleinen Kindern. Die beiden älteren Leute wollen gleich wissen, was es mit mir auf sich hat. Während ich eine Kugel Eis nach der anderen genieße, muss ich ständig Fragen beantworten. Ich bemerke, wie auch die Frau mit den beiden Kindern immer wieder zu mir herüberschaut und aufmerksam lauscht. Fragen stellt sie mir jedoch keine. Ich löffle meinen süßen Traum bis auf den letzten kleinen Zuckerstreusel aus. Dann gehe ich zu den Waschräumen in das Lokal. Als ich anschließend bezahlen will, winkt die Kellnerin ab. Dies sei schon geschehen. Ich denke sofort an die beiden älteren Leute, aber dem ist nicht so. Bezahlt hat die Frau mit den beiden Kindern. Ich bin ein wenig verblüfft – sie hat ja kein einziges Wort mit mir gewechselt. Bedanken kann ich mich leider nicht, denn sie und auch das ältere Paar sind bereits gegangen. Die Kellnerin richtet mir noch einen Gruß aus und wünscht mir Glück und eine gute Reise. Mit viel Zucker im Körper und einem Lächeln im Gesicht verlasse ich zufrieden das Lokal. Einmal mehr hat mir jemand Fremdes etwas Gutes getan, ohne mich zu kennen oder ein einziges Wort mit mir gesprochen zu haben. Meine Laune ist auf dem Höhepunkt.

Bis zu meinem heutigen Ziel sind es noch 25 Meilen. In Fayetteville werde ich mir einen Campground suchen und mein Zelt aufbauen. Gut gelaunt steige ich vor dem Eissalon auf das Fahrrad und bin mit mir im Reinen. In Gedanken danke ich »dem da oben«, dass er mir ein solches Geschenk macht und bisher auch so gut auf mich geachtet hat. Ich gehöre nicht zu den Menschen, die regelmäßig in die Kirche gehen. Aber ich glaube daran, dass es jemanden gibt »da oben«. Ich nenne diesen Jemand auch Gott. Und er hat mir auch schon oft sehr geholfen. Ich bin sicher, dass ich es ihm zu verdanken habe, meinen Zusammenbruch 2012 in Yukons Wildnis überlebt zu haben. Und wenn ich dann solche Augenblicke erlebe wie gerade jetzt, dann sage ich ihm auch gern einmal Danke.

Während ich mich Fayetteville nähere, winken mir viele der Menschen zu, an denen ich vorbeiradle. Ich mag Amerika und seine Bewohner. Natürlich gibt es auch in den USA Ausnahmen, aber meine Erfahrungen waren bisher fast ausnahmslos positiv. Ich winke freundlich zurück. Beim Hineinfahren in einen kleinen Ort sehe ich vor mir eine größere Gruppe mit mehreren Kindern und zwei Erwachsenen. Aus einiger Entfernung winke ich der Gruppe zu, und die Kinder winken zurück. Und schon tritt eine Frau vom Gehsteig auf die Straße und stellt sich mir in den Weg. »Are you hungry?«, fragt sie und hält einen Arm quer zur Fahrbahn, so wie ich es in meiner Zeit als Polizist oft getan habe. In meinem Bauch befindet sich noch eine Riesenportion Eis, und daher habe ich keinen großen Appetit. Aber noch bevor ich ablehnen kann, lädt sie mich in ihr Haus ein. Dabei deutet sie auf das Gebäude, vor dem wir uns gerade befinden. Ich habe das deutliche Gefühl, dass die freundliche Dame eine Ablehnung unter keinen Umständen akzeptieren würde. Nur wenige Augenblicke später sitze ich in der Küche. Während die Kinder im angrenzenden Wohnzimmer spielen, deckt meine Gastgeberin in kürzester Zeit den Tisch. Mein mehrmaliges Angebot, ihr zu helfen, lehnt sie stets ab. Stattdessen fragt sie mir Löcher in den Bauch und möchte alles Mögliche über meinen bisherigen Reiseverlauf wissen.

Obwohl ich keinen besonderen Hunger habe, schmecken mir das Steak und ein Salat vorzüglich. Bei der Nachspeise bleibt mir aber nichts anderes übrig, als abzulehnen. Ich bin voll bis obenhin. Die gesamte Familie begleitet mich nach dem Essen ins Freie. Ohne dass ich etwas sage, nimmt meine Gastgeberin noch die beiden Wasserflaschen aus ihren Halterungen und steckt sie kurz darauf gefüllt wieder zurück. Alle Familienmitglieder umarmen mich herzlich. Dann geht es weiter.

Fayetteville liegt im Washington County von Arkansas und hat etwa 75.000 Einwohner. Das Besondere an dieser Stadt: Überall ist es grün. Es gibt viele Parks, und zwischen den Häusern stehen Baumgruppen. Immer wieder komme ich an kleineren Wiesen vorbei und an liebevoll gestalteten Blumenbeeten vor gepflegten Gebäuden. In den letzten Wochen bin ich oft durch eher trostlos aussehende Dörfer und Städte geradelt. Heute passt sogar das Stadtbild zu meiner Laune. Es duftet nach frischem Gras und Blumen. Eine wirklich coole Begrüßung.

Und abermals ist das Glück auf meiner Seite: Noch während ich an Kaffee denke, sehe ich ein mir vertrautes, großes rundes Schild. Immer wenn ich in die Nähe dieses Logos komme, habe ich das Gefühl, mein Fahrrad lenkt automatisch in Richtung Eingang. Die vielen Kaffeevariationen, die in den kleinen, meist identisch eingerichteten Lokalen angeboten werden, schmecken vorzüglich. Der Nachteil: Sie haben leider auch ihren Preis.

Nach einem doppelten Macchiato mit speziellem Amaretto-Geschmack und einer Portion Sahne bleibt mir nur noch ein Wunsch für den Tag: ein schöner Campingplatz. Oft muss ich stundenlang danach Ausschau halten. Heute bleibt mir dies erspart, denn die Kellnerin hat mir einen Tipp gegeben. Jetzt steht mein Zelt auf einer kleinen Wiese, direkt vor einer Kirche. Der Pastor, ein Freund der Kellnerin, hat mir sofort erlaubt, meine Nacht unter dem Schutz der Kirche zu verbringen.

Ab und zu liege ich nach einem besonders anstrengenden Tag in meinem Zelt und zweifle daran, ob ich das Richtige tue. Weit weg von zu Hause spüre ich dann manchmal starkes Heimweh. Dabei kommen mir hin und wieder sogar die Tränen. Aber die Abende, an denen ich im selben Zelt liegend Freudentränen in meinen Augen spüre, zählen mehr. Ich kann nicht annähernd beschreiben, wie wohl ich mich dann fühle. Heute ist so ein Abend.

GREYHOUND: OHNE KARTON LÄUFT GAR NICHTS

»Your bike must be in a box.« Kein anderer Satz hat bei mir auf dieser Reise mehr negative Reaktionen ausgelöst. Frust, Ärger und Wut, aber auch Angst waren mehrfach die Folge dieser sieben Wörter. Diese sieben Worte brachten mich tatsächlich an den Rand der Verzweiflung.

Ich sitze in einem Fast-Food-Restaurant in Fayetteville, nördlich des *Ozark National Forest* in Arkansas. Während ich genüsslich an meinem morgendlichen Lieblingsgetränk schlürfe, denke ich darüber nach, ob und wie ich die Strecke bis Florida noch in der geplanten Zeit bewältigen kann. Schon in der vergangenen Nacht habe ich über Möglichkeiten gegrübelt, die eine oder andere Abkürzung zu nehmen. Die unvorhergesehene Pause in Hastings hat mich ein wenig aus dem Tritt gebracht. Um meinen Zeitplan einhalten zu können, bin ich gezwungen, längere Tagesetappen zu fahren und auch einen oder sogar zwei Pausentage einzusparen. Und das möchte ich eigentlich nicht. Während ich so nachdenke und nach einer Lösung suche, fällt mein Blick auf ein Motiv, das an der Hauswand des gegenüberliegenden Gebäudes prangt: ein schlanker, laufender Windhund in silberner Farbe – das Logo des Reisebusunternehmens »Greyhound«.

Die »Greyhound Lines« sind das größte Unternehmen für Fernbusreisen in den USA. In Nordamerika werden mit etwa 1.200 Bussen mehr als 3.000 Ziele angefahren. Auf meinen bisherigen Radreisen hatte ich schon mehrfach mit dem springenden Windhund zu tun. Da man Paketsendungen aus dem Ausland an Greyhound-Stationen schicken und dort sogar mehrere Wochen lagern lassen kann, waren die dortigen Büros häufig meine Anlaufstelle. Ich hole mir dort auch gern Auskünfte über den Straßenzustand meiner nächsten Etappen. Leider habe ich dabei nicht nur gute Erfahrungen mit den Angestellten dieses Unternehmens gemacht. Obwohl es sehr positive Ausnahmen gab, war die Mehrzahl eher unfreundlich und nicht gerade kompetent. Was mich am meisten störte, war das kompromisslose Pochen auf firmeninterne Richtlinien. Oft waren die Mitarbeiter derart kleinlich, dass es mir vor Wut die Tränen in die Augen trieb. Ich kann nicht erklären, warum, aber das Unternehmen war mir von Anfang an nicht besonders sympathisch. Vielleicht habe ich selbst meinen Teil dazu beigetragen. Vielleicht habe ich zu oft geglaubt, dass ich eine Sonderstellung einnehme, nur weil ich einige Tausend Kilometer mit dem Fahrrad fahre. Trotzdem treffe ich jetzt eine Entscheidung: Ich werde mich in Fayetteville in einen dieser silbernen Busse setzen und ein Stück weiter in Richtung Süden fahren. Ich werde versuchen, drei meiner verlorenen Tage aufzuholen.

Beim Betreten des Warteraumes der Greyhound-Station Fayetteville erwartet mich eine positive Überraschung: Der Angestellte hinter dem Tresen begrüßt mich nicht nur mit einem besonders freundlichen Lächeln, sondern lässt gleich alles stehen und liegen und wendet sich sofort mir zu. »I'm Paul, how can I help you?« Es tut richtig gut, so freundlich begrüßt zu werden. Ich lege meine Straßenkarten auf das Pult und erkläre vorerst einmal, wer ich bin und was ich tue. Paul staunt nicht schlecht, dass ich per Fahrrad vom Yukon bis nach Fayetteville gekommen bin. Er ist mir nun behilflich, eine Station im mittleren oder südöstlichen Arkansas zu finden. Bis dorthin würde ich gern mit dem Bus fahren. Leider ist dies viel komplizierter als gedacht. Da ich einerseits so bald wie möglich losfahren, andererseits aber möglichst nicht umsteigen möchte, bleiben nur wenige Möglichkeiten übrig. Und auch diese Lösungen erweisen sich als unbrauchbar. Entweder ist der Bus bereits ausgebucht, oder das Ziel befindet sich nicht genügend weit im Süden. Ich muss zugeben, dass Paul sich redlich bemüht. Er tippt verschiedene Möglichkeiten in seinen Computer ein, telefoniert dazwischen immer wieder und spricht mir sogar Mut zu. Schließlich hat er eine Lösung für mich: In zwei Stunden würde ein Bus eintreffen, mit dem ich zumindest bis nach Little Rock fahren könne. Das würde mir zwei Tage auf dem Fahrrad ersparen und somit ein wenig der verlorenen Zeit zurückbringen. Der Nachteil: Nach Little Rock ginge es nicht auf direktem Weg, sondern nur über eine Zwischenstation, an der alle Reisenden umsteigen müssten. Ich entscheide mich für diesen Weg, und Paul gibt mir sogar noch Rabatt, obwohl mir gar keiner zusteht. Ich bin zufrieden.

Vor dem Aufenthaltsraum bereite ich alles für die Busfahrt vor. Ich baue sämtliche Radtaschen ab, ziehe mir etwas Frisches an und nehme alle Wertsachen an mich. Dann bedeutet mir Paul, noch einmal zu ihm zu kommen. »But you know, the bike must be in a box«, erklärt er mir und deutet auf ein Hinweisschild, auf dem die Arten des Gepäcktransportes im Bus aufgezeichnet sind. Als ich Paul erkläre, dass ich über keine solche Box verfüge, verschwindet er in einem Lagerraum. Kurze Zeit später kommt er zurück und schiebt einen Radkarton vor meine Beine. Und zwar einen offiziellen Greyhound-Radkarton mit Beschriftung und Styroporpolstern. Das Ganze hat jedoch einen gravierenden Haken: Die Box ist für normale Fahrräder gedacht und nicht für Tourenbikes von abenteuersüchtigen Radreisenden. Wie soll mein Arbeitsgerät mit Gepäckträgern, Seitenständern und sonstigen Zusatzbefestigungen in die kleine Box passen? Und eine komplette Demontage wäre viel zu kompliziert und zeitaufwendig. Das sieht Paul ein und verspricht, mit dem Fahrer des Busses zu reden. Man müsse eben versuchen, mein Fahrrad zum restlichen Gepäck in den unteren Laderaum des Busses zu legen. Sein Gesichtsausdruck lässt jedoch nichts Gutes erahnen.

Zwei Stunden später biegt der Bus mit der charakteristischen silbernen Lackierung in die Haltestelle ein. Als der Busfahrer aussteigt, spreche ich ihn sofort an. Ich möchte ihm mein Problem schildern. Die Betonung liegt auf »möchte«, denn bereits nach meinen ersten Worten und einem Deuten in Richtung meines Rades fällt der Satz: »Your bike must be in a box.« Dann beachtet er mich nicht weiter, sondern hetzt hinein in den Warteraum und zu Paul. Offensichtlich ist er in Eile. Und ich bin in Rage. Er hätte mich zumindest ausreden lassen können. Ich folge ihm und stelle mich demonstrativ zwischen Paul und den Fahrer. Der sieht mir an, wie wütend ich bin und nimmt sich nun persönlich der Sache an. Offensichtlich kennt er den Fahrer, denn dieser folgt seinen Ausführungen mit freundlichem Blick und hat schlussendlich sogar ein Lächeln im Gesicht. Er nickt. Paul schaut mich an und nickt ebenfalls. Mir fällt ein Stein vom Herzen. Nur wenig später liegt mein Fahrrad hinter einer der Ladeklappen des Busses. Um seine besonders sensiblen Teile zu schützen, polstere ich es mit Packtaschen und Bekleidung von allen anderen Gepäckstücken ab.

Der Bus verlässt Fayetteville am späten Nachmittag mit Ziel Texarkana, im nordöstlichsten Zipfel des Bundesstaates Texas. Dort heißt es dann mehrere Stunden warten, um anschließend in einen anderen Bus in Richtung Little Rock umzusteigen. Nun habe ich vorerst einmal 600 Kilometer Busfahrt vor mir. Ich bin zwar froh, überhaupt eine Fahrgelegenheit erhalten zu haben und mein Fahrrad im Laderaum zu wissen, aber richtig zufrieden bin ich mit dem Umweg nicht.

Nach neun Stunden in einem bis auf den letzten Platz besetzten Bus rolle ich gegen Mitternacht in Texarkana ein. Diese Stadt, die ich eigentlich gar nicht besuchen wollte, zeigt sich von einer unschönen Seite. Riesige, graue Häuserblocks, dazwischen sehe ich nur Straßen mit teils unzähligen Kreuzungen. Ich entdecke keinerlei größere Grünflächen. Alles wirkt wie ausgestorben. Kein Verkehr, überall blinken Verkehrsampeln vor sich hin. Der Bus fährt in eine große

Tiefgarage, ebenso grau und trostlos wie die anderen Gebäude. »Greyhound Mainstation Texarkana« lese ich, nachdem wir angehalten haben. Lieblos laden einige mit gelben Warnwesten bekleidete Männer das Gepäck aus. Dabei gehen sie nicht gerade zimperlich mit den Gegenständen um. Noch bevor jemand nach meinem Fahrrad greifen kann, gehe ich dazwischen. Darum kümmere ich mich lieber selbst.

Der abweisend wirkende Warteraum ist völlig überfüllt. Alle Bänke sind besetzt, viele Menschen sitzen auf dem Boden, einige schlafen. Die Luft ist stickig und es riecht nach Schweiß. Ein Wachmann mit massiger Figur steht mit ausdruckslosem Blick und müde wirkend in einer Ecke. Hinter dem Schalter, in der dunkelsten Ecke des Warteraumes, tippt ein älterer Mann auf der Tastatur seines Laptops herum. Mit einem flauen Gefühl im Magen warte ich hinter der Linie, die auf dem Boden eingezeichnet ist. Ich kann mir schon denken, was nun wieder kommen wird. Als ich an der Reihe bin, trete ich bis zum Tresen des Schalters vor. »Can I help you?« Dabei blickt der Mann nicht einmal von seinem Laptop auf. Seine Frage wirkt lieblos und genervt. Ich bin sicher, er weiß nicht einmal, ob eine Frau oder ein Mann vor ihm steht. Trotzdem bemühe ich mich, freundlich zu sein, und antworte, dass ich tatsächlich seine Hilfe benötigen würde. Ich sei Radfahrer und würde gerade aus Whitehorse im Yukon kommen. Jetzt erst sieht mich der Mann an, und ich kann an seiner Brust ein Namensschild erkennen. »Mr. Tinkerbell« steht auf dem ausgebleichten Stoffschild. Ich muss schmunzeln. Tinkerbell ist der Name eines Hundes aus einer Fernsehserie. Aber als ich die Antwort auf die Frage nach dem Fahrradtransport bekomme, vergeht mir mein Schmunzeln sofort wieder: »No transportation without a box.«

Obwohl ich diesen Satz bereits erwartet habe, ärgere ich mich. Aber ich bemühe mich, ruhig und freundlich zu bleiben. Ich erzähle ihm, wie weit ich schon mit meinem Fahrrad gefahren bin. Obwohl ich mich redlich bemühe, bleibt er stur. »No box – no transportation!« Jetzt wird meine Stimme etwas lauter. Aber als ich dabei erwähne, dass mein Fahrrad bei der vorherigen Fahrt ja auch ohne Box im Laderaum des Busses gelegen hätte, beginnt der Mitarbeiter zu schreien. Er hält mir einen Vortrag darüber, welche Vorschriften bei Greyhound gelten würden. Ich verstehe nur die Hälfte, da der Mann vor lauter Ärger die meisten Wörter verschluckt. Nun kommt auch noch der Wachmann hinzu. Offensichtlich hat er uns schon länger beobachtet. Ohne ein Wort zu sagen, deutet er auf ein großes Hinweisschild oberhalb des Schalters. Verschiedene Symbole zeigen, welche Gegenstände im Bus wie transportiert werden müssen. Unter dem Fahrradsymbol steht das Wort »only« – daneben ist eine große Box aufgezeichnet. Verzweifelt versuche ich nun, den Wachmann auf meine Seite zu bringen. Dies gelingt mir natürlich nicht. Jeder, der in den USA eine Uniform trägt, ist mehr als gesetzestreu. Wie oft habe ich von Uniformträgern gehört: »It's the law«, also in etwa: »So sind die Vorschriften.« Ein Abweichen davon war nur in den seltensten Fällen möglich.

Der Wachmann beruhigt nun den Greyhound-Mitarbeiter, macht mir aber klar, dass es für mich keine Ausnahme geben wird. Widerwillig bezahle ich mein Ticket. Einmal für mich, einmal für mein Fahrrad in einer Box. Nur: Diese Box habe ich nicht.

Nun heißt es vier Stunden warten. Der nächste Bus fährt erst im Morgengrauen. Obwohl ich müde bin, kann ich nicht ruhig sitzen. Ich wechsle ständig zwischen dem Warteraum und der Haltestelle außen hin und her. In meinem Kopf dreht sich ein Gedankenkarussell. So wie fast immer, wenn ich mich in einer scheinbar ausweglosen Situation befinde. Eines ist klar: Weder der Mitarbeiter noch der Wachmann werden für mich eine Ausnahme machen. Je öfter ich zurück in den stinkenden Warteraum komme, desto schlechter wird meine Laune. Ich sehe nur noch eine Möglichkeit: So wie in Fayetteville, muss ich es beim Busfahrer selbst versuchen. Wenn er mir seinen Segen gibt, dann kann ich mein Fahrrad in einem unbeobachteten Augenblick in den Laderaum legen.

Die letzte halbe Stunde bis zum Eintreffen des Busses kommt mir wie eine Ewigkeit vor. Ich halte mich während dieser Zeit nur im

Freien auf, und zwar genau dort, wo der Fahrer vermutlich aus dem Bus steigen wird. Ich möchte mit ihm sprechen, bevor er in den Warteraum zu seinem unfreundlichen Kollegen mit dem Hundenamen geht. Als der Bus mit dem Logo des Windhundes um die Ecke biegt, schnellt mein Puls in die Höhe. Noch bevor die automatische Tür vollständig offen ist, setze ich einen Fuß auf die Treppe. Ich möchte unbedingt zum Fahrer hinein und mit ihm reden. Plötzlich spüre ich eine Hand auf meiner Schulter. Hinter mir steht der Wachmann und hält mich zurück. Während ich den Wachmann noch fragend anschaue, huscht der Fahrer an mir vorbei. Ungläubig starre ich ihm nach. Diese Chance ist vertan. Nun ist guter Rat teuer.

Aus einer kleinen Garage neben der Haltestation kommen einige junge Männer heraus. Sie öffnen die Luken beidseits des Laderaumes. Mir fällt auf, dass auf der Seite, die der Station abgewandt ist, nur wenig Gepäck im Stauraum liegt. Hingegen ist die andere Seite komplett mit Taschen, Säcken und Boxen ausgefüllt. Alle Helfer und die Reisenden befinden sich auf dieser Seite, um dort das Gepäck auszuladen. Jetzt wittere ich eine neue Chance. Ich schiebe mein Fahrrad am Ladepersonal vorbei. Niemand bemerkt mich, da ziemliche Hektik herrscht. Alle laufen durcheinander, die Reisenden suchen nach ihren Taschen. Ich nehme mein Fahrrad, lege es quer und schiebe es so rasch wie möglich in den Laderaum. Die Radtaschen schiebe ich hinterher. Dann schließe ich die Luke, hinter der nun unerlaubterweise mein Fahrrad liegt. Die anderen Luken bleiben offen. Niemand hat mich gesehen. Das glaube ich zumindest.

Gemeinsam mit den anderen Passagieren steige ich in den Bus. Der Fahrer kontrolliert mein Ticket und winkt mich weiter. Kein Wort wegen meines Fahrrades. Ich setze mich in die letzte Reihe und verhalte mich so unauffällig wie möglich. Das Einsteigen dauert. Alles wirkt weiterhin sehr hektisch. Bis alle auf ihren Plätzen sitzen, vergeht annähernd eine halbe Stunde. Während dieser Zeit blicke ich immer wieder unruhig nach draußen, wo der Wachmann steht und das hektische Treiben aufmerksam beobachtet. Endlich höre ich das zischende

Schließen der automatischen Bustüren. Ich atme auf. Der Fahrer setzt sich und startet den Motor. Ich habe es geschafft!

Doch plötzlich vernehme ich das Zischen erneut. Die Bustür öffnet sich noch einmal und herein kommt der Mann mit dem Hundenamen. Mir rutscht das Herz in die Hose. Mr. Tinkerbell blickt suchend über die Sitzreihen. Als er mich erblickt, wechselt seine Gesichtsfarbe in Richtung rötlich. »Where do you have your bike?« ist seine Frage, als er sich vor mir aufbaut. Ich antworte nicht. Mir hat es die Sprache verschlagen. Als er abermals nach meinem Fahrrad fragt, deute ich wortlos Richtung Laderaum. Augenblicklich wird der Greyhound-Mitarbeiter noch röter im Gesicht. »Give me your ticket!«, faucht er mich an. Gleichzeitig bedeutet er mir, ihm zu folgen. Es ist mucksmäuschenstill. Jeder starrt mich an. Kleinlaut verlasse ich den Bus.

Zwei der Ladehelfer öffnen alle Luken und kontrollieren den Laderaum. Als einer der beiden mein Fahrrad entdeckt, gibt er Tinkerbell ein Zeichen. Dieser weist mich an, das Fahrrad auszuladen. Völlig frustriert, aber ohne jeglichen Kommentar, ziehe ich mein Arbeitsgerät hinter dem Gepäck hervor. Der hinzugekommene Wachmann schüttelt den Kopf. »No box – no transportation« höre ich einmal mehr. Ich hasse diesen Satz. Dann folgt eine lautstarke Belehrung durch Mr. Tinkerbell. Noch während der Belehrung fährt der Bus ab. Aus den Augenwinkeln heraus sehe ich, wie er auf den Highway einbiegt und in Richtung meines geplanten Zieles davonfährt. Ohne mich und ohne mein Fahrrad.

Es ist 5 Uhr am Morgen. Ich stehe vor einer leeren Greyhound-Wartehalle in Texas. Der Bus ist weg und mit ihm auch meine letzte Hoffnung, doch noch irgendwie weiter Richtung Süden zu kommen. Eigentlich wollte ich Zeit aufholen. Jetzt aber bin ich fast 500 Meilen von meiner geplanten Reiseroute entfernt; ohne Aussicht, in absehbarer Zeit wieder dorthin zu kommen. Frustriert setze ich mich auf den Boden vor der Halle und lehne mich an die schmutzige Wand. Ich bin verzweifelt. Und erstmals auf dieser Reise beginne ich leise zu weinen.

22

23

22 Hier wohnt schon lange niemand mehr. In Nebraska gibt es viele einsame Gegenden mit verlassenen Gebäuden.

23 Wildpferde in Wyoming. Sie leben wild, sind aber keineswegs menschenscheu.

24

24 Ein sanftes Auf und Ab, so weit das Auge reicht – einige Straßen in Nebraska sind das Paradies für Radreisende.

25 Gemeinsame Reparaturbemühungen: Mein einziger großer Defekt auf der gesamten Reise führte zu einer mehrtägigen Zwangspause in einer Kleinstadt in Nebraska.

26 Nicht nur das Fahrrad muss sauber gehalten werden. Öffentliche Waschsalons waren jede Woche ein fixes Zwischenziel.

27 Der farbenfrohe Anblick trügt: New Orleans war eine der großen Enttäuschungen auf meiner Reise.

25

26

hot BONO

28

29

30

31

32

28 Da musste ich an den Jahrhunderthurrikan Katrina denken: gewaltige Sturmfront in der Nähe von New Orleans.

29 Ein Bike ohne Motor, dafür mit umso mehr Gepäck. Mitleidige Blicke meiner motorisierten Kollegen waren mir gewiss.

30 Und wieder einmal heißt es »Gas geben«. Sonst erwischt mich das aufziehende Gewitter.

31 Der springende Windhund: Für mich ganz persönlich eine Erinnerung an nervenaufreibende Erlebnisse mit dem Greyhound Bus.

32 »Your bike must be in a box!« Und das restliche Gepäck kommt in den Laderaum.

33

34

33 Urplötzlich und gewaltig: aufziehender Sturm am Golf von Mexiko.

34 In meinem Zelt bin ich bis hierher auch bei stärksten Regengüssen immer trocken geblieben. Ob es auc dieses Mal hält?

35 Wo es heiß ist, gibt es auch Schlangen. Ich musste vielen von ihnen ausweichen, weil sie sich gern mitt auf der Fahrbahn sonnen.

35

36 Feiner Sand und der Geruch von Meer: Willkommen an der Küste des Golfs von Mexiko im südlichsten Teil des US-Bundesstaats Mississippi.

37 Ich verwende nie ein GPS. Straßenkarten und Beschilderung reichen aus, um einen Kontinent zu durchqueren. Man muss allerdings manchmal genau hinschauen.

36

37

38

39

38 Am Anfang war es der Alaska Highway, am Ende ein Radweg durch die Dünen entlang des Golfs von Mexiko. Ein ganz schön weiter Weg.

39 Nach mehr als 7.700 km knapp vor dem Ziel: Miami, ich komme!

DER WACHMANN UND DAS HEIMWEH

Übernächtigt sitze ich auf dem Asphalt und schaue dem Bus hinterher. Tränen laufen mir über die Wangen. Ich bin 54 Jahre alt und habe schon einiges an Schwierigkeiten erlebt. Trotzdem fühle ich mich jetzt wie ein verlassenes Kind. Ich verabscheue diese Greyhound Station in Texarkana aus tiefstem Herzen.

Es gibt zwei Arten von Sehnsüchten, die einem Reisenden immer mal zu schaffen machen: Fernweh und Heimweh. Wenn ich längere Zeit zu Hause bin, beginnen meine Gedanken in die Ferne zu schweifen. Je länger meine letzte Reise zurückliegt, desto öfter träume ich dann von einem neuen Abenteuer voller Weite und Einsamkeit. Das nennt man wohl Fernweh. Fernweh tut eigentlich nicht richtig weh, kann einen Menschen auf die Dauer aber ganz erheblich beunruhigen. Und dann gibt es noch das Heimweh. Heimweh kann richtig wehtun. Es ist mir auf meinen Reisen schon häufiger begegnet – sogar dann, wenn es mir gerade gut ging. Es hat bisher keine einzige längere Reise gegeben, bei der ich nicht zumindest einmal Heimweh hatte.

Greyhound kann ich also wohl abschreiben. Ohne die verflixte Box werde ich das Rad in keinen dieser Busse hineinbekommen. Erneut grüble ich, ob ich mein Fahrrad nicht doch komplett zerlegen sollte. Nur im zerlegten Zustand passt es in einen dieser großen Kartons. Dann wäre die Transportfrage zwar gelöst, aber dafür hätte ich mit großer Wahrscheinlichkeit ein noch viel größeres Problem. Vor meinem Start in Whitehorse musste ich fast zwei Tage lang an meinem Fahrrad arbeiten, bis alles passte. Einige der Bolzen habe ich sogar mit einem speziellen Kleber versehen, damit sie sich während der langen Reise nicht irgendwann lockern. Gerade die Gepäckträger müssen zuverlässig mit dem Rahmen verbunden sein; sie tragen vier schwere Radtaschen, die vor allem bei unebener Fahrbahn ständig an ihnen rütteln. Diese Gepäckträger müsste ich komplett abbauen. Außerdem müsste ich noch die Lenkung mit dem Triathlon-Aufsatz, den Sattel, die Pedale und weitere sperrige Teile vom Rahmen lösen. Ich bin froh, dass auf der bisherigen Strecke alles so gut gehalten hat und möchte an meinem Fahrrad jetzt nichts verändern. Nein, ich werde es nicht zerlegen, um es für die Box passend zu machen.

Während ich so auf dem Boden sitze, schweifen meine Gedanken in Richtung Heimat. Ich sehe meine Lebensgefährtin Simone vor mir, die in den letzten Jahren so viel mit mir durchgestanden hat. Ich vermisse sie. Ebenso wie Jacob, meinen mittlerweile fast sechs Jahre alten Sohn aus erster Ehe. Er ist mein Sonnenschein. Bei den Gedanken an die beiden wird mir schwer ums Herz.

Immer wenn ich mich einsam fühle und Heimweh habe, verspüre ich einen eigenartigen Druck in der Magengegend. Außerdem habe ich das Gefühl, es drückt jemand mein Herz zusammen. Es ist ein richtig ungutes Gefühl, bis tief hinein in die Seele. Nach meinem schweren Burn-out habe ich im Rahmen der Therapie herausgefunden, dass dieses bedrückende Gefühl des Alleinseins seine Wurzeln im frühen Tod meiner Mutter hat. Damals wussten weder ich noch mein überforderter Stiefvater, dass man solche Traumata möglichst früh bearbeiten soll. Ich bekam weder Hilfe von außen noch wurde in meiner Familie über den Tod meiner Mutter gesprochen. So blieb der Schmerz tief in mir versteckt und ist über die Jahre immer wieder einmal, ausgelöst durch irgendein Ereignis, an die Oberfläche gekrochen. Manchmal so überwältigend, dass ich dachte, mir bricht das Herz.

»Are you okay?« Eine kräftige Stimme reißt mich aus meinen negativen Gedanken. Ich schaue auf. Vor mir steht der Wachmann. Er blickt fragend und auch etwas besorgt auf mich herab. Als er mein verweintes Gesicht sieht, reicht er mir die Hand, um mir aufzuhelfen. Ich klopfe mir den Staub von der Radhose. Dann stehe ich etwas ratlos und beschämt vor dem großen Mann. »Come with me – we go for a coffee«, sagt er mit freundlicher Stimme. Sie klingt ganz anders als vorhin, als es um den Transport des Fahrrades ging. Ich folge ihm in die leere Wartehalle, zu einem Getränkeautomaten. Immer noch stinkt es hier, dafür schmeckt der Kaffee aber recht gut. Der Wachmann legt mir seine Hand auf die Schulter und beginnt mit mir zu reden. Ich erzähle ihm von meiner bisherigen Reise, dabei werden seine Augen immer größer. Ich habe das Gefühl, meine Geschichte interessiert ihn. Und mir tut es gut, mit jemandem zu reden.

Noch während ich so erzähle, dreht sich der Wachmann plötzlich um und verschwindet hinter einer Bürotür. Offensichtlich spricht er mit jemandem. Schon nach kurzer Zeit kommt er wieder zurück, blickt aber ernst und schüttelt seinen Kopf. Dann erzählt er mir, dass er versucht hätte, den Greyhound-Mitarbeiter umzustimmen. Ich fasse es kaum. Der Mann hat sich tatsächlich für mich eingesetzt. Ich bedanke mich bei ihm und erzähle weiter von meiner Reise.

Irgendwann fällt mir auf, dass eigentlich nur ich rede. Zu gern würde ich aber auch etwas von meinem Gegenüber erfahren. Also frage ich nach. So erfahre ich, dass er Ray heißt und schon seit 20 Jahren in dieser Greyhound-Station seinen Dienst versieht. Immer nur nachts. 20 Jahre Nachtdienst, unvorstellbar. Er lebt allein in einer kleinen Wohnung. Familie hat er keine. Behutsam frage ich nach dem Grund. Da erklärt er mir, einmal verheiratet gewesen zu sein. Das sei aber viele Jahre her. Und er habe sogar zwei Kinder. Als er von seinen Kindern spricht, wirkt der große Mann traurig. Wir setzen uns beide auf eine der schmutzigen Bänke. Dann schweigen wir. Und ich spüre wieder die Leere in mir und sehne mich nach Hause.

Irgendwann muss ich eingenickt sein. Als ich meine Augen wieder öffne, bin ich allein. Ray ist fort. Es ist ruhig im Warteraum. Draußen wird es langsam Tag. Mein ungutes Bauchgefühl ist immer noch vorhanden. Ich brauche nun langsam eine Lösung. Hier noch länger tatenlos sitzen zu bleiben und mich selbst zu bemitleiden, bringt mich nicht weiter. Oberstes Ziel für mich ist erst einmal, irgendwie wieder zurück auf meine ursprüngliche Route zu kommen. Kurzfristig überlege ich sogar, mich auf mein Fahrrad zu setzen und selbst zu fahren. Ein Blick auf die Landkarte lässt mich diesen Gedanken aber sofort verwerfen. Texarkana liegt in der nordöstlichen Ecke von Texas. Und ich muss in die Nähe von Jackson, der Hauptstadt von Mississippi. Dazu müsste ich Louisiana entlang der nördlichen Grenze vom Westen bis nach Osten durchqueren. Das würde mindestens drei Tage Radfahren bedeuten. Aber ich möchte ja Zeit gutmachen und nicht noch weitere Tage verlieren. Je mehr ich nachdenke, desto ratloser und verzweifelter werde ich. Eine Lösung ist nicht in Sicht.

Plötzlich öffnet sich die große, automatische Schiebetür der Wartehalle. Herein kommt Ray. Mit einem Lächeln im Gesicht stellt er sich zu mir und deutet in Richtung meines Fahrrades. »The next bus will leave early in the afternoon.« Dass der nächste Bus um diese Zeit fährt, ist mir bereits bekannt. Was will mir der Wachmann damit sagen? Als Ray ein weiteres Mal zu meinem Fahrrad blickt und mit seinem Daumen nach oben zeigt, verstehe ich. Ich darf mitfahren. Und mein Fahrrad auch.

Ich kann es kaum fassen. Freude überflutet mich, und ich könnte in lauten Jubel ausbrechen. Doch Ray winkt besänftigend und erklärt mir, wie ich vorgehen soll. Offiziell können weder der Greyhound-Mitarbeiter noch er als Wachmann den Transport des Fahrrades ohne Box erlauben. Aber sie müssten ja nicht alles bemerken. Wenn ich mein Fahrrad selbst in den Laderaum des Busses schieben würde und der Fahrer mich dabei nicht sähe, dann gäbe es auch keinen Grund zur Beanstandung. Aber wie sollte dies funktionieren, ohne dass der Fahrer oder einer seiner Helfer etwas bemerken? Auch da hat Ray schon eine Idee. Er selbst will den Fahrer ablenken. Ich soll zudem für alle Fälle einen 10-Dollar-Schein bereithalten. Man wüsste ja nie ...

Der Fahrplan gibt an, dass der Bus kurz vor 2 Uhr nachmittags eintreffen wird. Bis dahin heißt es nun warten. Obwohl ich sehr müde bin, gelingt es mir nicht, die nächsten Stunden für ein wenig Schlaf auf einer der Bänke zu nutzen. Immer wenn ich mich hinlege oder auch nur setze, verstärkt sich der Druck in meiner Magengegend. Nur wenn ich mich bewege, ist es erträglich. Also bewege ich mich. Immer wieder umrunde ich ungeduldig die Wartehalle. Dabei denke ich ständig an Simone und an Jacob. So verbringe ich die nächsten Stunden.

Dann ist es so weit: Der Greyhound-Bus in meine Richtung fährt in die Station ein. Längst habe ich mein Fahrrad und mein komplettes Gepäck so positioniert, dass der Weg zum Bus möglichst kurz ist. Zudem steht das Fahrrad hinter einer Ecke. Als der Bus zum Halten gekommen ist, beginnt die mir bereits bekannte Hektik. Mehrere Mitarbeiter öffnen die Ladeluken, während die ersten Reisenden schon nach ihrem Gepäck fragen. Andere drängen bereits Richtung Buseingang. Ich bemerke, wie Ray dem Fahrer bedeutet, mit ihm zu kommen. Beide verschwinden im Warteraum hinter der Bürotür. Jetzt ist meine Chance da. Ich nütze die Hektik und schiebe mein Fahrrad rasch zur ersten Luke, die offen steht. Dort drehe ich es auf die Seite und schiebe es tief in den Laderaum. Dann folgt mein Gepäck. Als ich zur letzten Radtasche greifen will, steht plötzlich einer der Greyhound-Mitarbeiter vor mir. Er kommt mir zuvor und nimmt die Tasche in seine Hand. Dann bückt er sich, um sie in den Laderaum zu schieben. Dabei bemerkt er das Fahrrad. Sofort schaut er mich fragend an und deutet in Richtung Laderaum. Ich nicke. Gleichzeitig greife ich in meine Hosentasche und hole den 10-Dollar-Schein heraus. Wortlos stecke ich ihn in seine Hemdtasche. Es funktioniert. Ebenso wortlos dreht sich der Mitarbeiter um und geht weiter zur nächsten Luke. Bestechung geglückt. Mein Fahrrad befindet sich im Bus.

Da der Busfahrer mit Ray zusammen fortgegangen ist, konnte bisher niemand einsteigen. Ich reihe mich in die Warteschlange ein. Dann kommt der Fahrer zurück. Er schließt die Ladeluken und beginnt mit dem Kontrollieren der Tickets. Als ich an der Reihe bin, blickt er mich ernst an. Mir rutscht abermals das Herz in die Hose. Der Fahrer schüttelt den Kopf, murmelt etwas mir Unverständliches und winkt mich dann weiter. Vermutlich ist er über mich und mein Fahrrad informiert. Gut oder schlecht? Noch sind wir nicht abgefahren. Noch kann viel passieren. Meine pessimistische Seite meldet sich. Es dauert noch eine ganze Weile, bis alle Reisenden ihren Sitzplatz gefunden haben. Erst nach einer gefühlten Ewigkeit schließen sich die Türen. Schließlich fährt der Bus an. Und mit dem Losfahren löst sich endlich auch ein großer Teil meiner Anspannung.

Ich sitze tatsächlich im Bus. Mein Fahrrad liegt unter mir im Laderaum. Ich bin sehr erleichtert, was meine Busfahrt betrifft. Aber noch nicht hinsichtlich meines Heimwehs. Das ist noch da. Ich sehne mich nach zu Hause.

ANGST

Es ist kurz vor Mitternacht, als wir in das Greyhound-Terminal von Jackson, der Hauptstadt des Bundesstaates Louisiana, einfahren. Insgesamt fast 20 Stunden habe ich im Bus gesessen. Er war ebenso schmutzig wie die Wartehalle in Texarkana, die Klimaanlage funktionierte nicht, ständig schnarchte jemand, weinte ein Kind, oder es lief das Radio. Ich bin müde und fühle mich völlig ausgelaugt. Es ist aber nicht die Art Müdigkeit, wie ich sie nach einem langen Tag auf dem Fahrrad spüre. Eher eine geistige. Mein Kopf ist leer, meine Stimmung sehr gedämpft.

Die Greyhound-Station in Jackson ist mir unheimlich. Ein kalt wirkender Betonbau, ähnlich einer riesigen, mehrstöckigen Tiefgarage. Viele der Neonleuchten sind entweder ganz ausgefallen oder blinken ständig vor sich hin. Die Halle, in der wir parken, wirkt düster. Es stehen viele weitere Greyhound-Busse da. Rundherum stehen, sitzen oder liegen Menschen mit Unmengen an Gepäck. Sie sehen müde aus, viele schlafen direkt auf dem Boden. Während wir aussteigen, kommen die mir schon bekannten Helfer herbei und öffnen die Gepäckraumklappen. Freundlich, aber bestimmt gebe ich einem von ihnen zu verstehen, dass ich meine Sachen selbst ausladen möchte. Vorsichtig hole ich mein Fahrrad und das Gepäck hervor. Schnell mache ich einen ersten kurzen Check und atme erleichtert auf. Alles in Ordnung, nichts ist beschädigt.

Ich möchte so schnell wie möglich weiterfahren. Auch wenn es Nacht ist. Also schiebe ich mein Fahrrad ins Freie. Die Taschen muss ich kurz zurücklassen. Das Ganze dauert keine zwei Minuten, trotzdem stehen bereits mehrere Jugendliche bei meinem Gepäck. Ich gehe dazwischen und nehme alle Taschen gleichzeitig auf. Als ich mich umdrehe, sehe ich einen völlig verwahrlost wirkenden Mann an meinem Fahrrad. Er greift in Richtung Lenkertasche. Ich rufe so laut ich kann in seine Richtung und laufe mit meinem Gepäck zum Fahrrad. Der Mann macht einen komplett verwirrten Eindruck. Als er mich sieht, schleicht er teilnahmslos davon. Ich fühle mich unwohl. Beim Beladen meines Fahrrades beobachten mich zahlreiche Menschen. Einige kommen näher. Es riecht nach Alkohol. Nein, hier fühle ich mich nicht sicher.

Als ich endlich alles fertig aufgeladen habe, fahre ich los, weg vom Terminal. Ohne auf die Karte zu schauen, trete ich in die Pedale. Vor mir liegen Auffahrten zu verschiedenen Highways. Ich habe keine Ahnung, wohin ich fahren muss. Es bleibt mir daher nichts anderes übrig, als anzuhalten und meine Karte aus der Lenkertasche zu holen. Plötzlich hält ein Auto neben mir. Aus dem Inneren ertönt ohrenbetäubend laute Musik. Aber nicht gerade nach meinem Geschmack. Alle Fenster sind geöffnet, drinnen sitzen vier Männer. Der Fahrer schaut zuerst mich an, dann mustert er mein Fahrrad. »That's a very nice bike,« sagt er in Richtung seines Sitznachbarn. Ich glaube zu wissen, was der Mann damit meint. Vermutlich hätte er gern meine komplette Ausrüstung. Das werde ich aber auf keinen Fall zulassen.

Obwohl mir nicht wohl ist dabei, frage ich nach dem Highway 473 Richtung Süden. Das ist die Straße, die mich wieder auf meine ursprünglich geplante Route bringen soll. Anschließend möchte ich entlang des Highway 27 nach Louisiana hineinradeln. Der Mann schüttelt den Kopf, dann steigt er aus. Jetzt geht alles sehr rasch. Die anderen drei verlassen ebenfalls das Fahrzeug, und plötzlich haben mich vier Männer umstellt.

Mit einer Hand klammere ich mich am Lenker fest, mit der anderen halte ich meine Straßenkarte. Einer der Männer will sie mir aus der Hand nehmen. Das lasse ich aber nicht zu. Stattdessen schreie ich ihn an. Offensichtlich überrascht macht er einen Schritt zurück.

Ich klicke meinen Radschuh in das rechte Pedal, um für eine Flucht vorbereitet zu sein. Die Männer lachen und reden wild durcheinander. Ich verstehe kein Wort. Außerdem dröhnt noch immer die Musik aus dem Auto. Plötzlich aber lassen die Kerle von mir ab und steigen in ihr Fahrzeug. Der Fahrer zeigt mir noch eine obszöne Geste und gibt dann Gas. Ich bin irritiert, aber dann sehe ich ein Polizeiauto, das auf mich zu kommt. Das dürfte die Männer vertrieben haben. Ich bin erleichtert.

Eine Polizistin mustert freundlich mich und mein Fahrrad. »Can we help you?« Ich reiche ihr meine Straßenkarte und frage nach dem Highway 473. Der weibliche Officer schüttelt besorgt den Kopf. Jackson hätte eine sehr hohe Kriminalitätsrate, vor allem in bestimmten Gebieten. In einem solchen Viertel würde ich mich gerade befinden. Es gäbe hier viele Gangs, und der Weg in Richtung Süden verlaufe durch einige aufgelassene Industrieviertel, die jetzt Gangland seien. Ich schlucke. Die erste Begegnung dieser Art dürfte ich ja bereits hinter mir haben. Ich benötige Hilfe. Also frage ich, ob sie und ihr Kollege mich vielleicht mit ihrem Auto bis in die Nähe des Highway 473 begleiten könnten. So würde ich diesen leichter finden, und ich wäre auch sicher. Die Polizistin stimmt zu. Ich atme auf und klicke mich in die Pedale. Dann geht es los. Problemlos gelingt es mir, dem Auto zu folgen. Aber schon nach wenigen Minuten halten wir wieder an. Der Kollege der Polizistin steigt aus und kommt rasch auf mich zu. Hektisch spricht er in ein kleines Funkgerät, das an seiner schusssicheren Weste befestigt ist. Sofort begreife ich, was jetzt los ist: Die Kollegen wurden zu einem Einsatz gerufen. Und genau so ist es. Die Begleitung ist zu Ende. Augenblicke später rast der Streifenwagen mit Sirene und Blaulicht davon. Jetzt bin ich allein. Und so fühle ich mich auch. Ich stehe mit meinem Fahrrad auf einem schmutzigen Parkplatz, der mit Müll überhäuft ist. Vorsichtig blicke ich mich um. Ich habe Angst.

Vor einer großen Kreuzung halte ich an. Auf allen meinen Radreisen orientiere ich mich nach den Straßenschildern. Karte lesen, Schilder vergleichen. Mit der Zeit ist mir diese Art der Orientierung in

Fleisch und Blut übergegangen. So bin ich sogar problemlos durch die Riesenstadt Los Angeles gekommen. Von einem Ende zum anderen, 100 Kilometer Stadtdurchfahrt. Hunderte Ampeln, Tausende Schilder, ein kompletter Tag auf dem Rad, nur durch eine einzige Stadt. Aber es hat funktioniert. Ich überfliege die vielen Tafeln, die vor mir stehen, und habe Glück. Mir sticht sofort ein Schild ins Auge, das mir den Weg zum Highway 473 zeigt. Also bin ich richtig. Ich überquere die Kreuzung und folge dem Hinweis. Die Straße, auf der ich nun fahre, ist übersät mit Löchern. Überall liegt Müll; es stinkt fürchterlich. Die Gegend macht einen verwahrlosten Eindruck. Ständig kläffen mir Hunde hinterher, die angekettet vor den Häusern sitzen. Ich konzentriere mich beim Fahren so gut wie möglich auf die Fahrbahn, um nicht in eines der unzähligen Schlaglöcher zu geraten. Gleichzeitig blicke ich mich aber immer wieder ängstlich um und beobachte die Umgebung.

Bald nähere ich mich einem großen, fabrikähnlichen Gebäude. Schnell entdecke ich eine Gruppe Menschen auf dem Parkplatz davor, mindestens 20 Leute. Eine sonderbare Ansammlung. Zudem laufen überall Hunde herum. Es dauert nicht lange, da werde auch ich bemerkt. Einige Kinder lösen sich aus der Menge und laufen vom Parkplatz aus in Richtung Straße. Je näher ich der Einfahrt komme, desto mehr Menschen versammeln sich am dortigen Gehsteig. Dann treten einige auf die Fahrbahn. Ich verlangsame meine Fahrt, habe aber keine Ahnung, wie ich mich nun verhalten soll. Ich fahre direkt auf die Gruppe zu. Jetzt fällt mir auch auf, dass es sich ausschließlich um Schwarze handelt. Die Situation macht mir Angst. Besser gesagt, sie verstärkt die Angst, die sowieso schon seit Längerem hartnäckig in mir sitzt. Ich bremse ab und lasse mein Fahrrad in Schrittgeschwindigkeit rollen. Erst unmittelbar vor zwei Kindern halte ich an. Es bleibt mir auch nichts anderes übrig, denn sie treten nicht zur Seite. Sofort nähern sich auch die anderen. Jetzt stehe ich mit meinem supermodernen Fahrrad und der knallbunten Radbekleidung vor den ziemlich verwahrlost aussehenden Leuten und weiß nicht, wie ich reagieren sollte.

Die Gruppe umringt mich. Es gibt keine Möglichkeit mehr, irgendwie wegzukommen. Die Menschen stehen dicht nebeneinander und so nah bei mir, dass einige bereits meine Satteltaschen berühren. Als Polizist ist es mir nicht fremd, mich in Menschengruppen aufzuhalten. Aber ein bestimmter Abstand ist mir auch da wichtig, vor allem, wenn es um meine eigene Sicherheit geht. Und die ist gerade stark gefährdet. Ich spüre, dass Gefahr in der Luft liegt. Mein Blick in die Runde lässt nichts Gutes erahnen. Es umringen mich völlig verwahrloste Männer, Frauen, Kinder, Hunde. Einige Erwachsene riechen nach Alkohol, andere wiederum wirken völlig weggetreten. Die Situation fühlt sich sehr bedrohlich an. Fieberhaft denke ich nach.

Die Zeit scheint still zu stehen. Ich bin bis in meine Haarspitzen angespannt. Schließlich greift jemand meine Lenkertasche und will diese zu sich ziehen. Da die Tasche aber fest mit dem Lenker verbunden ist gelingt ihm das nicht. Dafür gerate ich aus dem Gleichgewicht, kann ein Umfallen aber gerade noch verhindern. Menschen lachen. Während ich die Lenkstange mit beiden Händen fest umklammert halte, spüre ich hinter mir ein Ziehen und Ruckeln. Ich drehe mich um. Mehrere Hände zerren an den beiden hinteren Satteltaschen. Ich bin froh, dass ich diese zusätzlich zu den üblichen Halterungen noch mit Kabelbindern am Gepäckträger gesichert habe. Die Taschen halten dem Ziehen stand, aber mein komplettes Fahrrad schaukelt wild hin und her. Sogar ein Hund zerrt an einer der Taschen.

Nun kommt mir der Zufall zu Hilfe. Nahezu gleichzeitig nähern sich aus beiden Richtungen zwei Fahrzeuge. Eines davon ist ein großer Truck, der beim Herannahen mehrfach sein lautes Horn betätigt. Alle, die sich auf der Fahrbahn befinden, springen zurück auf den Gehsteig. Ohne viel nachzudenken, klicke ich meinen rechten Schuh ins Pedal und stehe auf. Dann setze ich meinen ganzen Körper ein und trete wie von Sinnen los. Hinter mir hupt es ohrenbetäubend. Der Truck schießt an mir vorbei, so knapp, dass mich der Fahrtwind fast umwirft. Aber das ist mir völlig egal. Ich will nur weg von hier. Der Truck muss etwas auf die Gegenfahrbahn ausweichen. Aus den Augenwinkeln heraus sehe ich, dass das andere Fahrzeug dadurch an den Rand gedrängt wird. Steine spritzen in die Höhe und Dreck wirbelt auf. Ich trete weiter voll in die Pedale.

Um mich zu überzeugen, dass mir niemand folgt, blicke ich kurz zurück. Aber nein: Mehrere Männer laufen mir nach. Zu Fuß ist man normalerweise gegen einen Radfahrer völlig chancenlos. Leider aber nur unter normalen Umständen. An meinem Rad befinden sich jedoch insgesamt sechs große Packtaschen. Nicht nur die zusätzlichen 30 Kilogramm Gewicht erschweren die Flucht, sondern auch die Trägheit, die durch das viele Gepäck entsteht. So wird der Abstand zu meinen Verfolgern nur sehr langsam größer. Einige von ihnen geben bald auf. Aber einer lässt nicht locker. Er kommt mir sogar näher. Ich gebe Vollgas. Da ich immer noch im Stehen fahre, komme ich bei jedem Umschauen gefährlich ins Schlingern. Mehrfach gelingt es mir gerade noch, mein Rad abzufangen. Als ich das nächste Mal zurückblicke, hat auch dieser Verfolger aufgegeben. Breitbeinig steht er mitten auf der Straße, hat seinen Oberkörper nach vorn gebeugt und die Arme auf die Oberschenkel gestützt.

Ich rase noch eine ganze Weilen in vollem Tempo Richtung Süden. Erst als meine Oberschenkel heftig protestieren, werde ich langsamer. Beim Umschauen fällt mir auf, dass ich mich nun in einer komplett anderen Gegend befinde. Hier wirkt alles sauber und freundlich. Schwer atmend wie nach einem der 5.000-Meter-Läufe meiner Leistungssportlerzeit komme ich in der Einfahrt einer Tankstelle zum Stehen. Ich bin in Sicherheit.

WAHLKAMPF

Die Nacht im Zelt hat mir gut getan. Trotz der unschönen Stunden in Jackson habe ich gut geschlafen. Vermutlich, weil ich tagsüber 180 Kilometer geradelt bin, obwohl mich die Hitze und ein starker Gegenwind sehr gefordert haben. Beim morgendlichen Zusammenpacken bekomme ich plötzlich unbändige Lust auf Pancakes mit Ahornsirup. Beim Gedanken an diese Kalorienbombe läuft mir das Wasser im Mund zusammen. Normalerweise benötige ich morgens nur meine geliebte Tasse Kaffee und einen Donut. Ein großes Frühstück genehmige ich mir meist erst nach 50 bis 60 abgestrampelten Kilometern. Heute beschließe ich, meinem Verlangen so früh wie möglich nachzugeben. Mein Magen und meine Psyche werden es mir sicher danken.

Ich befinde mich kurz vor Tylertown, am Highway 27 gelegen. Es sind nur noch wenige Meilen bis Louisiana, wo der Golf von Mexiko auf mich wartet. Wenn ich den erreicht habe, dann habe ich Kanada und Nordamerika tatsächlich von Norden nach Süden durchradelt ... – Jetzt aber möchte ich Pancakes. Ich schaue mich nach einem Lokal um, aber alle, an denen ich vorbeikomme, sind geschlossen. Es ist eben noch früh am Morgen. Als Alternative bleibt mir nur die nächste Tankstelle. Dort werde ich zwar leider keine Pancakes bekommen, aber zumindest meinen Kaffee mit Donut.

Die Raststätte, vor der ich nun mein Fahrrad abstelle, ist groß und es herrscht reger Betrieb an den Zapfsäulen. Schon beim ersten Blick durch die Fenster fallen mir die vielen Menschen auf, die an den zahlreichen Tischen sitzen. Und noch etwas sticht mir sofort ins Auge:

Überall hängen Plakate mit Wahlwerbung. Solche Plakate haben mich schon in den letzten Wochen ständig begleitet. In wenigen Monaten wird es zum »Showdown« zwischen den Spitzenkandidaten der Demokraten und der Republikaner kommen, der Präsidentschaftswahl in der Nachfolge von Barack Obama. Und daher lachen zwei Gesichter von den Plakaten: Hillary Clinton und Donald Trump.

Seit ich in die USA eingereist bin, hat es keinen Tag gegeben, an dem ich nicht mit der anstehenden Präsidentenwahlen konfrontiert worden bin. Ständig liefen Wahlsendungen im Fernsehen, überall in bewohnten Gebieten hingen Plakate, oder ich hörte Menschen über dieses Thema diskutieren: »Who will be the next president?«

Ich setze mich an den einzigen noch freien Tisch. Aber bevor ich meine Bestellung aufgeben kann, bedeuten mir einige Männer, mich zu ihnen zu setzen. Das mache ich gern. Wenige Minuten später bin ich mitten in einer Wahldiskussion. Schnell wird klar, dass ich mich unter Trump-Anhängern befinde. Auch die (ausnahmslos) Männer an den drei Tischen nebenan gehören augenscheinlich zur gleichen Gruppe. Obwohl es noch früher Morgen ist, haben nicht alle nur Kaffee vor sich stehen. Mit Verwunderung sehe ich auch mehr oder weniger volle Biergläser. Etwas abseits sitzt eine andere, etwa gleich große Gruppe. Man kann deutlich erkennen, dass die beiden Gruppen nicht zusammengehören. »So who will be the next president of the USA?«, frage ich in die Runde. Das hätte ich besser nicht tun sollen.

Sofort wird es laut. Alle reden wild durcheinander. Ich habe das Gefühl, jeder will etwas zu meiner Frage sagen. Für eine Weile verstehe ich keinen einzigen zusammenhängenden Satz, nur die Namen Clinton und Trump höre ich immer wieder deutlich aus dem Stimmengewirr heraus. Einige der Männer an meinem Tisch beginnen in Richtung der anderen Gruppe zu gestikulieren. Einer steht sogar auf, wird aber von seinem Sitznachbarn wieder zurück auf den Stuhl gedrückt. Ich sitze verdutzt da und hätte nicht gedacht, dass meine Frage eine derartige Reaktion auslösen würde. Kleinlaut ziehe ich den Kopf ein und blicke mich vorsichtig um. Plötzlich steht ein etwas ergrauter älterer Mann mit Stoppelschnitt, der unmittelbar neben mir sitzt, auf und hebt seine Hand. Ähnlich rasch, wie die Unruhe zuvor begonnen hat, ist es nun still im Gastraum. Ich bin völlig verwirrt. Nun dreht sich der Mann zu mir und schaut mich an. »What do you think?« Alle Blicke sind auf mich gerichtet. Für einige Sekunden bin ich komplett sprachlos. Ich weiß nicht, was ich antworten soll. Nicht, weil ich keine Meinung habe, sondern weil ich mit meiner Antwort nicht für weiteren Tumult sorgen möchte. Ich habe auch eine Vorliebe, aber die will ich hier nicht preisgeben. Fieberhaft denke ich nach. Was soll ich antworten?

Ich entscheide mich für eine Notlüge. »I like both, Clinton and Trump«, sage ich laut, so als ob dies meine volle Überzeugung sei. Offensichtlich ist dies keine gute Antwort. Sofort wird es wieder laut. Der Tumult geht weiter. Einige machen abfällige Handbewegungen in meine Richtung und schütteln ihren Kopf. Mein Sitznachbar mit der Stoppelfrisur ergreift mich am Oberarm und zieht mich in seine Richtung. Ich solle eine klare Antwort geben, sagt er. Man könne doch niemals eine Frau zum Präsidenten der USA wählen. Aber ich denke nicht daran, meine wirkliche Meinung zu sagen. Ich glaube nämlich nicht, dass sie ihm gefallen würde. Doch der Mann lässt nicht locker. Er drückt meinen Oberarm noch fester zusammen. Gleichzeitig schaut er mich mit ernster Miene an. Das geht mir nun doch zu weit. Klar und bestimmt gebe ich ihm zu verstehen, dass er mich sofort loslassen soll. Dabei beuge ich mich ein wenig vor und komme seinem Gesicht bis auf wenige Zentimeter nahe. Mein Gegenüber versteht. Er lässt meinen Arm los und setzt sich. Ich atme auf. Das Letzte, was ich auf meiner Reise brauche, ist eine Rauferei. Aber leider habe ich mich zu früh gefreut. Der Kerl steht abermals auf. Er schreit mich nun an, dass ich endlich antworten soll. Jetzt bekommt die Stoppelfrisur auch Unterstützung von den anderen am Tisch. Alle nicken, und zwei weitere Männer erheben sich von ihren Stühlen. Das wird von der anderen Gruppe besorgt registriert. Drei Frauen stehen auf und kommen herüber. Offensichtlich wollen sie mir helfen. Alle drei reden auf mich ein, dass ich mit an ihren Tisch kommen solle. Ich zögere kurz.

Dann stehe ich auf, um den Tisch zu wechseln. Als ich mich erhebe, bricht das Chaos los.

Der Kerl mit der Stoppelfrisur und ein weiterer Mann wollen mich zurückhalten. Der erste greift wieder meinen Oberarm, der zweite stellt sich demonstrativ zwischen mich und die Frauen. Zwei von ihnen wollen ihn auf die Seite schieben, während die dritte Frau mich wegzuziehen versucht. Die Frauen schreien, die Männer schreien zurück. In dem Wirrwarr fallen einige Gläser um. Um nicht nass zu werden, rutschen alle Sitzenden ruckartig ein Stück zurück. Ein Mann kippt dabei mit seinem Stuhl rückwärts um und kracht auf den Boden, was zu lautstarkem Gelächter an den Nebentischen führt. Plötzlich springen an allen Tischen Leute auf. Ich verliere die Übersicht. Innerhalb kürzester Zeit hat sich die lautstarke Diskussion weit Richtung Rauferei entwickelt.

Zwei Tankstellenmitarbeiter versuchen, die Menschen zu beruhigen. Wie aufgescheucht laufen sie zwischen den Streitenden hin und her. Aber niemand beachtet sie. Ich höre einen der Angestellten aufgeregt das Wort »Police« rufen. Ein alter Mann, der ruhig an einem Nebentisch sitzt, bekommt einen großen Plastikbecher mitten ins Gesicht. Er erschrickt und schaut verdutzt auf. Sein Tischnachbar schnappt sich den Becher und wirft ihn zurück in die Menge. Jetzt geht es endgültig rund. Becher fliegen durch die Luft, Gläser zerspringen am Boden. Immer wieder muss ich meinen Kopf einziehen oder zur Seite ausweichen, um nicht auch getroffen zu werden. Die ersten Männer beginnen, einander hin und her zu schubsen. Ein junges Mädchen verpasst ihrem männlichen Gegenüber eine schallende Ohrfeige. Wenige Sekunden später befinde ich mich mitten in einer wilden Saalschlacht. Ich selbst stehe ruhig da und weiche nur gelegentlich zur Seite aus. Um mich kümmert sich jetzt niemand mehr.

Plötzlich vernehme ich Sirenengeräusch und sehe das Polizeiauto schon in die Einfahrt der Tankstelle biegen. Zwei weibliche Police Officers steigen aus. Augenblicke später stehen sie im Raum. Doch niemand bemerkt sie, zu groß ist der Tumult. Die beiden schauen in die Runde. Dann zieht eine von ihnen ihren Schlagstock aus der Gürtelhalterung und schlägt damit wuchtig auf eine Tischplatte. Es kracht fürchterlich. Schnell ist es ruhig und alle Streitenden blicken zu ihnen hinüber. Die beiden Mitarbeiter der Tankstelle stellen sich neben die Polizistinnen. Ich sehe sie miteinander sprechen, verstehe aber nicht, was sie sagen. Dann zeigt einer von ihnen in meine Richtung. Einige der Besucher schauen mich nun ebenfalls an. Die Police Officers kommen auf mich zu, hinter ihnen die beiden Mitarbeiter. Alle Gäste setzen sich wieder an ihre Tische und verhalten sich ruhig, fast als ob nichts gewesen wäre. Jetzt stehe wieder ich im Mittelpunkt.

Ich werde in das Büro der Tankstelle gebeten. Einer der Mitarbeiter beschuldigt mich nun tatsächlich, den Tumult verursacht zu haben. Ich staune nicht schlecht, als ich höre, wie genau er alles beobachtet haben will. Aufgeregt schildert er den Polizistinnen, dass ich in die Tankstelle gekommen sei und mich sofort in eine friedliche Diskussion eingemischt hätte. Er habe auch gesehen, wie ich mit meinem Sitznachbarn einen Streit angefangen hätte. Eine der Polizistinnen hakt nun nach und will noch einmal genauer wissen, was der Mitarbeiter gesehen hat. Jetzt beginnt der Mann zu stottern und verstrickt sich in Widersprüche. Seine zweite Schilderung stimmt nicht mit der ersten überein. Als auch die zweite Polizistin einige Fragen stellt, gibt der Mann kleinlaut zu, doch nicht alles so genau gesehen zu haben. Nun schildere auch ich meine Version. Diese klingt offensichtlich glaubhaft, denn beide Police Officers nicken zustimmend. Dann erklären sie mir, dass ich hinausgehen dürfe, aber vor der Tankstelle auf sie warten solle.

Ich warte. Von außen kann ich beobachten, wie die beiden Gesetzeshüter in der Tankstelle von Tisch zu Tisch gehen und mit verschiedenen Gästen sprechen. Nach etwa 10 Minuten kommen sie heraus. Die Sache sei erledigt, erklären sie mir. Sie hätten eine generelle Verwarnung an alle Anwesenden ausgesprochen. Die Gäste hätten auch bestätigt, dass ich nicht der Verursacher des Tumultes gewesen sei. Obwohl ich gar nichts Unrechtes getan habe, bin ich doch sehr erleichtert. Dann sprechen mich die beiden Polizistinnen noch auf meine Reise an. Ihre Amtshandlung ist abgeschlossen, und sie wirken nun locker und freundlich.

Vor dem Goodbye lässt es sich eine der beiden nicht nehmen, mich nach meiner wirklichen Meinung zur Präsidentenwahl zu fragen. Als ich den Namen der Kandidatin nenne, schmunzeln sie und nicken zustimmend.

SCHULD UND SÜHNE

Endlich komme ich dem Golf von Mexiko näher. Hin und wieder bilde ich mir schon ein, das Meerwasser zu riechen. Ich freue mich derart auf den Ozean, dass ich ihn schon vor mir sehe und die Wellen rauschen höre. Golf von Mexiko: Ich komme.

Unmittelbar vor dem unscheinbaren Dorf Warnerton überquere ich die Grenze zu Louisiana. Ich positioniere mein Fahrrad vor dem großen Schild »Welcome to Louisiana – Bienvenue en Louisiane«. Die Fotos vor den jeweiligen Schildern mit den Namen der Staaten sind schon ein festes Ritual geworden.

In nahezu allen Reiseführern, die durch meine Hände gegangen sind, wird Radfahrern von Louisiana abgeraten. Sogar den Ausdruck »grauenhaft« habe ich gelesen. Es wird vor der schlimmen Verkehrssituation gewarnt, den schlechten und meist engen Straßen und vor allem vor den gefährlichen Brücken. Schon auf den ersten folgenden Kilometern bemerke ich, dass diese Warnungen nicht aus der Luft gegriffen sind. Plötzlich befinde ich mich inmitten eines höllischen Verkehrs. Es ist kaum Platz zwischen den unzähligen Fahrzeugen, mir und dem Straßenrand. Als mich ein Truck überholt, werden haufenweise kleine Steine aufgewirbelt. Ich hatte ihn in meinem Rückspiegel schon bemerkt, aber ein Ausweichen nach rechts war aufgrund des fehlenden Seitenstreifens nicht möglich. So bekomme ich die Ladung Steine voll ab, einige davon direkt ins Gesicht. Viele

Steine geraten auch unter meine Bekleidung. Der Reißverschluss meines Radtrikots ist weit offen, und so finden die spitzen Dinger leicht ihren Weg bis hinunter zur Hose. Ich muss mich schnell wieder davon befreien. Kleine Steine in der Radlerhose können innerhalb kürzester Zeit zu Wunden führen. Und mit Straßendreck infizierte Wunden bedeuten nicht selten das vorzeitige Ende einer Radreise. Als vor mir ein kleiner Parkplatz auftaucht, lenke ich daher hinaus und halte an.

Hinter einem kleinen Busch suche ich etwas Schutz vor den vorbeifahrenden Autos. Ich trage nur vier Bekleidungsstücke: eine Radhose, ein Radtrikot, ein Netzshirt und ein Paar Socken. Überall haben sich die spitzen Steine verfangen. Es ist für mich nichts Besonderes, mich hin und wieder in freier Natur aus- oder umzuziehen. Dies ist auf einer langen Reise immer mal wieder notwendig. Aber in den USA ist man ein wenig prüde. Man sieht nackte Körper in der Öffentlichkeit nicht so gern. Trotzdem: Heute muss es sein. Also schlüpfe ich aus dem Trikot und anschließend aus meiner Hose. Zum Schluss lege ich noch mein Untershirt ab und stehe nur noch mit Socken bekleidet hinter dem Strauch. Schon beim Ausziehen fallen viele kleine Steine ins Gras. Ich schüttle mich, beuge mich vor und streiche mir durch die Haare, um auch noch das letzte Steinchen los zu werden. Als ich mich wieder aufrichte, sehe ich ein Auto in den Parkplatz einbiegen. Zumindest sieht es einem Auto ähnlich. Ein fahrbares Irgendetwas, klein, schmutzig und laut. Das Vehikel bleibt unmittelbar vor meinem Fahrrad stehen. Eine Frau steigt aus. Mein erster Eindruck: Sie passt zu ihrem Auto. Sofort fällt mir ihre Arbeitsbekleidung auf. Eine Art Overall, wie ihn Maler tragen. Die Frau streckt sich und gähnt. Dabei schaut sie ununterbrochen in meine Richtung und lächelt. Ich stehe etwa 20 Meter von ihr entfernt und halte meine Radlerhose in der Hand. Außer den Socken trage ich nichts am Körper und bin etwas irritiert. Aber die Unbekannte streckt weiter seelenruhig ihre Arme nach oben und lässt sich nicht aus der Fassung bringen. »Nice body!«, ruft sie zu mir herüber.

Rasch fädle ich mich wieder in meine Radlerhose hinein und gehe zu meinem Fahrrad. Sofort zeigt sie auf ein Tattoo, welches ich auf dem linken Schulterblatt trage. Es zeigt das Gesicht eines Wolfes. Darunter steht das Wort »Wolfspirit«. Gesicht und Wort haben für mich eine ganz spezielle Bedeutung. Noch vor wenigen Jahren wäre mir nie und nimmer in den Sinn gekommen, mich tätowieren zu lassen. Ein absolutes *no go* für mich. Heute trage ich meinen Wolf mit großem Stolz, als ständige Erinnerung an den Moment auf meiner letzten Reise, an dem mich ein Wolf aus meinem Erschöpfungsschlaf geweckt und mir damit das Leben gerettet hat. Ich drehe mich ein wenig zur Seite, damit sie die Zeichnung besser sehen kann. Offensichtlich gefällt ihr das Tattoo. Dann schiebt sie beide Ärmel ihres Overalls ein wenig hinauf und hält mir ihre Unterarme entgegen. Ich blicke direkt in verschiedene Tiergesichter. Beide Unterarme sind vollständig von Tattoos bedeckt. Ich sehe Köpfe von Bären, Elchen und Wölfen und bin beeindruckt. Jetzt kommen wir ins Gespräch. Ich versuche zu erklären, warum ich nackt hinter dem Busch stand. Aber sie winkt schon ab. »That's okay – I know. I'm also a cyclist«, sagt sie und schaut sich mein Fahrrad an. »But the last 10 years I couldn't use my bicycle.« Sie fährt also ebenfalls Fahrrad wie ich. Aber in den letzten 10 Jahren konnte sie ihr Fahrrad nicht benutzen? Sie bemerkt meinen fragenden Blick. »I was in prison«, erwidert sie, so emotionslos, als ob sie mir erklären würde, dass sie gerade Einkaufen gewesen sei. Mir verschlägt es für einen Augenblick die Sprache.

Ich bin neugierig geworden. Man trifft ja nicht alle Tage eine Frau, die im Gefängnis gesessen hat. Sie reicht mir die Hand und stellt sich als Rhiana vor. »I'm Tom«, erwidere ich, gefolgt vom klassischen »Nice to meet you.« Rhiana erzählt mir frei heraus, dass sie gerade erst entlassen wurde und auf dem Weg in den nächsten Ort sei. Dort dürfe sie zunächst in dem kleinen Haus einer Freundin wohnen. Dieser Freundin gehöre auch das klapprige Auto. Ich höre fasziniert zu. Und dann lädt sie mich auf einen Besuch ein. Sie erklärt mir, wo das

Haus liegt und fährt davon. Ich schwinge mich auf mein Fahrrad. Diese Einladung möchte ich mir nicht entgehen lassen.

10 Meilen weiter südlich liegt ein Örtchen direkt am Highway 25. Dort steht auch das kleine Holzhaus, in dem Rhiana vorübergehend wohnen darf. Das Auto steht bereits in der Einfahrt. Das Haus sieht von außen nett und sauber aus und hat einen kleinen Garten. Rhiana bittet mich herein. Kurze Zeit später sitzen wir am Küchentisch und trinken Bier aus der Flasche. Es ist ein Begrüßungsgeschenk von Rhianas Freundin. Sie hat den Sixpack, mit einer netten Karte versehen, im Kühlschrank bereitgestellt. Meine Gastgeberin erzählt mir, dass sie sich schon monatelang auf den ersten Schluck Bier gefreut hätte. Alkohol wäre im Knast tabu. Ich sehe ihr an, wie sehr ihr das Getränk schmeckt. Selten habe ich jemanden so genussvoll aus einer Flasche trinken sehen.

Die erste Flasche haben wir nach wenigen Minuten geleert. Rhiana erzählt mir von der kleinen Zelle, die 10 Jahre lang ihr Zuhause gewesen ist. Vier Schritte lang und drei Schritte breit. Ein Bett, ein kleiner Tisch mit einem Metallstuhl, ein Kasten und ein Waschbecken waren die einzigen Möbelstücke im Raum. Und natürlich die obligatorische Toilette ohne jeglichen Sichtschutz. Die ersten zwei Jahre verbrachte sie 23 Stunden des Tages in diesem trostlosen Raum. 60 Minuten Freigang, das war die einzige Abwechslung. Auch die Mahlzeiten wurden nur durch die Zellentür gereicht. Fernsehen, Musik, Lesen oder eine Arbeit: Fehlanzeige.

Natürlich liegt mir eine Frage auf der Zunge: Warum war Rhiana so lange im Gefängnis? Schließlich fragt mich meine Gastgeberin, ob ich den Grund ihres Gefängnisaufenthaltes wissen möchte. Ich nicke. Dann höre ich ein leises »I killed my husband«. Zuerst glaube ich, nicht richtig gehört zu haben. Rhiana hat den Satz nur geflüstert. Sie neigt den Kopf nach unten und blickt in Richtung Boden. Wir sitzen beide ruhig da. Nach einer Schweigeminute blickt sie mir ins Gesicht und erzählt von sich. Rhiana hatte bereits im Alter von 17 Jahren einen 20 Jahre älteren Mann kennengelernt. Anfangs war er sehr liebevoll, begann dann aber zu trinken. Und wurde gewalttätig. Auch die gemeinsame Tochter musste die immer häufiger werdenden Gewaltausbrüche ihres Vaters erleiden. Als Rhiana eines Tages wieder einmal das Weinen aus dem Zimmer ihrer kleinen Tochter hörte, holte sie ein Messer aus der Küche und stach so lange auf ihren Mann ein, bis dieser blutüberströmt am Boden lag.

Drei Wochen später wurde sie nach nur zwei Stunden Verhandlung zu zehn Jahren Haft wegen Totschlages verurteilt. Ihre Tochter kam zu Pflegeeltern. Ich gebe keinerlei Kommentar ab, weiß auch gar nicht, was ich sagen sollte. Obwohl ich überzeugt davon bin, dass es in einem Rechtsstaat keine Selbstjustiz geben darf, kann ich Rhiana sehr gut verstehen.

Als ich sie nach ihrer Tochter frage, beginnt sie zu weinen. Sie schüttelt den Kopf und gibt mir zu verstehen, dass sie darüber nicht reden möchte. Also frage ich auch nicht nach. Nach einer weiteren Flasche Bier bekomme ich dann etwas Einblick in das Gefängnisleben. Als langjähriger Polizist ist mir natürlich bekannt, wie es in Gefängnissen zugeht. Aber was ich nun alles zu hören bekomme, erschüttert mich dann doch ein wenig. Rhiana war Gangmitglied. In den USA hat jedes Gefängnis seine Gangs. Ohne in einer dieser Gangs zu sein, kann das Leben hinter Gittern sehr gefährlich werden. Rhiana weigerte sich monatelang, einer dieser Gruppen anzugehören. Sie musste dafür jedoch schwer büßen. Nahezu täglich wurde sie verprügelt. Irgendwann hatte sie genug und schlug zurück. Und zwar richtig. Sie verprügelte drei Frauen gleichzeitig und verschaffte sich dadurch ein wenig Respekt. Trotzdem hatte sie ständig Probleme und musste jederzeit mit neuen Angriffen rechnen. Nach zwei Jahren gab Rhiana schließlich nach und schloss sich einer Gang an. Ich frage Rhiana, ob sie selbst gewalttätig werden musste. Sie verneint. Ich weiß nicht, ob ich ihr glauben kann, aber ihre Schilderungen klingen schlüssig.

Es folgen Geschichten über Geschichten, eine schockierender als die andere. Das Gefängnis war alt, das Essen schlecht und vor allem die männlichen Aufseher fast ebenso brutal wie die Insassen.

Am späten Nachmittag breche ich auf. Rhiana hat mich zwar eingeladen, noch ein paar Tage zu bleiben, aber ich lehne ab, weil ich zügig weiter in Richtung Florida radeln möchte.

Auf meinen Radreisen sind die Begegnungen mit anderen Menschen immer mal wieder »Abenteuer pur«. Das Zusammentreffen mit Rhiana gehört unbedingt in diese Kategorie. Ihre Ausstrahlung, ihre Lebenseinstellung und ihr besonderes Lächeln haben mich schwer beeindruckt.

STURM

Der »607« verläuft noch für einige Meilen im Hinterland, aber ich rieche bereits die salzige Meeresluft. Mein heutiges Ziel ist der Touristenort Pass Christian, direkt am Meer gelegen. Es geht ein wenig bergab, der Highway neigt sich hinein in eine lang gezogene Linkskurve. Und dann sehe ich ihn: den Golf von Mexiko! Das Meer liegt direkt vor mir. Endlich! Von der Straße zum Sandstrand ist es jetzt nur ein Steinwurf. Ich bremse und bleibe noch vor dem Ende der Abfahrt stehen. So habe ich den besten Blick auf das Wasser. Nach den vielen Wochen im Landesinneren freue ich mich über den Anblick der unendlichen Weite. Etwa 80 Prozent meiner Strecke sind geschafft. Die nächsten 14 Tage werde ich Meeresluft genießen.

Meine erste Nacht auf dieser Reise verbringe ich direkt am Meer. Auch wenn ich kostenlos in einem Motel nächtigen könnte, ich würde heute darauf verzichten. Im Zelt liegen und durch das Mückennetz hinaus in Richtung Meer blicken, das möchte ich heute. Ich befinde mich nur etwa 150 Kilometer östlich von New Orleans. Während ich gestern noch durch vom Hurrikan verwüstete Gebiete geradelt bin, wirkt hier alles sauber und intakt. Katrina hat diese Gegend offensichtlich verschont. Ein feiner Sandstrand begrenzt hier das Meer, und dann folgen Wiesen auf Wiesen. Dazwischen stehen immer wieder Palmen. Oft muss ich lange suchen, bis ich einen grünen Streifen für mein Zelt finde, aber heute habe ich die Qual der Wahl. Überall sehe ich sattes Grün. Ich baue mein Zelt unter einer Palme auf. Ein richtig kitschiger Platz. Ich bin derart begeistert, dass ich nicht ein einziges Mal hinauf zum Himmel blicke.

Kaum steht mein Zelt, laufe ich bereits die wenigen Meter zum Strand. Dann stapfe ich durch den feinen Sand bis ins Wasser. Ich verschränke meine Arme vor der Brust, atme tief ein und genieße die Situation. Dabei beuge ich mich weit zurück und schaue nach oben. Sofort erschrecke ich. Ich blicke direkt in ein dichtes, schwarzes Wolkenmeer. Die Wolken sind in heftiger Bewegung. Etwas ungläubig schaue ich Richtung Landesinneres. Dort das gleiche Bild. Draußen über dem Meer scheint dagegen alles ruhig zu sein. Blauer Himmel, nur wenige Wolken. Das Licht fasziniert mich. Es ist eine eigenartige Stimmung. Ich hole mein Fahrrad zum Strand, um einige Fotos zu machen. Aber noch während des Fotografierens verschlechtert sich das Wetter dramatisch. Ich spüre, wie der Wind deutlich stärker wird. Die Meeresoberfläche wird unruhig. Die ersten Tropfen fallen. Ich muss zurück zum Zelt.

Während ich mit meinem Fahrrad die wenigen Meter bis zum Zelt haste, wird der Regen fast im Sekundentakt stärker. Die Tropfen prasseln auf meinen Kopf und den nackten Oberkörper. Wäre die Situation nicht so bedrohlich, dann würde ich mich über die feine Abkühlung sogar freuen. Immer wieder blicke ich zum Himmel hinauf. Die Wolken türmen sich gigantisch über mir auf. Ich bekomme ein Flashback.

Die beschauliche Stadt Reading in Kansas, Sommer 2009: Ich liege auf meiner Schlafmatte und starre in den Himmel hinauf. Noch vor Kurzem habe ich in einen nahezu sternenklaren Himmel geblickt. Nun beginnt sich dort oben ein Chaos zu entwickeln. Es kommt Wind auf, zuerst nur wenig, dann aber geht es plötzlich so richtig los. Alles in meiner Umgebung, das nicht fest mit dem Boden verbunden ist, beginnt sich zu bewegen. Fahnen flattern mit voller Lautstärke, Staub wird aufgewirbelt. Meine Bekleidung, die ich überall um mich herum zum Trocknen aufgehängt habe, macht sich selbstständig. Dann fällt auch noch mein Rad um. Noch bevor ich richtig realisiere, wie bedrohlich die Situation ist, befinde ich mich mitten im Ausläufer eines Tornados.

Damals konnte ich mich gerade noch in einen der Schutzbunker retten, in dem auch die restliche Bevölkerung des Dorfes auf das Ende des Tornados wartete. Und ich sorgte dort für Erheiterung: Beim Hineinstürmen in den Schutzraum trug ich nämlich nur meine Unterhose. Alles andere hatte sich in alle Himmelsrichtungen verteilt.

Heute lacht niemand. Und auch mir ist nicht zum Lachen zumute. Es steht mir außer meinem Zelt auch kein Schutzraum zur Verfügung. Ich lasse mein Fahrrad ins Gras fallen, als sich meine Unterkunft vom Boden zu lösen beginnt. Gerade noch kann ich mich auf mein Zelt werfen, bevor es sich der Sturm geschnappt hätte. Meine Notheringe befinden sich in einer Innentasche des Zeltes. Auf dem Bauch liegend, gelingt es mir irgendwie, die kleinen Metallstangen herauszuholen. Ich rolle mich zur Seite, ziehe das Rad zu mir heran und hebe es so weit auf mein Zelt, dass die Plane zumindest am Rand vom Gewicht des Fahrrades am Boden gehalten wird. Dann rolle ich mich auf die andere Seite. Mit einem Fuß bleibe ich auf dem Zelt stehen, den anderen stelle ich so weit wie möglich hinaus auf die Wiese. Ich mache eine Grätsche und drücke den ersten Hering in den Boden. Aber er hält nicht. Zu weich ist der Untergrund. Ich entdecke einen großen Stein, der ein paar Schritte entfernt liegt. Den Stein brauche ich. Ich vertraue darauf, dass mein Fahrrad das Zelt am Boden hält. Mit fünf großen Schritten bin ich beim Stein. Sofort hebt das Zelt vom Boden ab und flattert wie wild im Sturm. Gerade noch rechtzeitig bin ich zurück und platziere den Stein auf der Plane. Der Sturm hat das Zelt mittlerweile komplett unter dem Rad herausgerissen. Augenblicke später hätte es sich selbstständig gemacht. Auf dem Bauch liegend, ergreife ich eine der Leinen und befestige diese mit mehreren Knoten am Gepäckträger meines Fahrrades. Dann schnappe ich mir die beiden nächsten Schnüre. Eine Seite meines Zeltes ist jetzt fixiert. Ich atme ein wenig auf.

Plötzlich hält nur wenige Meter neben mir ein Auto. Alle vier Türen gehen auf und heraus springen drei Männer und eine Frau. Sofort eilen sie zu mir. Ich bin ein wenig überrascht, als jeder von ihnen eine

Ecke meines Zeltbodens ergreift und festhält. »We will help you!«, ruft einer der Männer. Ich steige vom Zelt herunter und entferne die Gepäcktaschen vom Rad. Das Rad lasse ich weiterhin auf einem Bodenende des Zeltes liegen, die schweren Taschen verteile ich rund um die Plane herum. Zwei noch freie Leinen binde ich an einem kleinen Baum fest. Endlich ist der Zeltboden gut fixiert. Jetzt muss ich nur noch das Gestänge zusammenstecken. Mit mir im Inneren wird mein Nachtlager gegen jegliches Davonflattern gesichert sein. Ich bitte meine Helfer darum, mich noch beim Aufstellen des Innenzeltes zu unterstützen. Obwohl es weiterhin wie aus Kübeln gießt und uns der Wind mit voller Kraft um die Ohren bläst, bleiben sie bei mir. Eine Minute später steht mein Zelt. Ich bedanke mich und krieche hinein. Meine Helfer eilen zu ihrem Auto und brausen davon.

Im Zelt ziehe ich meine Radlerhose aus und bin somit völlig nackt. Auf dem Boden haben sich mehrere kleine Pfützen gebildet. Ich kann mich weder abtrocknen noch kann ich etwas Frisches anziehen. Meine Bekleidung befindet sich in einer der Radtaschen, die als Zeltbeschwerer im Freien liegen. Kalt ist mir aber nicht, ich schwitze sogar ein wenig. Der Kampf gegen den Sturm hat mich ganz schön außer Atem gebracht. Jetzt bin ich froh, ein Dach über dem Kopf zu haben. Nackt im Zelt liegend, beobachte ich durch das kleine Fenster das Aufbäumen der Wellen und die Gischt. Der Himmel darüber ist kohlschwarz. Immer wieder blitzt es weit draußen, und es sieht aus, als würde jemand oben in den Wolken ständig ein Licht ein- und ausschalten. Mein komplettes Zelt ist in Bewegung. Es raschelt, und an allen Ecken zerrt der Sturm. Mittlerweile ist er noch ein wenig heftiger geworden. Es ist laut. Ich spüre, mit welcher Gewalt der Wind über mich hinwegfegt. Aber mein Zelt hält. Noch.

Ich brauche trotzdem etwas zum Anziehen und einige meiner Schlafutensilien. Die Nacht nackt auf dem nassen Zeltboden herumzuliegen und nicht einmal eine Schlafmatte unter mir zu haben, ist keine verlockende Aussicht. Also muss ich doch noch einmal hinaus in den Regen. Ich öffne den Reißverschluss und krieche Stück für Stück ins Freie. Aber je weiter ich nach außen komme, desto weiter löst sich mein Zelt vom Boden. Vorsichtig richte ich mich auf. Mit einer Hand halte ich das Gestänge fest, mit der anderen einen Teil der Plane. Im Zeitlupentempo schiebe ich mich in Richtung Gepäcktasche. Dabei achte ich darauf, immer einen Fuß auf der Zeltplane zu haben. Der Sturm wütet mit enormer Kraft. Plötzlich trifft mich ein immenser Windstoß und bringt mich aus dem Gleichgewicht. Ich stolpere. Die Gepäcktaschen rollen über die Wiese, zwei der Leinen reißen ab. Mein komplettes Zelt wird nun nur noch durch das Gewicht des Fahrrades gehalten. Rasch richte ich mich auf und werfe mich abermals mit vollem Gewicht auf meine Behausung. Nun bin ich wieder am Anfang angelangt. Während ich aber vorher zumindest mit einer Hose bekleidet war, liege ich nun nackt im Freien. Jetzt habe ich wirklich genug.

Ich richte mich auf und schaue mich um. Da fällt mein Blick auf ein kleines Häuschen, direkt an der Straße. Vermutlich eine Busstation. Wartehäuschen an Busstationen haben sich auf meinen Radreisen schon oft als Wetterschutz bewährt. Dort muss ich hin. Hastig ergreife ich mein Zelt und rolle es notdürftig zusammen. Der Wind reißt es mir fast aus den Händen. Das Zelt schützend vor meinen nackten Körper haltend, schaffe ich die 100 Meter bis zum Häuschen in rekordverdächtiger Zeit. Dann wieder zurück. Aus der ersten Tasche hole ich eine Radlerhose hervor und ziehe sie mir über. Nackt zwischen einer Busstation und einer Wiese hin- und herzuflitzen ist in den USA sicher nicht die beste Idee. Nach drei weiteren Sprints befindet sich meine komplette Ausrüstung, einschließlich Fahrrad, im Wartehäuschen. Ich schnaufe durch. Erst jetzt fällt mir auf, dass mein Nachtlager offensichtlich neuerer Bauart ist. Es schaut nett und sauber aus. Es gibt drei Wände aus Kunststoff und eine offene Seite. Und durch diese offene Seite schaut man direkt auf das Meer hinaus. Ein Bushäuschen mit Meeresblick: wunderbar!

Zufrieden sitze ich auf der kleinen Bank und blicke hinaus auf das kochende Meer. Auf meinem Schoß liegt eine Tafel Schokolade. Mein

Fahrrad lehnt an der Wand, die Gepäcktaschen stehen geöffnet daneben. Sie haben dem Sturm standgehalten. Mein schwer gebeuteltes Zelt hängt zum Trocknen über dem Rad. Schlafmatte und Schlafsack liegen vor mir auf dem recht sauberen Boden. Der Sturm ist inzwischen schwächer geworden; regnen tut es noch immer. Ich aber bin im Trockenen. Die Schokolade schmeckt köstlich.

DER TASCHEN-DIEB

In einer meiner Radtaschen befinden sich, gut geschützt in einem wasserdichten Beutel, die Geschenke für meine Liebsten zu Hause. Mein Sohn Jacob hat sich eine Grizzly-Kralle gewünscht. Für Anna, die Tochter meiner Lebensgefährtin Simone, erhielt ich von einem Schamanen einen echten Traumfänger, und Martin, ihr kleiner Bruder, soll ein grünes Original-Cap des US-Energiegetränkeriesen »Monster« bekommen. Ganz besonders stolz bin ich auf mein Geschenk für Simone. Bei meinem Aufenthalt im Dorf der *Native American* in Wyoming durfte ich einmal eine der von den Frauen dort getragenen Halsketten betrachten und konnte mich kaum sattsehen an der Schönheit der kleinen Steine, Krallen und anderer mir unbekannter Dinge. Und genau diese Kette erhielt ich dann beim Abschied vom Stammesältesten als Geschenk. Ich freue mich riesig darauf, meine Mitbringsel zu übergeben und die Geschichten dazu zu erzählen.

Alabamas südlichsten Zipfel lasse ich in wenigen Stunden hinter mir. Das Wetter ist traumhaft. Mit jedem Atemzug genieße ich die salzige Luft des Golfes von Mexiko. Ich bin glücklich. Der Highway 98, der mich vermutlich die nächsten zwei bis drei Tage Richtung Osten führen wird, ist zwar stark befahren, aber zwischen ihm und dem Meer gibt es immer wieder kleine Nebenstraßen und sogar Radwege. Die Umgebung von Santa Rosa Island bietet wunderschöne Sanddünen, traumhafte Strände mit feinkörnigem Sand und sauberes Meerwasser. Ideal für einen Schwimm-Stopp.

An einem kleinen Parkplatz lehne ich mein Fahrrad gegen einen hölzernen Picknicktisch. Weil ich danach noch etwas pausieren und essen will, nehme ich die Gepäcktaschen ab und stelle sie auf den Tisch. Bis zum Strand sind es nicht mehr als 50 Meter. So kann ich alles gut im Auge behalten.

Als ich die ersten Schritte barfuß im warmen Sand in Richtung Meer gehe, macht meine Seele einen Luftsprung. Die Wellen sind zwar etwas größer geworden, aber das Wasser ist warm, sauber, und die Schwimmbewegungen tun meinen müden Oberschenkeln gut. Ich kann mir in diesem Augenblick nichts Schöneres vorstellen, als hier im Meer zu plantschen.

Während ich das warme Wasser genieße, behalte ich jedoch meine Ausrüstung im Auge. Niemand ist zu sehen. Also keine Gefahr für mein Fahrrad. Ich schwimme ein wenig weiter hinaus und entdecke im klaren Wasser einige besonders bunte kleine Fische. Sie tummeln sich rechts und links von mir. Einige streifen sogar meine Arme. Immer mehr gesellen sich dazu. Ich bewege mich kaum, um die Tiere nicht zu verscheuchen, lasse mich nur vom Wasser tragen. Eine ganze Weile beobachte ich das bunte Treiben, dann drehe ich mich wieder um – und erschrecke. Jemand steht am Picknicktisch und hantiert an einer meiner Taschen. Ein paar Schritte daneben hält ein rotes Auto. Die Fahrertür ist offen.

Hastig kraule ich in Richtung Strand. Als Mehrkämpfer war ich früher einer der besten Schwimmer in unserem Team. Ich schwimme immer noch recht schnell. Aber hier im Meer kommt es mir vor, als komme ich kaum voran. Immer wieder hebe ich den Kopf. Seelenruhig bleibt der Unbekannte über mein Gepäck gebeugt. Langsam komme ich dem Ufer näher, aber leider werden jetzt auch die Wellen stärker. Es geht hinauf und hinab mit mir. Dann spüre ich endlich Grund unter den Füßen.

Plötzlich schaut der Mann in meine Richtung. Aber anstatt Reißaus zu nehmen, kramt er weiter in einer der Taschen herum. Dabei schaut er ständig in meine Richtung. Zwischen uns liegen nur noch

50 Meter Sand. Ich schreie so laut ich kann. Hastig mache ich die ersten Schritte. Dabei sinke ich tief ein und komme ins Stolpern. Ich kann mich nicht mehr richtig abfangen und falle mit dem Gesicht nach vorn in den Sand. Schnell richte ich mich wieder auf und taumle weiter, aber meine Augen brennen höllisch.

Jetzt sind es nur noch 20 Meter, eine Entfernung, die ich unter normalen Verhältnissen in wenigen Sekunden hinter mich bringe. Aber hier im tiefen Sand sieht es anders aus. Der Mann reißt nun etwas aus einer meiner Taschen, dreht sich um und sprintet in Richtung Auto. Nun erreiche auch ich harten Untergrund. Jetzt kann ich meine noch immer vorhandenen Sprinterqualitäten einsetzen. Die hat aber auch mein Gegner. Flink wie ein Wiesel erreicht er das Auto und springt hinein. Erst jetzt bemerke ich, dass der Motor läuft. Also alles vorbereitet für eine rasche Flucht. Wieder schreie ich. Dann bin ich beim Auto und greife nach der Tür, aber nun steigt der Dieb auf das Gas. Ich höre die Reifen quietschen und weiß, ich habe verloren. Auf der Rückbank sehe ich noch einen blauen Beutel liegen. Meinen blauen Beutel. Es ist der, in dem sich die Geschenke für meine Lieben befinden. Kurze Zeit später sehe ich das Auto hinter den Dünen verschwinden.

Ich bin frustriert und ärgere mich unendlich über mich selbst. Weitere Verluste habe ich zwar nicht zu beklagen, aber ich fasse es nicht, dass der Dieb genau diesen Beutel aus der Gepäcktasche herausgenommen hat. Bald darauf packe ich zusammen, steige lustlos auf mein Fahrrad und fahre weiter. Dabei geht mir nicht aus dem Kopf, dass ich nun tatsächlich kein einziges Geschenk mehr habe. Ständig grüble ich darüber nach, welche Alternative es geben könnte. Einfach schnell ein Geschenk in der Abflughalle des Flughafens zu kaufen, kommt für mich nicht infrage. Aber einige Tage Spielraum habe ich ja noch.

Mein Weg führt mich südlich der Choctawhatchee Bay nach Miramar Beach. Dort möchte ich nun Pause machen und mit etwas Süßem meine Stimmung aufhellen. Ein Donut-Laden mit einem besonders auffälligen bunten Anstrich kommt mir gerade recht. Als ich um die

Ecke des Gebäudes biege, traue ich kaum meinen Augen: Mitten auf dem Parkplatz entdecke ich das rote Auto, das vor zwei Stunden mit den Geschenken für meine Liebsten davongerast ist. Auf der Fahrerseite stehen drei junge Burschen und reden mit dem Fahrer. Diese Gelegenheit werde ich mir nicht nehmen lassen. Ich bin fest entschlossen, mir meine Mitbringsel zurückzuholen.

Während ich mein Fahrrad an die Wand lehne, meine Radhandschuhe und den Helm ablege, behalte ich das Auto im Auge. Dann schlüpfe ich noch aus meinen Radschuhen. Ohne sie und ihre Metallplatten bin ich zu Fuß schneller. Als ich dann in Richtung der drei Burschen sprinte, schreie ich, so laut ich kann. Sie drehen sich um und starren verwundert in meine Richtung. Ansonsten bleiben sie aber ruhig stehen. Vermutlich können sie die Situation gar nicht richtig einordnen. Beim Auto eingetroffen, schiebe ich einen von ihnen kurzerhand zur Seite und reiße die Fahrertür auf.

Eine junge Frau schaut mich völlig perplex an. Und auch ich bin jetzt sprachlos. Der Dieb, den ich aus dem Wasser heraus beobachtet habe, war eindeutig männlich. Jetzt fällt mir auch auf, dass die Rückbank des Autos nicht so aussieht wie die, die ich bei meinem Verfolgungssprint kurz erkennen konnte. Und auch meine Tasche liegt nicht dort. Klare Sache: Dieser rote Wagen ist nicht das Auto des Diebes. Ich entschuldige mich ausführlich, und schleiche dann sehr kleinlaut davon.

DELFINE

Mein Ausflug ins Wasser des Golfes von Mexiko hat also leider einen bitteren Nachgeschmack. Die nächsten zwei Tage führt mich der Highway 98 stetig weiter Richtung Osten, immer begleitet von der scheinbar unendlichen Weite des Meeres. Und sehr bald schon steht für mich fest: Ich werde den Golf nicht hinter mir lassen, ohne noch einmal ausgiebig darin zu baden.

Carrabelle Beach ist der Name eines besonders schönen Strandes, mit viel feinem Sand, frei gespülten Baumstümpfen und Schilflandschaften. Dazwischen immer wieder gesperrte Bereiche zum Schutz der Meeresschildkröten. Der Campground des Ortes liegt in Strandnähe. Am späten Nachmittag schlage ich dort mein Zelt auf, direkt zwischen einigen Motorhomes der Größe XXL. Über eine Stunde sitze ich vor dem Zelt, genieße die schöne Aussicht und schaue der Sonne beim Sinken zu. Dann schlüpfe ich in meine Badehose, um den Sonnenuntergang direkt aus dem Wasser heraus zu beobachten. Vorher bitte ich allerdings meine Campingnachbarn, ein Auge auf meine Ausrüstung zu haben …

Wieder zeigt sich das Meer von seiner besten Seite. Heute ist die Wasseroberfläche völlig ruhig. Es ist bereits später Nachmittag. Lange wird es nun nicht mehr dauern, bis die Sonne ganz im Meer versinkt.

Ich schwimme ein Stück hinaus. Dann drehe ich mich auf den Rücken und lasse mich treiben. Mit wenigen Bewegungen halte ich mich an der Oberfläche. Ich schließe die Augen und genieße.

Plötzlich streift irgendetwas mein Bein. Ich erschrecke fürchterlich und mein Herzschlag setzt für einen Augenblick aus. Mein erster Gedanke: ein Hai! Ich blicke mich um. Nichts. Ich hole tief Luft und tauche meinen Kopf unter Wasser. Ich kann zwar den Meeresboden sehen, aber keinen einzigen Fisch weit und breit. Noch mit dem Kopf unter Wasser drehe ich mich in alle Richtungen. Nichts. Dann beobachte ich ängstlich die Wasseroberfläche. Alles ist ruhig. Kein Hai weit und breit. Gerade als ich mich ein wenig beruhigt habe, huscht unter mir abermals ein Schatten hindurch. Sofort spüre ich wieder das Adrenalin in meinem Körper. Ich meine, die charakteristische Flosse eines Haies bemerkt zu haben und trete wie wild im Wasser nach unten, als ob ich das Raubtier dadurch verscheuchen könnte. Gleichzeitig drehe ich mich panisch im Kreis. Dann sehe ich eine kleine Flosse, die aus einiger Entfernung direkt auf mich zukommt. Mir schlägt das Herz bis zum Hals. Was soll ich tun? Das Tier kommt immer näher. Kurz bevor es mich erreicht, taucht es ab, unter mir hindurch. Ich drehe mich um und sehe den dunklen Schatten wieder an die Wasseroberfläche kommen. Aber nun kann ich das Tier besser sehen. Es hat einen stromlinienförmigen Körper und einen länglichen, schnabelartigen Kopf. Ich atme auf: ein Delfin!

Ich habe schon mehrfach Delfine in freier Natur gesehen. Aber ich bin noch nie einem dieser schönen Tiere begegnet, während ich selber im Meer geschwommen bin. Mit wenigen, vorsichtigen Bein- und Armbewegungen halte ich mich an der Oberfläche. Der Delfin umkreist mich, nur wenige Meter von mir entfernt. Ich drehe mich langsam mit, um ihn so gut wie möglich beobachten zu können. Plötzlich sehe ich zwei weitere Flossen und erschrecke abermals. Beide sind deutlich größer als die, die mich gerade umkreist. Aber dann fasse ich mich schnell wieder. Zwei spitze Köpfe ragen wenige Meter vor mir aus dem Wasser. Der Delfin ist also nicht allein. Ich habe das Gefühl, dass mich die beiden Neuankömmlinge genau mustern. Einer der beiden bewegt seinen Kopf hin und her, der andere taucht unter. Nun sind wir also zu viert.

Ich kenne mich mit Delfinen nicht besonders gut aus und weiß auch nicht, ob es sich hier um eine Familie handelt. Zwei große Tiere und ein deutlich kleineres lassen jedoch darauf schließen. Delfine gehören zu den intelligentesten Geschöpfen der Tierwelt und haben einen sehr guten Gehör- und Gesichtssinn. Sie können sich durch Echoortung mittels Ultraschall ausgezeichnet orientieren. Sie sind zudem sehr sozial, was sich unter anderem darin zeigt, dass sie erkrankte oder verletzte Artgenossen ihrer Gruppe nicht im Stich lassen.

Alle drei umkreisen mich nun. Das kleine Tier schwimmt voraus, die beiden größeren hinterher. Immer wieder tauchen die Meeressäuger unter und wieder auf. Ich stecke meinen Kopf ebenfalls immer wieder in das Wasser, um die Tiere auch dort zu beobachten. Mittlerweile brennen meine Augen vom Salz, und ich sehe auch über Wasser nicht mehr besonders gut. Einer der großen Delfine kommt mir sehr nahe. Ich strecke meine Arme aus, kann ihn aber nicht erreichen. Nur einmal berühre ich ganz kurz seine Flosse. Das kleine Tier beginnt nun kurze Sprünge aus dem Wasser heraus zu machen, um dann gleich wieder mit seiner spitzen Schnauze zuerst in das Meer einzutauchen. Bald folgen die beiden anderen dem Spiel.

Ich kann nicht sagen, wie lange ich mich mit den Delfinen im Kreis drehe. Plötzlich sind sie fort. Die Wasseroberfläche ist vollkommen ruhig. Dann entdecke ich weiter draußen die drei Flossen. Noch ganz beeindruckt von meinem Erlebnis, schwimme ich zurück in Richtung Strand. Immer wieder drehe ich mich um. Die Sonne berührt jetzt fast die Wasseroberfläche. Am Strand angekommen, steige ich auf die Picknickbank, um von dort aus noch einen letzten Blick auf die Tiere zu werfen. Fasziniert schaue ich hinaus auf das Meer. Weit draußen schwimmen die drei Delfine hin und her. Nur die Flossen sind sichtbar. Ansonsten ist die Wasseroberfläche vollkommen unbewegt. Die Sonne taucht nun endgültig ins Meer. Jetzt werden die Flossen immer kleiner. Die Delfine zieht es hinaus in die Weite. Für eine Weile durfte ich in ihrer Nähe sein, gemeinsam mit ihnen im Wasser des Golfes schwimmen.

FAMILIENFEST MIT GARTEN-ZWERGEN

Moore Haven ist ein kleiner beschaulicher Ort in den *Big Cypress Swamps*. Er liegt südlich des riesigen Lake Okeechobee. Als ich die Ortsgrenze erreiche, dämmert es bereits. Ein langer Tag liegt hinter mir, und vor mir meine letzte Nacht auf dieser Radreise. Heute möchte ich nicht im Zelt schlafen. Zum einen muss ich morgen gut ausgeschlafen sein – 250 Kilometer Radfahren liegen noch vor mir – zum anderen ist die letzte Nacht unterwegs immer etwas Besonderes.

Auf der Suche nach einem Motel schaue ich mich etwas um und entdecke einen Brunnen, um den einige Kinder herumlaufen. Als ich sie gerade nach einem Motel fragen will, kommen eine Frau und ein Mann auf mich zu und fragen mich freundlich, ob sie mir helfen können.

Als mir der Mann dann zu erklären beginnt, welche Motels es in diesem Ort gibt, winkt seine Frau ab. Ich könne doch mit zu ihnen kommen. Heute würde es ein großes Familienfest geben, und im Haus sei genügend Platz. Der Mann nickt sofort dazu. Kurz darauf fahre ich hinter dem großen Van der Familie her. Am südlichen Ortsende biegen wir in eine lange Einfahrt ein. Ich schätze sie auf mindestens 500 Meter; auf beiden Seiten ragen in regelmäßigen Abständen hohe

Bäume in den Himmel. Am Ende dieser Allee steht ein beeindruckendes Haus. Es hat drei Stockwerke, viele große Fenster, und oben auf dem spitzen Giebel sitzt ein metallener Vogel. Ich glaube, es ist ein Storch. Vermutlich handelt es sich um eine Art Windspiel. Was mir auch gleich auffällt, ist der Garten. Und darin vor allem einige Farbflecken, die fein säuberlich in einem großen Halbkreis auf der Wiese aufgereiht sind: eine ansehnliche Anzahl Gartenzwerge in verschiedensten Varianten. Große, kleine, einfarbige und bunte. Zwerge mit unterschiedlichem Werkzeug in den Händen, Zwerge bei der Arbeit und Zwerge beim Sport. Einer sitzt sogar auf einem Fahrrad. Jemand in dieser Familie hat Sinn für Kitsch.

Ich bekomme ein nettes Zimmer, gleich im Parterre, und darf dort sogar mein Fahrrad abstellen. Während ich mich für die kommende Nacht einrichte, beobachte ich durch das Fenster, wie laufend Besucher eintreffen. Sie machen alle einen fröhlichen Eindruck, umarmen sich, und jeder hat ein Mitbringsel dabei: die einen feste Nahrung, die anderen flüssige. Ich habe Hunger und freue mich auf das große Fest, das hier jährlich mit Familie, Freunden und Nachbarn zusammen gefeiert wird.

Jeder begrüßt mich, als ob ich zur Familie gehören würde. Einige umarmen mich sogar. Mir ist das ein wenig peinlich. Ich kenne ja niemanden, bis jetzt nicht einmal die Namen meiner freundlichen Gastgeber. Es kommen immer mehr Leute. Überall werden Tische, Holzbänke und Campingstühle hervorgeholt und im Garten verteilt. Ich hole mir aus einer Kühlbox eine Flasche Budweiser und genieße den ersten Schluck. Und dann gleich den nächsten. Es schmeckt wunderbar. Ob von den anderen Gästen auch jemand einen langen Radlertag hinter sich hat? Wohl nicht. Aber es sieht trotzdem so aus, als hätten sie sich ebenfalls schon sehr auf Bier und Wein gefreut.

Ungezwungen stelle ich mich zu einem der Gästegrüppchen. Man empfängt mich mit einem freundlichen Nicken, und wir stoßen an. Die Stimmung ist recht angeregt. Ein wenig schmunzeln muss ich über das Thema, das gerade so heftig diskutiert wird: Es geht um die Gartenzwerge. Es gibt Gartenzwergbefürworter und Gartenzwerggegner. Dabei sind die Befürworter aber deutlich in der Unterzahl. Ich zähle nur zwei davon. Beide sind weiblich. Und beide schwärmen von den niedlichen Figuren im Garten. Alle anderen verdrehen eher die Augen. Eine der weiblichen Gegnerinnen zeigt sich besonders abgestoßen. Sie fällt den beiden Schwärmerinnen ständig ins Wort und zeigt abfällig auf die Zwergenrunde. Dabei wird sie von ihrem männlichen Begleiter lautstark unterstützt. Die Diskussion wird lauter. Und heftiger werden auch die Gesten. Da braut sich etwas zusammen.

Einer der männlichen Gartenzwerggegner, der unmittelbar neben mir steht, rempelt mich immer wieder leicht an. Offensichtlich will er mich ermuntern, ebenfalls einen Kommentar zum Zwergenthema abzugeben. Aber ich werde mich nicht an dieser Diskussion beteiligen. Wobei mir die Gartenzwerge schon gefallen. Ein wenig Kitsch im Garten – das gehört einfach zu Florida. Als mich auch die anderen der Gruppe fragend anblicken, zucke ich die Schultern, gebe aber keinen weiteren Kommentar dazu ab. Das Tankstellenerlebnis in Tylertown soll sich nicht wiederholen.

Aber auch ohne meine Meinung kommt immer mehr Leben in die Gruppe. Ich schaue mich ein wenig um. Die anderen Besucher sitzen auf Bänken, Stühlen oder einfach im Gras. Sie essen und trinken, unsere Diskussion scheint sie nicht besonders zu interessieren. Jetzt zeigt eine der beiden Zwergenfans erregt in Richtung Figuren. Dabei vergisst sie leider das Glas Wein in ihrer Hand. Der Inhalt ergießt sich über das Kleid ihrer Disputantin. Diese scheint die unfreiwillige Dusche als Angriff zu verstehen, denn sie kontert sofort auf die gleiche Weise. Jetzt wird es laut. Ich trete einen Schritt zurück. Nun greifen auch die beiden Begleiter der Frauen ein. Es kommt zu einem heftigen Wortwechsel. Die ersten Handgreiflichkeiten folgen. Ein Mann tritt dem anderen auf die Füße, eine Frau der anderen ebenso. Ich mache einen weiteren Schritt zurück und muss ein wenig schmunzeln: ein richtiger kleiner Zwergenaufstand.

Plötzlich springt eine der Zwergengegnerinnen in Richtung Streitobjekte. Dort angekommen, holt sie aus und tritt mit voller Wucht gegen einen Zwerg mit Gärtnerwerkzeug in den Händen. Mit einem lauten Knall macht sich der Kopf des Gärtners selbstständig. Von hinten sieht es aus, als ob eine Fußballspielerin einen Elfmeter verwandelt. Alle in der Gruppe erschrecken. Auch die anderen Besucher starren nun ungläubig in Richtung des geköpften Zwerges. Stolz blickt die Frau auf den Torso. Man sieht ihr richtig an, dass ihr der Fußtritt Freude gemacht hat.

Nun schaltet sich die Hausbesitzerin ein. Mit zwei großen Schritten ist sie bei ihrem Zwerg und stößt dessen Zerstörerin empört zu Boden. Jetzt geht es drunter und drüber. Mittlerweile sind auch der Gastgeber und mehrere andere Männer bei den Streitenden. Es wird geschrien und gestoßen. Weitere Zwerge kommen zu Schaden.

Ich bin sicher, dass nicht alle der Beteiligten wissen, um was es bei der Auseinandersetzung geht. Trotzdem ist mindestens die Hälfte der Gäste darin verwickelt. Alle anderen beobachten das Durcheinander aus sicherer Entfernung. Einige davon scheinen sich köstlich zu amüsieren. Und ich muss zugeben: ich mich ebenfalls. Vermutlich wird mir zu Hause niemand glauben, dass ich mich mitten in einer Rauferei befunden habe, die sich an einigen Gartenzwergen entzündet hat.

Und dann ist plötzlich alles vorbei. Als ob nichts gewesen wäre, gehen die eben noch Streitenden wieder auseinander. Nur die Gastgeberin und ihr Mann bleiben stehen. Er nimmt sie tröstend in die Arme. Sie weint. Dann beginnt sie, die Reste ihrer Zwerge einzusammeln. Ich helfe mit. Wir legen alle Bruchstücke unter die Veranda.

Der restliche Abend verläuft, wie er begonnen hat: mit viel Alkohol. Ich halte mich etwas zurück, aber einige Flaschen Bier gönne ich mir dann doch. Irgendwann aber habe ich genug und ziehe mich in mein Zimmer zurück. Während ich meine Ausrüstung für den nächsten, letzten Reisetag vorbereite, feiern die Gäste im Garten noch lange weiter.

Als ich mein Fahrrad am nächsten Morgen aus dem Zimmer schiebe, ist es draußen noch dunkel. Ich verhalte mich so leise wie möglich, um niemanden zu wecken. Sicher schlafen die meisten Gäste noch tief. Als ich vor dem Haus aufs Rad steige, schaue ich noch einmal zur Veranda hinüber, unter der die Opfer liegen. Alle Zwerge sind hin. Keine der gestern noch so fröhlich im Gras stehenden Figuren hat das abendliche Massaker überlebt.

MISSVERSTÄNDNIS AM ZIEL

Ich bin am Ziel! Mein zweimonatiges Abenteuer geht nun wirklich zu Ende. Der letzte Radfahrtag hinein in das geschäftige und vor allem verkehrsreiche Umfeld von Miami war noch einmal eine echte Herausforderung, die ich nur mit Glück unbeschädigt überstanden habe. Ein herrlicher Morgen mit ruhigen Stunden auf einem kilometerlang geradeaus laufenden Asphaltband verwandelte sich über den Tag hinweg in einen Albtraum von mehrspurigen Highways voller Trucks und ohne Randstreifen. Als ich schließlich in einem Motel in der Nähe des Flughafens auf mein Bett sinke, bin ich nervlich und körperlich vollständig geschafft.

Drei Tage verbringe ich noch in Miami. Erst langsam begreife ich, dass ich etwas Besonderes hinter mir habe. Nicht jeder fährt in 60 Tagen quer durch Nordamerika. Und nicht alle, die das getan haben, haben damit auch ein großes Lebensthema zu einem Abschluss gebracht.

Für ein Sightseeing in Miami fehlt mir die Lust. Ich habe so vieles gesehen in den letzten zwei Monaten. Jetzt brauche ich ein wenig Ruhe. Am erholsamsten ist es, im hoteleigenen Pool im warmen Wasser auf dem Rücken liegend dahinzugleiten. Dabei denke ich immer wieder an meine Reise, aber auch an die vergangenen Jahre mit ihren Schicksalsschlägen zurück. Ich habe viel gejammert und mich oft gefragt, wann endlich Ruhe in mein Leben einkehren würde. Und so habe ich schließlich etwas unternommen, um aus dem Tal herauszukommen: eine Reise mit dem Fahrrad.

Der letzte Tag stellt mich vor die Aufgabe, mein Fahrrad zu zerlegen und notdürftig zu verpacken. Notdürftig deshalb, weil ich keinen großen Fahrradkarton oder eine ähnlich passende Verpackung organisieren kann. Also muss ich erfinderisch sein. In der Nähe meines Hotels liegen verschiedene Geschäfte. Aus deren Altverpackungen suche ich möglichst große Kartons heraus und klebe diese zusammen. Bis auf den Rahmen zerlege ich mein Fahrrad komplett. Für die abgebauten Teile und meine restliche Ausrüstung kaufe ich noch zwei große Reisetaschen. Schließlich ist alles vorbereitet für meine Heimreise.

Am letzten Abend möchte ich mir noch einmal ein leckeres, warmes Essen gönnen. Der Chinese gleich neben dem Hotel ist dabei meine erste Wahl. Offensichtlich ein gutes Lokal, denn alle Tische sind besetzt. Die Kellnerin führt mich zu einem kleinen Tisch in der Ecke und weist mir einen Platz zu. Ich setze mich zu einer Frau, die mich freundlich anlächelt. Ein guter Start in den Abend. Ich habe Hunger und freue mich auf das Essen.

Das Essen vom Buffet schmeckt ausgezeichnet. Als ich das zweite Mal aufstehe, um mir einen Nachschlag zu holen, schaut mich meine Tischnachbarin mit großen Augen an. Ich kann mir vorstellen, warum. Schon mein erster Teller war gut gefüllt, und das gilt auch noch für diesen. Auf meine kurze Bemerkung hin, dass ich *very hungry* sei, kommen wir ins Gespräch – und zwar sehr schnell auf Deutsch. Karin lebt in Wien. Stolz erzählt sie mir, dass sie mit dem Motorrad von Los Angeles bis hierher nach Miami gefahren sei. Ganz allein. Drei Wochen hätte sie auf einer Harley gesessen und ohne viel Planung die USA durchquert. Jetzt habe sie genug vom vielen Sitzen. Morgen will sie noch bis ans südliche Ende Floridas und von dort aus wieder nach Hause fliegen. Man kann ihr ansehen, wie stolz sie auf ihr Abenteuer ist. Es gefällt mir, wie sie von ihrer Reise schwärmt. Vor allem als sie erwähnt, dass es ihre erste mehrwöchige Fahrt mit dem Motorrad gewesen sei. Und ihr erster Aufenthalt in den USA überhaupt.

Ich schätze Karin auf um die 40. Sie hat langes schwarzes Haar, trägt eine Lederjacke und hat coole Geschichten auf Lager. Scheinbar ist sie von einem Abenteuer in das andere geschlittert. Sie erzählt von einer Begegnung mit einer Gruppe von Rockern, gleich am ersten Tag nach ihrer Ankunft in Los Angeles, und von einer Party in Las Vegas, wo sie in einer großen Halle mit fast 1.000 Lesben und Schwulen ein riesiges Fest gefeiert hätte. Als sie von der Route 66 zu schwärmen beginnt, fühle ich mich zurückversetzt in jene Zeit, wo ich ebenfalls auf der »Mutter aller Straßen« durch einsamste Gegenden geradelt bin. Dann schwärmt sie von einem urigen Lokal in einem kleinen Ort in Oklahoma, das so klein sei, dass es nur drei Barhocker und einen kleinen Tresen gäbe. Gerade einmal fünf Gäste hätten in diesem Lokal Platz, aber auch nur dann, wenn sie sich eng aneinanderdrückten. Als Karin die Bar betrat, hätte die Besitzerin gleich die Tür hinter ihr verriegelt, damit keine anderen Gäste mehr hereinkommen könnten, vor allem keine männlichen.

Als ich mich nach einiger Zeit im Lokal umschaue, bemerke ich, dass außer uns kein einziger Gast mehr anwesend ist. Es ist bereits Mitternacht. Eigentlich will ich in mein Bett, um morgen ausgeschlafen die Heimreise anzutreten, aber Karin schlägt vor, noch irgendwohin zu gehen und unser Gespräch fortzusetzen. Leichter gesagt als getan, denn dieser Teil der Stadt ist nicht gerade übersät mit Lokalen. Es bleibt nur die Bar in meinem Hotel, das sich auch als das ihre herausstellt. Wir bestellen eine Flasche Rotwein, und schnell ist die Bikerin wieder in ihrem Element. Die Geschichten gehen weiter.

So erfahre ich unter anderem, dass ein typisches Radfahrerproblem auch für Motorradfahrer eines ist: Hunde ... Die ersten Tage ist Karin angeblich bei jeder Hundeattacke derart erschrocken, dass sie jedes Mal fast gestürzt wäre. Da erkenne ich sofort gewisse Parallelen. Einmal hätte sich ein besonders hartnäckiges kleines Exemplar in einem ihrer Motorradstiefel verbissen und wollte nicht mehr loslassen. Nicht einmal, als sie langsam weiterfuhr. Erst nach fast einem Kilometer und viel wildem Schütteln hätte das kleine Biest aufgegeben. Zu diesem Thema kann ich auch etwas beitragen. Karin macht große Augen, als ich ihr von einer Hundebegegnung in Colorado berichte. Dort wurde ich gleich von zwei Exemplaren gejagt, die sich offensichtlich einen riesigen Spaß daraus machten, mich zu ärgern. Karin fragt mich, warum ich nicht einfach Gas gegeben hätte und davongefahren sei. Hatte ich versucht, aber mit viel Gepäck war das eben gar nicht so leicht.

Es ist bereits 2 Uhr, trotzdem ist die Bar noch gut gefüllt. Mittlerweile haben wir die Flasche Rotwein zur Hälfte geleert, und ich bin wirklich müde. Karin offensichtlich überhaupt nicht. Sie fragt mich nun, ob ich mein Bike auch hier in den USA ausgeliehen hätte. Ihre Harley hat sie in Los Angeles »One-Way« gemietet, kann sie also hier am Ende ihrer Reise einfach abgeben. Ich verstehe die Frage nicht. Wieso gemietet? Sie schaut mich mit großen Augen an, als ich ihr sage, dass ich mein Bike von zu Hause mitgenommen hätte und es morgen auch wieder als Sperrgut einchecken würde. Das will sie sehen, und zwar sofort. Ich hole mir vom Kellner den Schlüssel zum Abstellraum, und dann stehe ich mit meinem notdürftig zusammengebauten großen Karton in der Bar. Karin fällt fast vom Barhocker.

Ich habe ja schon einige Menschen staunen gesehen, aber mit so weit geöffnetem Mund stand noch niemand vor meinem Gepäck. »Da drinnen ist dein Motorrad?«, stottert sie. »Wieso Motorrad?«, antworte ich. Ich zeige auf ein Bild von meinem Fahrrad, das außen an der Verpackung klebt. Karin schluckt ein paarmal. Sie hätte geglaubt, ich sei ebenfalls mit einem Motorrad gefahren. Ich hätte doch von einem Bike gesprochen. Jetzt wird mir natürlich einiges klar. Stimmt wohl, es ist beim Erzählen nie das Wort Fahrrad gefallen. Wie sollte sie darauf kommen? Zudem ist unser Gespräch bisher eher einseitig gewesen. Fast ausschließlich sie hat von ihren Abenteuern berichtet. Nun steht sie da und bestaunt mein Fahrrad.

Dann aber stellt sie Fragen über Fragen. Sie zieht mich zurück zum Tresen. Den Fahrradkarton lasse ich mitten in der Bar stehen. Es ist keine Rede mehr vom Schlafengehen, zumindest nicht bei Karin. Und ich habe keine Chance zur Widerrede. Mittlerweile bin ich aber auch gar nicht mehr müde. Geduldig beantworte ich alle ihre Fragen und erzähle einige meiner schönsten Erlebnisse. Einige Streckenabschnitte, die Karin mit ihrem Motorrad gefahren ist, habe ich ebenfalls bewältigt. Es gibt also Gesprächsstoff in Mengen. Die Zeit vergeht rasend schnell. Irgendwann sind alle Gäste verschwunden, und auch der Mann hinter der Bar hat sich wortlos verabschiedet. Karin und ich verbringen auch den restlichen frühen Morgen an der Bar. Dann wechseln wir direkt in den Frühstücksraum. Draußen ist es schon hell. Eine Stunde später verabschieden wir uns voneinander.

Als mein Flieger von der Startbahn abhebt und Höhe gewinnt, weiß ich: Dies war mein vorerst letztes Fahrradabenteuer auf dem amerikanischen Kontinent. Ich habe hier viel gesehen und erlebt, aber jetzt freue ich mich auf zu Hause. Und auf einen neuen Lebensabschnitt. Und vielleicht radle ich in naher Zukunft einmal durch Europa. Auch dort gibt es viel zu erleben.

DANKSAGUNG

Liebe Simone: Diese Reise wäre ohne dich nicht möglich gewesen.

Weder die Reise durch den großen Kontinent noch die Reise durch mein Ich. Ich könnte mir keine bessere Reiseführerin als dich vorstellen.

Du hast immer an mich geglaubt, auch wenn ich an mir gezweifelt habe. Du hast hinter mir gestanden, mich beraten und mich immer wieder aufgerichtet. Für dich selbst hast du dabei nie etwas eingefordert.

Obwohl du einen schweren Schicksalsschlag bewältigen musstest, hast du deine Lebensfreude und deine positive Ausstrahlung nie verloren. Durch dich lerne ich zu verstehen, was Liebe bedeutet.

Ich danke dir von Herzen!

DIE ETWAS ANDERE STATISTIK

Tiere

Die meisten Bärenbegegnungen *(Grizzly + Schwarzbär)* an einem Tag: 8

Die meisten unterschiedlichsten Tierbegegnungen an einem Tag: **10** *(Grizzly, Braunbär, Puma, Bison, Bergziege, Vogel, Erdhörnchen, Wildente, Hund, Schlange)*

Anzahl der Hundeangriffe insgesamt auf dieser Reise: **39**

Die meisten gleichzeitig angreifenden Hunde: 7

Längste Strecke (Zeit), die mich ein Hund ununterbrochen verfolgt und immer wieder attackiert hat: **16 Meilen** (2 Stunden 20 Minuten)

Fahren

Höchste Geschwindigkeit auf der Geraden mit vollem Gepäck (Rückenwind): **41 km/h**

Niedrigste Geschwindigkeit auf der Geraden mit vollem Gepäck (Gegenwind): **6 km/h**

Die längste durchgehend geschobene Strecke: **21 Meilen** (33 km) Baustelle Alaska Highway

Am häufigsten während eines Fahrtages gewechselt zwischen Schieben und Fahren (Baustellenbereiche): **19**

Die meisten an einem Tag gemachten Höhenmeter bergauf: **3.200**

Essen und Trinken

Die meisten hintereinander während einer Pause verdrückten Donuts: **14**

Die größte innerhalb einer Tagesstrecke benötigte Flüssigkeitsmenge: **11,5 l** (Tagesration Hitzeperiode Kansas)

Das teuerste Essen: **41 Dollar** für ein ganz spezielles Steak (hatte ich übersehen) ohne Beilage in einem Restaurant

Das billigste tatsächlich bezahlte Essen: **1 Dollar 50 Cent** für Suppe, einen Salat und ein Stück Fleisch mit Gemüsebeilage in einer kleinen, etwas heruntergekommenen Bar im Hinterland von Kansas

Die meisten Gläser Bier (kleine) während eines Abends in einer Bar: **13**

Wetter

Die höchste Temperatur während des Radfahrens: **48 Grad** (Kansas)

Die meisten Wetterwechsel pro Tag: **11** (Yukon)

Stärkster Gegenwind (gemessen mit Handwindmesser): **72 km/h**

Stärkster Rückenwind (gemessen mit Handwindmesser): **67 km/h**

Sonstiges

Anzahl der Reifenpannen auf der gesamten Reise: **0 (Null!)**

Das knappste Truck-Überholmanöver: **10 cm** Abstand zu mir (kleiner Seitenspiegel am Lenker heruntergerissen)

Der am längsten andauernde »Flow«: **3 Stunden 35 Minuten** (in Nebraska; aus dieser Zeit kann ich mich an nahezu nichts erinnern)

Die meisten Hilfsangebote innerhalb einer Tagesstrecke: **12 x** in Wyoming innerhalb von 110 Km (jeweils ein/e Autofahrer/in)

Die kleinste Bar: **1 Barkeeper, 3 Stehplätze** (südliches Montana, Grundfäche 2 x 2 m)

Der schrägste Typ, dem ich begegnet bin: Mann in Mississippi mit **67 Tatoos**

Das außergewöhnlichste Geschenk: **Esel** (von den Amishpeople)

Der Autor dankt den Ausrüstungsfirmen Löffler, Ortlieb und Rose für ihre langjährige Unterstützung

Bibliografische Information der Deutschen Nationalbibliothek
Die Deutsche Nationalbibliothek verzeichnet diese Publikation in der Deutschen Nationalbibliografie; detaillierte bibliografische Daten sind im Internet über http://dnb.dnb.de abrufbar.

1. Auflage
ISBN 978-3-667-11417-4
© Delius Klasing & Co. KG, Bielefeld

Lektorat: Klaus Bartelt, Michaela Franke
Fotos: alle von Thomas Widerin, bis auf Umschlagrückeseite: David Johansson
Karte: inch3, Bielefeld
Umschlaggestaltung: Felix Kempf, fx@fx68.de
Satz: Axel Gerber
Lithografie: Mohn Media, Gütersloh
Druck: GGP Media GmbH, Pößneck
Printed in Germany 2018

Alle Rechte vorbehalten! Ohne ausdrückliche Erlaubnis des Verlages darf das Werk weder komplett noch teilweise reproduziert, übertragen oder kopiert werden, wie z. B. manuell oder mithilfe elektronischer und mechanischer Systeme inklusive Fotokopieren, Bandaufzeichnung und Datenspeicherung.

Delius Klasing Verlag, Siekerwall 21, D - 33602 Bielefeld
Tel.: 0521/559-0, Fax: 0521/559-115
E-Mail: info@delius-klasing.de
www.delius-klasing.de

LESEPROBE

TANJA UND DENIS KATZER
SO WEIT DER AKKU REICHT
MIT DEM E-BIKE DURCH DIE MONGOLEI UND CHINA
DELIUS KLASING

E-BIKE-ABENTEUER MIT HUND

Im Juli 2015 machen sich Tanja und Denis Katzer mit der Transsibirischen Eisenbahn auf den Weg nach Ulan-Ude am Baikalsee. Dort besteigen sie ihre E-Bikes und durchqueren die Mongolei und China. In 338 Tagen legen sie 8.055 Kilometer zurück und fahren durch die Wüste Gobi, entlang endloser Grassteppen und über vereiste Pässe. Sie kämpfen mit sengender Hitze, klirrender Kälte und tosendem Wind – immer begleitet von ihrem Hund Ajaci. In eindrucksvollen Bildern fangen sie nicht nur die malerischen Landschaften und den Alltag der Menschen ein, sondern auch die Seele dieser geheimnisvollen jahrtausendealten Kulturen.

Tanja und Dennis Katzer
SO WEIT DER AKKU REICHT
224 S., Format 15,0 x 22,5 cm, Flexocover
Euro 22,90 (D)/23,60 (A)
ISBN 978-3-667-11056-5
www.delius-klasing.de
E-book: 17,99 Euro

LADETECHNIK UND SOLARENERGIE

5.8.2015, TAG 38, VON DARKHAN NACH BAYANGOL

Es ist 6 Uhr, als wir unsere Räder beladen. Keines der Straßenkinder ist weit und breit zu sehen. Wahrscheinlich zu früh für Abenteuer in der Stadt. Zur Erinnerung an unseren Aufenthalt schießen wir noch ein paar Fotos vor der großen Buddhastatue, dann brechen wir bei bestem Wetter Richtung Ulan-Bator auf. Der Verkehr hat hier heftig zugenommen, und der Asian Highway 3 ist nicht mehr die einsame Straße wie noch vor einigen Jahren. Daher müssen wir uns sehr konzentrieren, die Spur zu halten. An manchen Stellen ist die Abbruchkante der Straße zum Seitenstreifen recht steil, sodass wir Bedenken haben, der Hänger könnte kippen, wenn der rechte Reifen von der Fahrbahn abkommt. Mittlerweile fahren wir bis auf 1.000 Meter hoch. Dabei unterstützen uns die Motoren weiterhin, ohne zu mucken. Nach 30 Kilometern tausche ich den ersten Akku und hänge ihn, wie auch schon während der letzten Reisetage, direkt an eine Goal-Zero-Batterie. Basierend auf meiner langjährigen Erfahrung mit Solartechnik habe ich noch in Deutschland ein Ladesystem aus 60-Watt-Panels und zwei Solargeneratoren Goal Zero Yeti 150 zusammengestellt. Die Goal-Zero-Pufferbatterien sind unter anderem dafür verantwortlich, die Energie, die durch die Solarpanels gewonnen wird, zu speichern und in geglätteter Form an die Akkus weiterzugeben. Würden wir die Akkus direkt an die Solarpanels anschließen, würden wir wegen der ständig wechselnden Ladespannung die Zwölf-Volt-Netzteile gefährden. Sie wären nach einiger Zeit einfach überlastet. Wenn ein Akku leer ist, schließe ich ihn sofort an einen der beiden Yeti 150 an, der dann schon während des Fahrens von den Solarpanels geladen wird. Die Idee dahinter war, dass während des Ladens eines Akkus gleichzeitig auch die Pufferbatterie durch die Sonne gespeist würde. Die Solarenergie reicht aber leider nicht aus, um den Ladezustand des Goal Zeros konstant zu halten. Dafür bräuchten wir größere Solarpanels mit mehr Watt. Der Generator ist aber zumindest imstande, einen Akku bis zu 75 Prozent zu laden. Dann ist er trotz Solarspeisung mit seiner Kapazität am Ende. Wir hätten auch zwei größere, circa 13 Kilogramm schwere Generatoren mitnehmen können, um das Problem der

LESEPROBE

schnellen Entladung zu umgehen. Da wir aber alles selbst transportieren, mussten wir Kompromisse eingehen. Trotz allem zeigt sich in diesen Tagen, dass wir durch die Pufferbatterien unseren Aktionsradius im bergigen Gelände um etwa 20 Kilometer erweitern können. Mit jeweils drei Akkus pro Rad (30 Kilometer pro Akku bei schwerer Last und vielen Bergen), einer Zwischenladung in einem Straßenrestaurant, der zusätzlichen Ladung durch die Pufferbatterien (20 Kilometer pro Akku bei schwerer Last, vielen Bergen) und der Unterstützung durch unsere Muskelkraft haben wir momentan unter den hiesigen geografischen Bedingungen einen Aktionsradius von rund 140 Kilometern. Für uns ist dieser Wert absolut überraschend und übertrifft jegliche Erwartungen. Mal sehen, wie es sich auf der noch vor uns liegenden Strecke entwickelt und wie sich die Reichweite dann verändert.

Ich nehme gerade den zweiten Akku heraus, um den dritten einzusetzen, als ein Kleinbus, auf dessen Dachträger sich Fahrräder stapeln, vorbeibraust. »Sind bestimmt Touristen«, denke ich, als der Bus auch schon bremst. Drei Männer in knallgelben Jacken steigen aus und kommen auf uns zu. Sie fragen, woher wir kommen und wohin wir fahren. »Wir sind schon seit drei Wochen mit unseren Rädern unterwegs«, erzählen sie, als wir wissen wollen, warum sie so viele Fahrräder dabeihaben. »Drei Wochen?«, wundere ich mich, da ich niemals damit gerechnet hätte, dass Mongolen auf größere Fahrradtouren gehen und Freude daran haben. »Ja, drei Wochen. Wir sind entlang des Sees Chöwsgöl Nuur im Norden gefahren und dann über die Grenze nach Sibirien bis nach Ulan-Ude. Dort wurden wir von unserem Fahrer abgeholt. Wir hatten ein paar koreanische Touristen dabei.« »Also seid ihr eine Agentur, die Fahrradreisen für Touristen anbietet?« »Ja, das ist ein gutes Geschäft. Immer mehr Radfahrer aus aller Welt kommen in die Mongolei, um das Land auf diese Weise zu erleben und zu erkunden«, sagt Khadbaatar, der Chef der Agentur, lachend. »Wenn ihr nach Ulan-Bator kommt, ruft mich bitte an. Es wäre schön, wenn wir uns dort treffen könnten«, meint er, während uns sein Sohn unaufhörlich filmt und fotografiert. »Wenn wir Zeit haben, kommen wir gern«, sage ich und schüttle den Männern zum Abschied die Hände.

LESEPROBE

Nach 73 Kilometern erreichen wir das Örtchen Bayangol, das vom staubigen und kaputten Asian Highway 3 brutal in zwei Hälften geteilt wird. Links und rechts der Hauptverkehrsader stehen teils armselige Hütten und Häuschen, die in der Nachmittagshitze vor sich hin brüten. Wir finden das kleine, aus Holz gebaute Hotel, in dem wir schon einmal waren. »Verlassen«, stelle ich enttäuscht fest, während ich an der verschlossenen Tür rüttle. »An dem Pfosten hängt eine Telefonnummer. Vielleicht sollten wir da mal anrufen«, schlägt Tanja vor. »Hm, der Laden sieht mittlerweile sehr heruntergekommen aus. Denke, die haben den Betrieb eingestellt. Aber wir können es mal versuchen.« »Ja, unser Hotel ist noch in Betrieb. Das Zimmer kostet 45.000 Tugrik (20 Euro)«, antwortet mir ein Mann am Telefon in überraschend gutem Englisch. »45.000 Tugrik? Das muss doch ein Luxuszimmer sein?«, wundere ich mich über die Höhe des Preises. »Ja, das ist ein Luxuszimmer. Ist egal, wie viele Personen es nutzen.« »Wir sind nur zu zweit und möchten ein normales Zimmer.« »Das kostet 30.000 Tugrik (13,55 Euro). Die Toilette befindet sich auf dem Gang.« »Das nehmen wir«, sage ich und freue mich, hier doch noch unterzukommen, da ich nicht die geringste Lust habe, an diesem heißen Tag noch viel weiter zu fahren, um eine Bleibe für die Nacht zu finden.

Wegen der Diebstahlgefahr bringen wir die Räder wie immer ins Haus. Nachdem sie entladen sind, schließe ich sie mit einem Stahlkabel zusammen und sichere sie mit einem weiteren Kabel an den eisernen Heizungsrohren. Dann bringen wir unsere Ausrüstung in das kleine Zimmer, das Ähnlichkeit mit der Stube einer Almhütte besitzt. Tanja stellt Ajaci eine große Schüssel mit Wasser hin, und anschließend verlassen wir die Unterkunft, deren einzigen Gäste wir sind, und suchen ein Restaurant. An der staubigen Hauptstraße wirbeln die vorbeifahrenden Autos noch mehr Staub auf, der sich wie ein Film auf alles legt und die Farben der Hütten, Jurten und Häuser zu Grau verblassen lässt. Mit etwas Fantasie könnte man meinen, wir befänden uns hier im Wilden Westen. Die kleinen Straßenrestaurants, mit den teils handgemalten oder schlecht gedruckten Schildern über den Eingängen, sind leer. »Sieht wieder einmal nicht gerade einladend aus«,

LESEPROBE

meine ich skeptisch, da ich seit meiner letzten Lebensmittelvergiftung jegliches Vertrauen in solch kleine Möchtegernrestaurants in der Mongolei verloren habe. Wir laufen bis zum Ortsende, ohne etwas Ansprechendes zu finden. »Das da oben könnte ein Restaurant sein. Schau doch, da sind sogar Leute drin«, sage ich, auf die vielen schmuddeligen Fensterscheiben deutend, die sich im ersten Stocke eines relativ neuen Gebäudes befinden. Tatsächlich entpuppen sich die Räumlichkeiten als eine Art mongolisches Fast-Food-Restaurant, das sehr gut besucht ist. Mit Zeichensprache und auf das Essen anderer Gäste deutend vermitteln wir der Frau an der Kasse, was wir möchten. Innerhalb weniger Minuten serviert man uns ein schmackhaftes Gulasch mit Salat. »Wer hätte das in so einem kleinen Ort vermutet?«, meine ich, mir zufrieden den Bauch reibend.

Die Sonne steht schon tief, als ich es mir in meinem alten Campstuhl auf dem baufälligen, hölzernen Balkon der Bleibe bequem mache, um die Erlebnisse des Tags niederzuschreiben. Plötzlich stürzt mein Schreibprogramm ab, und die Arbeit der letzten Stunde ist unrettbar verloren. Das Herumschlagen mit der Technik ist neben den anderen Herausforderungen einer Reise schon seit Jahren sehr anstrengend. Manchmal funktioniert urplötzlich ein Programm nicht mehr so, wie es soll, lässt sich ein Update nicht herunterladen, gibt eine Festplatte oder Kamera den Geist auf, bricht ein Kabel, brennt eine Sicherung durch, und im schlimmsten Fall gibt einfach ein elektronisches Teil seinen Geist auf, ohne sich wieder zum Leben erwecken zu lassen. Das Abenteuer Technik ist genauso unkontrollierbar wie das Abenteuer Leben. Beides zusammen sorgt manchmal für einen Spannungsbogen, der nur noch mit Gelassenheit und innerer Ruhe zu ertragen ist.

WILDE HUNDE UND ÜBERNACHTUNG IM JURTENHOTEL
6.–7.8.2015, TAG 39 BIS 40, VON BAYANGOL INS JURTENCAMP

Um herauszufinden, warum mein Stromverbrauch etwa 15 Prozent höher ist als Tanjas, tauschen wir heute die Anhänger. »Ich kann mir zwar nicht vorstellen, dass Ajaci mit seinem Anhänger so viel mehr wiegt als die Technikbox, aber wer weiß.

LESEPROBE

Spätestens nach den ersten 30 Kilometern wissen wir Bescheid«, sage ich. Kaum haben wir den Ort hinter uns, geht es auf 1.100 Meter hoch. Weil wir unserem Hund etwas Bewegung gönnen wollen, darf er neben uns laufen. Das ist wegen des Verkehrs ein gefährliches Unterfangen. Ajaci ist es noch nicht gewohnt, immer rechts neben dem Rad zu bleiben und möchte ab und an auf die Straßenseite wechseln. »Nein!!!«, rufen wir erschrocken. Ich bremse das schwere Rad ab und befehle ihm, auf der rechten Seite zu laufen. Es kostet viel Konzentration, auf Ajaci und die vorbeirauschenden Autos zu achten und dabei noch einen Fahrradlastenzug über den löchrigen, teils völlig zerstörten Asphalt zu steuern. Nach zwei Kilometern gebe ich auf. »Wir brauchen eine andere Lösung. Das ist einfach zu gefährlich. Ich sollte es mal mit dem Hüftgurt versuchen«, überlege ich. »Hoffentlich zieht dich Ajaci dann nicht vom Rad«, wirft Tanja ein. »Es wird schon gehen«, bin ich überzeugt, packe den Hüftgurt aus, lege ihn an und klicke Ajacis Leine an eine der Ösen. Der Gurt ist extra dafür gemacht, dass man mit seinem Hund spazieren gehen kann, ohne die Leine ständig in der Hand halten zu müssen. »Wenn das beim Gassigehen funktioniert, dann sicherlich auch auf dem Rad«, bin ich mir sicher und schwinge mich in den Sattel. »Auf geht's, Ajaci«, gebe ich das Kommando und lasse die Reifen rollen. Ajaci sprintet sofort los und läuft neben mir her. Wegen der Leine kann er nicht mehr auf die Fahrbahnseite wechseln oder mir vor das Rad laufen. »Klappt perfekt«, freue ich mich, bis Ajaci die ersten Rinder entdeckt und mich fast vom Rad reißt, als er ihnen hinterherjagen will. »Bist du verrückt?!«, rufe ich erschrocken. Dann geht wieder alles gut, bis er ein Häufchen machen will und deshalb versucht, nach rechts in die Pampa abzuhauen. »Er muss mal!«, warnt Tanja, worauf ich in die Bremsen gehe und er sein Geschäft verrichten kann. So darf Ajaci zum ersten Mal circa acht Kilometer neben dem Rad laufen. »Hast du gut gemacht«, loben wir ihn und setzen ihn wieder in seinen Hänger. »Es klappt zwar, ist aber trotzdem gefährlich. Auf Dauer brauchen wir eine andere Lösung«, stelle ich nachdenklich fest. »Es gibt ein gutes Haltesystem für die Leine, das man an der Sattelstütze befestigt. Wir könnten es von unseren Freunden nach Ulan-Bator schicken lassen«, überlegt Tanja.

LESEPROBE

Obwohl ich heute die leichtere Ausrüstungsbox am Rad habe, ist wegen der starken Steigung und des Hundetrainings mein Akku bereits nach 20 Kilometern leer, während Tanja noch immer Saft hat. »Kein Wunder. Dein Anhänger war für acht Kilometer leer. Ajaci ist ja neben dem Rad gelaufen. Wenn wir ein richtiges Ergebnis haben wollen, muss er im Hänger sein«, stelle ich fest. Kurz vor unserem Tagesziel ist dann nach circa 30 weiteren Kilometern Tanjas Akku leer, während ich noch für fünf Kilometer Strom habe. »Also doch. Es liegt am Anhängergewicht. Ajaci ist offensichtlich viel schwerer als die Ausrüstungsbox«, überlege ich und überschlage laut rechnend erneut das Gewicht. »Die Tasche auf dem Dachträger wiegt bestimmt 20 Kilogramm. Ajaci circa 35 Kilogramm. Der Anhänger selbst mit Umbau circa 16 Kilogramm. Eine Goal-Zero-Batterie, Akkus und Hundefutter circa 10 Kilogramm und die drei Solarpanels zusammen circa 3,5 Kilogramm. Alles in allem gute 85 Kilogramm. Das ist viel. Ich denke, die Box wiegt gut 25 bis 30 Kilogramm weniger. Das heißt, meine Radtechnik ist auf jeden Fall in Ordnung, und ich habe auch nicht weniger getreten als du«, necke ich Tanja und freue mich, eine vermeintliche Fehlerquelle ausgeschlossen zu haben.

Es ist mit 30 °C im Schatten und den vielen Bergen bis über 1.100 Meter Höhe ein anstrengender und heißer Tag. Auf einer Passhöhe, am Ovol, legen wir eine kurze Rast ein. Viele Autos und Lastwagen brausen vorbei, unter anderem 20 Oldtimer aus Frankreich, die sich mit einem Abschleppwagen und einem Servicefahrzeug auf dem Weg von Paris nach Hongkong befinden. Fast alle Beifahrer der Oldtimerrallye strecken ihre Kameras aus dem Fenster, um unsere Räder zu fotografieren und zu filmen. Wir winken ihnen zu und steigen wieder in die Sättel, um in das weitläufige Tal hinabzufahren. Ich folge gerade Tanja, als zwei riesige, aggressive Hunde laut bellend über eine Böschung auf uns zustürmen. Weil wir zu diesem Zeitpunkt mit circa 35 Stundenkilometern den Berg herunterrauschen, mache ich mir keine Sorgen, dass sie uns erwischen könnten. Das ist jedoch weit gefehlt, denn sie kommen mir beängstigend schnell näher. Da Tanja direkt vor mir fährt und offensichtlich nichts von der heranrasenden Gefahr merkt, kann ich nicht

LESEPROBE

beschleunigen. »Gib Gas! Schneller! Um Gottes willen fahr schneller!«, brülle ich aus Leibeskräften gegen den Fahrtwind, als eine der Bestien kurz davor ist, mir in die Wade zu beißen. Tanja reagiert blitzartig und beschleunigt auf 50 Stundenkilometer. Ich ziehe wild tretend und im 14. Gang nach. Sofort gewinnen wir Abstand zu den zwei Jägern. Tanja ist während unserer letzten Mongoleiexpedition zweimal von Hunden gebissen worden und wir haben im Lauf unseres Aufenthalts dort zahlreiche Erfahrungen mit mongolischen Hütehunden gemacht. Wir wissen, dass solche Attacken böse enden können. Ich bin wirklich froh, dass uns die Vierbeiner attackiert haben, als wir gerade bergab gefahren sind, und möchte gar nicht darüber nachdenken, was auf einer Bergauffahrt hätte passieren können.

Am späten Mittag erreichen wir das große Schild an der Hauptstraße, das dazu einlädt, unter luxuriösen Bedingungen einen Kurzurlaub einzulegen, was wir bei unserer letzten Radreise durch die Mongolei auch gemacht haben. Allerdings war es damals Mitte Oktober und schon sehr kalt. Wir waren völlig ausgekühlt und wegen den Anstrengungen kräftemäßig am Ende. Der Aufenthalt in dem circa sechs Kilometer von der Straße entfernt liegenden Resort ist für uns unvergesslich, weshalb wir uns schon seit Tagen darauf freuen, hier wieder ein wenig ausruhen zu können. »Wir rufen besser mal an. Wer weiß, vielleicht sind sie ausgebucht oder die Preise haben sich verdoppelt. Ich habe keine Lust, sechs Kilometer über die Schotterpiste bergauf zu fahren, nur um zu erfahren, dass sie voll sind«, sage ich. »Das Zimmer kostet 210.000 Tugrik (93 Euro)«, verschlägt es uns Augenblicke später die Sprache, da so ein Übernachtungspreis unser Budget sprengt. Als ich mehrfach nachfrage, ob es nicht auch andere Zimmer gibt und das Mädchen am anderen Ende der Leitung nicht versteht, was ich möchte, beendet sie abrupt unser Gespräch. »Sie hat einfach aufgelegt«, sage ich verärgert. »Wenn du willst, dann fahren wir weiter«, schlägt Tanja vor. »Soweit ich mich erinnere, kommt die nächste Unterkunft erst in 40, 50 Kilometern«, antworte ich müde. »Die haben bestimmt auch billigere Zimmer. Wenn wir uns das das letzte Mal leisten konnten, klappt es auch diesmal«, überzeugt mich

LESEPROBE

Tanja, worauf wir unsere Räder auf die grobe Schotterpiste lenken und den Berg bis auf 1.280 Meter hinauffahren.

Tatsächlich lag es an Verständigungsproblemen, denn wir bekommen eine wunderschöne große Jurte mit vier Betten für 90.000 Tugrik (38 Euro) die Nacht. Das ist zwar noch immer ein hoher Preis, aber für das fantastische Ambiente, in dem das Resort liegt, gerechtfertigt. Wir schieben gerade unsere Räder über eine saftige Wiesenfläche zur Jurte, als Ajacis Anhänger zur Seite kracht. Ich stelle mein Rad auf den Ständer und eile Tanja zu Hilfe. »Er ist einfach gekippt«, meint sie sofort. »Ja, wenn Ajaci nicht drinnen sitzt, ist er wegen der schweren Tasche auf dem Dachträger kopflastig«, stelle ich fest. »Da haben wir ja Glück gehabt, dass uns der Hänger hier auf der Wiese gekippt ist. Stell dir vor, das wäre im Straßenverkehr geschehen, während Ajaci neben deinem Rad herläuft«, sagt sie. Nur bei dem Gedanken stellen sich meine Haare auf. »Ohne Zweifel, wir hatten tatsächlich viel Glück. Hätte nicht gedacht, dass der Hänger so leicht kippt. Da reicht ja ein kleiner Stein, um ihn auf die Seite zu werfen«, überlege ich, während ich versuche, das verbogene Schutzblech wieder in Ordnung zu bringen. »Wenn Ajaci in Zukunft neben dir läuft, müssen wir die Tasche vom Dachträger in den Hänger legen«, meint Tanja. »Ja, ich denke, das wird funktionieren«, gebe ich ihr recht.

132 KILOMETER GEGENWIND, HITZE UND KEINE MENSCHLICHE SIEDLUNG

2.–3.9.2015, TAG 66 BIS 67, VON KHAR-AIRAG NACH SAINSCHAND

Die Freude darüber, gestern so weit gekommen zu sein, ist in der Nacht schnell verflogen. Weil das Zimmer auf der Südostseite des Gasthauses liegt, wird es von der heißen Wüstensonne so aufgeheizt, dass es mit 35 °C einer Sauna gleicht. Zudem sind um etwa 23 Uhr ein paar Gäste eingezogen, die bis um halb drei morgens herumgebrüllt haben. Erst als ich entnervt auf den Flur gestürmt bin und so höflich wie möglich darum gebeten habe, uns schlafen zu lassen, haben sie unvermittelt ihren Lärm eingestellt. Vielleicht haben sie gedacht, sie wären allein im Haus?

LESEPROBE

#meinfernwehbuch

Martin Röhrig
Schrauben. Schlafen. Surfen.
Mein Bulli-Sabbatical am Atlantik
ISBN 978-3-667-11249-1

Berit Hüttinger
Roadtrip mit Frau Scherer
Ein Allradabenteuer von der Adria bis zum Altai
ISBN 978-3-667-11407-5

Dagmar Garlin
Garlix auf großer Fahrt
Die Welt umsegeln mit Fremden und Freunden
ISBN 978-3-667-11428-0

Tanja & Denis Katzer
So weit der Akku reicht
Mit dem E-Bike durch die Mongolei und China
ISBN 978-3-667-11056-5

DELIUS KLASING

Ich packe mein Rad ... und bin weg...

Gunnar Fehlau
Rad und Raus
Alles für Microadventure und Bikepacking
ISBN 978-3-667-10929-3

Justin Lichter | Justin Kline
Bikepacking
Langstreckenabenteuer mit leichtem Gepäck
ISBN 978-3-667-11264-4

Sven Bremer (Hrsg.)
Die schönsten Inseltouren für Rennradfahrer
Trainings und Fahrspaß auf den Kanaren und im Mittelmeer
ISBN 978-3-667-11347-4

Armin Herb | Daniel Simon
Die schönsten Hüttentouren für Mountainbiker
ISBN 978-3-667-10985-9

Im Handel oder unter
www.delius-klasing.de

DELIUS KLASING